货殖探索系列

# 江西商人长途贩运研究

## ——《江西商人经营信范》解读

刘秋根　著

河 北 大 学 出 版 社
· 保定 ·

图书在版编目（CIP）数据

江西商人长途贩运研究 ：《江西商人经营信范》解读 / 刘秋根著 . -- 保定 ：河北大学出版社，2017.12
ISBN 978-7-5666-1003-4

Ⅰ . ①江… Ⅱ . ①刘… Ⅲ . ①商业史－研究－江西省
Ⅳ . ① F729

中国版本图书馆 CIP 数据核字 (2016) 第 003634 号

**江西商人长途贩运研究**

**——《江西商人经营信范》解读**

出 版 人：耿金龙
责任编辑：王红梅
装帧设计：王占梅
责任印制：靳云飞
出版发行：河北大学出版社
地址：河北省保定市七一东路 2666 号　邮编：071000
电话：0312-5073033　0312-5073029
邮箱：hbdxcbs818@163.com　网址：www.hbdxcbs.com
印　　刷：保定市北方胶印有限公司
开　　本：170mm × 240mm　1/16
印　　张：12.875
字　　数：208 千字
版　　次：2017 年 12 月第 1 版
印　　次：2017 年 12 月第 1 次印刷
书　　号：ISBN 978-7-5666-1003-4
定　　价：32.00 元

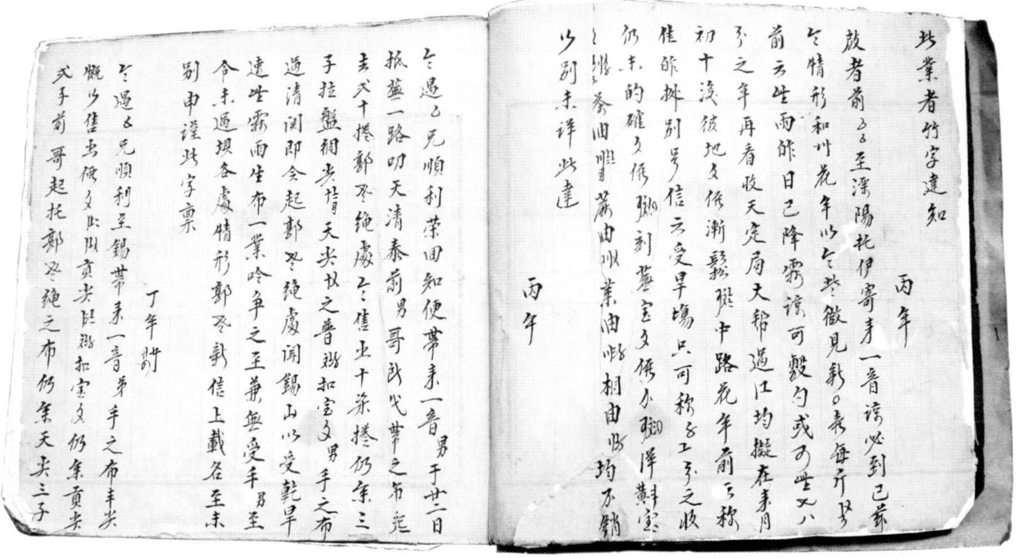

此業者竹字達知
啟者前月々至溧陽托伊寄来一音諒必到已蒙
々情形和州花年以々共徵見新○表每斤共
前云坐雨昨日已降霖諒可穀勻或可坐又八
月之年再看收天定局大都過江均擬在来月
初十後彼地々係漸鬆擬中路花年前月稱
佳昨拙别另信云受旱蝪只可稱々工月之收
仍未的確々係洲刻莊宝々係不洲洋對宝
々洲參由洲蕪由洲業由洲相由洲均不銷
少别未詳此達
丙年

々過已兄順利荣田知便帶来一音男于廿二日
抵莊一路叨天清泰前男哥代帶之布起
去弍十捲郭 絕處々售出十染捲仍余三
手拉盤綢尖指天尖扠之普洲和宝々男手之布
過清閑即会起郭 絕處聞錫山以受乾旱
遠坐霖雨坐布一業吟爭之至兼無受手男至
今未過垻各處情形郭 新信上載各至未
别申謹此字禀
丁年 卅
々過々兄順利至錫帶来一音弟手之布丰尖
概少售出係々此以貢尖以洲和宝々仍余貢尖
弍手前哥起托郭 絕之布仍余天尖三子

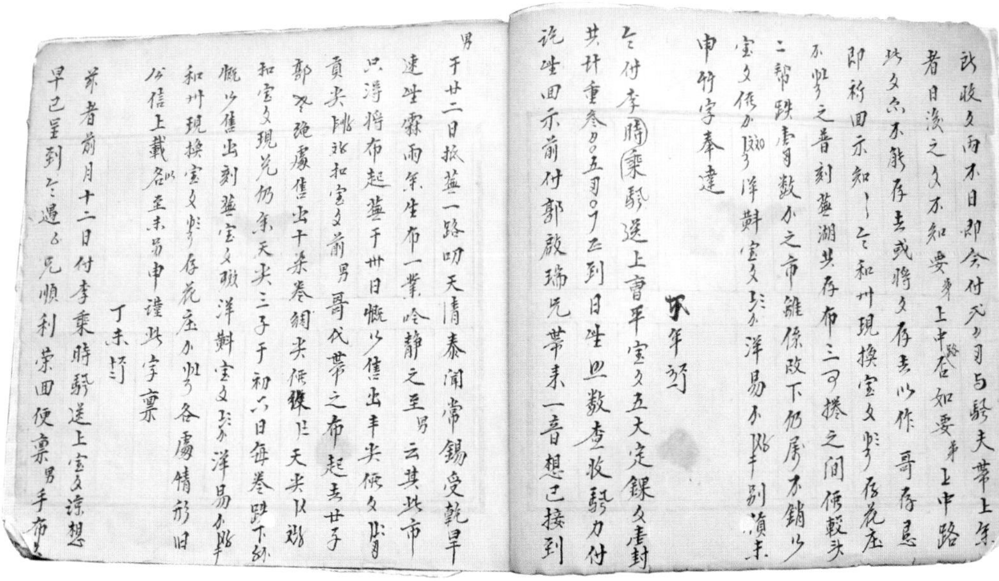

此收々雨不日即会付弍月月与駁夫帶上中路
者自後之々不知要弟上中路否如要弟上中路
此々亦不能存去或將々存去以作哥存息
即祈回示知ー々和州現換宝々共存花庄
不共之普刻莊湖共存布三千捲之間係較洪
二節跌售數分之布雖係敌下仍屬不銷少
宝々係不洲共洋對宝々共不洋易不洲另别演来
申竹字奉達
丙年 覆
々付李時秉駁送上曹平宝々五大定錁々壹封
共計重叁百五十两○七錢五到日坐照數查收駁力付
訖坐回示前付郭啟瑞兄帶来一音想已接到

男
于廿二日抵莊一路叨天清泰聞常錫受乾旱
速坐霖雨余坐布一業吟靜之至男云其此市
只得將布起莊于廿日概少售出丰尖係々洲
貢尖洲和宝々前男哥代帶之布起去廿子
郭 絕處售出十染卷綢尖係洲天尖以洲
和宝々現先仍余天尖三子于初六日每卷跌下洲
概少售出刻莊宝々洲洋對宝々共不洋易不洲
和州現換宝々共存花庄不共各處情形旧
以信上載各以至未另申謹此字禀
丁未 覆
弟者前月十二日付李秉時駁送上宝々諒想
早已呈到々過々兄順利荣田便禀男手布

慨少收清本意欲想上中路無而々多人上中
路過多澪闻男哥不日亦今回蕪後哥相商定
及刻蕪宝多係不點洋對宝文洋易不敷
和州花苗目々十分不知後手收天而何别债
未敘容後再禀

丁年

莽者無别 弟于廿四日抵澪陽一路叨天清吉于
廿八日澪接々兄来音云常州前々号戥到之
布仍亦未銷動做盤較旧藏一厘不一而又到々
号廿六日定價止副号廿条子闻價極賤售
脱条債未動仍尽陳布闲拆伊價較新賤
多兼存債又尚多豈能銷新布又闻無錫

新布仍是較常州相事刻澪状業冷静之
至併無人談问吾郡各号戥到之布一卷未動
弟現之布前来均藏弟手之布于廿八日做盤绸
头價洋々錦头々貢头々均是照扣到一卷未動
看々步生意必不叨好之兆据是非人料耳刻
洋對宝文

戊年

啟者非别 弟于廿四日抵澪一路叨天清吉各
号戥带之布仍未開盤天時寒凉雨水過多
戥查各号陳布將近起底仍存無几年步頗
可速唯天宫调和麦子蚕丝成者無碍但澪
地近日状表芯售一月之期实洋卯共存债の万

条亦不銷少前々兄在澪只少售 紙二百石 宝文
照扣用净升头工边 不少皮曲 洋對宝文
洋易足大不敷 别债未申
奉達

戊年

莽者 弟自店登舟以来於前月廿四日抵溧陽
一路叨天清吉戥带之布均起程允升少延于初
二日始曾開盤绸头價洋戥錦头戥貢头戥
均是照扣到戥蒙出不過十數子而已吾郡之
布價頂正号々中号々副号々前後共到布
唐千有多蒙出不外可条為章均厚呆局
不少之至緣奈旧截屯庄甚足兼售公道以

至吾等新布到斯犹难少動將来屯無凝
天宫晴暖再坐銷少似妙情景天又寒凉雨
永過多若係陰绵而恐艰為提云生意尚早
碓料好歹而何眉仍不定致於葉麦蚕丝亦
候情驟抵報上中之象未卜降液居刻日洋
對宝文别洋易足大不敷表芯卯工边花色
價洋净升响不少皮油
别债未洋状達

戊年剑奉店

啟者弟自店登舟以来于廿四日抵澪一路叨天清吉
戥带之布均起程允升少延至初二日始曾開盤
绸头價洋々錦头々貢头々均是照扣到戥蒙

⊙ 本书由国家社会科学基金重大招标课题《山西契约文书的搜集整理与研究》（课题批准号：14ZDB036）资助出版

⊙ 本书由教育部省属高校人文社科重点研究基地河北大学宋史研究中心基地建设经费资助

⊙ 本书由河北省人文社科重点研究基地建设经费资助出版

⊙ 本书由河北大学历史学强势特色学科建设经费资助出版

⊙ 本书由河北大学中国史学科“双一流”建设经费资助出版

# 《货殖探索系列》总序

目前社会经济史研究丛书之类，多名之曰“中国社会经济史丛刊”“社会经济史丛书”“社会经济史系列”，或在其前冠之以某某大学、研究中心等，而河北大学中国社会经济史学科之论著却欲以《货殖探索系列》名之，其义何在呢?“货殖”一词，其渊源自不须多言，然其含义却稍有辨析之必要。就“货殖”古义言之，有“食货”“货殖”“平准”等。“食货”之含义较广，举凡国计民生、日用家常均属之；“货殖”则侧重于农工商业及私人家庭经营致富；“平准”则多与“均输”连用，指国家干预经济，增加财政收入，或国家举办商业、手工业，等等。当然，司马迁撰写《货殖列传》时还表现出了强烈的“通古今之变”的思想，应也属于“货殖”的应有之意。

本系列以“货殖”为名，就是从这一含义出发的。这或与河北大学中国社会经济史学科初创时之学术旨趣有关系。记得20世纪80年代初入河北大学宋史研究室（今宋史研究中心前身），其时，漆侠师正撰述《宋代经济史》，谈起选题问题，记得先生之意大概有两层：一是此前学术界对赋役制度，租佃制度，土地制度，地主、农民经济研究较多，而对于手工业、矿业、商业、货币金融、禁榷制度研究还比较薄弱，故应从后者入手；二是中国社会经济史既要以断代为基础，但又不应局限于此，而应前后贯通。此一说奠定了河北大学中国社会经济史学科的学术理念和方法论基础。我个人的研究乃至整个河北大学中国社会经济史都是遵循这一理念前行的。而这一旨趣又是与三十多年来中国社会经济史界对市场经济、工商业、商人研究格外重视的新学术潮流暗相契合的，故敢以此名丛书焉。

本系列从研究对象上说重视农工商业、货币金融等部门经济、私人经济、商人高利贷者，但经济制度、国家财政、地主农民经济亦不轻视；从方法论上说，重视运用民间契约文书、碑刻、档案等新材料，重视贯通性的专题研究，重视区域社会经济史研究，重视历史学的考订方法，但正史、文集、方志、笔记小说等传世文献材料，断代的研究方法，经济学、社会学、金融学、会计学等分析方法，乃至计量研究方法亦不偏废；从体裁上说，当然重视学术专著，但资料集、高水平的中国社会经济史教材亦属之。

河北大学宋史研究中心、历史学院重视中国社会经济史学科，河北大学各级领导支持中国社会经济史学科，河北大学出版社对这一学科成果的出版也是给予了真心的配合。有鉴于此，河北大学中国社会经济史学科团队的诸位学人将竭尽心智，做好这一系列。

是为序。

刘秋根

2016 年 10 月 21 日于保定市七一路迎宾小区自宅

# 前　言

专业性商人集团出现，是明中叶以后中国社会经济变动的重要指标，也可以说，它也是当时近代化启动或者说传统经济向近代经济转化的核心原因。故而自20世纪80年代以来，专业性商人集团引起了中国社会经济史界的重视，以徽商、晋商为代表的商人集团研究成为经济史研究的重要领域。在相关资料的发掘、相关问题的探讨两个方面均取得了不少优秀成果。但发展到新的世纪，研究似乎有些迟滞，其中一个重要原因是，传世文献如文集、笔记、史籍、小说、方志等史料类型在进行了多次的爬梳之后，虽有电子索引的运用，但毕竟有些贫瘠了。同样，江西商人的研究也不例外。

中国民间契约文书资料虽历经破坏，但毕竟因为总量巨大，还是留下来不少。总体上说，这类文献资料，大体可以分为两类：一是与土地买卖、赋税交纳、分家等有关的契约文书；一是与商品交易、银钱借贷、合伙等相关的票据、账本、契约等。此前学术界所言“契约文书”多指前一类。但就研究商人、商业、金融及商品经济而言，当然得依赖后一类的契约文书。据笔者所了解到的情况，目前此类资料还是与晋商及徽商相关的比较多。其他地区性商人如陕商、鲁商、江西商则相对较少。但不论怎样，对这类民间文书材料的解读与运用目前还是非常不够。这样的一种状况，正是目前中国商业史、金融史、货币史、商人群体研究，乃至明清经济史研究的瓶颈所在。

为什么这么说呢？还是从史料角度来说，根据传统传世文献资料所做的相关成果可以说达到了一个相当高的水平，在原有史料范畴内要想有大的突破，难度相当大。目前学术界寻求新发展的方向之一，就是运用计量方法、数量模型对商业史、金融史材料进行新的分析，或者运用制度经济学等理论对商人、商业等进行定性研究。这些新理论、新方法的运用确有耳目一新之感，不但使经济史更为精确，也使我们能够把握以前单纯运用历史学方法无法把握的更多的导致历史变化的因素，使我们对经济史、商业金融史、商人史的认识由单个的历史事件，上升到了认识历史发展的过程，甚至上升到认识历史演变的程度。另外一个方向就是新材料的运用。20世纪初以来，以甲骨文、敦煌文书、汉晋简牍等新材料的发现，王国维等前辈大师提出二重证据法为标志，中国史学界运用新材料，研究新问题，史学研究确实发生了质的飞跃。在马克思主义指导与影响下的中国社会经济史史学范式的确立则是其中最为主导性的进展。目前商人集团研究也表现出了相同的趋势。

但有一个重大问题是我们以前注意不够的，这就是：此前所谓“民间文献”“地下文献”，不是地方基层政权档案，就是以反映自然经济为主的民间契约文书。而最能反映社会经济变动因素，与商业、商人相关的文书则不多见，至多是高利贷资本性质的借贷契约可以见到一些。故而要想了解各个时代的商人的活动、经营、生活，是非常不易的，不论是前代的汉晋简牍、敦煌吐鲁番文书，还是西夏、元代的黑水城文书，甚至此前所公布的徽州、福建文书大体上也是如此。故而整体上说，我们将传世文献材料与这样的民间文献相匹配，所认识到的只能是传统社会经济作为自然经济的一个面相。自战国秦汉直到清代民国始终存在的商品经济、市场经济的一面究竟该如何认识呢？以明清、民国为例，笔者认为就得对以上所说的第二种类型的民间文献，即与商业、商人经营相关的一系列契约文书进行解读，对商人经营进行微观分析，如商人资本组织方式及其动态变化、商人利率、利润率及其变动、商业会计方法、商业算术的演变、商业制度与习惯、商人与地方官府及社会的斗争与互动等。

同样，江西商人的研究也面临此类问题，与徽商、晋商不同的是，至目前为止，尚未见到江西商人留下来的信稿、账本、契约之类的资料刊布，幸运的是，笔者在文物市场购得一册江西商人的信范①，经过数年琢磨，我尝试着对它做了一个初步的解读，对学术界尚未怎么涉及的一些问题做了几个侧面的探索。这一研究还是很薄弱的，还有不少问题值得深入挖掘，之所以现在将资料照片、释文及这点初步研究成果全盘端出来，也是为了

① 关于何谓“信范”的问题，以下正文中会有详细解释。

接受学术界的批评，并期待由此对江西商人及相关地区商业、商品经济进行更深入微观的研究。如能如此，则予愿足矣！

秋根 2015 年 5 月 14 日于保定迎宾小区宅

# 目　录

## 上编　信范原文



## 下编　问题研究

# 上编　信范原文

# 辛彩贤记，道光二十六年

## 正面（由右往左）

1. 启者前托△△①带来一音，谅想接到。弟手所带之纹于△日至乌江何合盛、张锦星二号存去△佰两正，价钱△，余者概存和州叶大顺□②祥源，价钱△。因旧公人不实意，至令阁延几天。弟想今岁之银谅作公稳，无大跌之势。现观各处花*③，据称十足，再望收天定局。前△号共买花包△佰元，合抵县（十三）之谱。昨又粮帮几号在和州买花包几百元，价合抵县（十三五三）④。现云吴山别号来信报，吾上四府自□亦难*起，未降霖雨。现何水不通，揣其花船□□□□□。吾邑现山谷提六钱几七钱之市。今瑞帮纸号办**十余船，合抵吴。瓜银△，何下斗船叫尽，吾帮亦有欲办此业者。草字达知。

丙午

2. 启者前△△至溧阳，托伊寄来一音，谅必到已。兹今情形，和州花年以今些微见新，○卖每斤（一百四）。前云望雨，昨日已降霖，谅可敷匀，或可望七八分之年，再看收天定局。大帮过江，均拟在来月初十后。彼地银价渐松（百九六七），中路花年前*称佳，昨据别号信云，受旱伤只可称（五六）分之收，仍未的确。银价（一九四○）。刻芜宝银价钱（一九

---

① “△”，原文有这个符号，录入时保留下来。以下不再注明。

② “□”，指原文中缺、残之字。以下不再注明。

③ “*”，指原文有疑或无法辨认之字。以下不再注明。

④ 括号里的汉语数字原文是苏州码。以下不再注明。另外，每信之前的序号系校点者所拟。

三〇），洋蚪宝银（七钱二四五）钱，茶油（三两八七）两，麻油（三四），菜油（三三五），桐由（二七五），均不销行。别未详，此达。

丙午

3. 今遇△兄顺利荣回，知便带来一音。男于廿二日抵芜，一路叨天清泰，前男哥所代带之布，起去贰十卷，郭老绳处今售出十柒卷，仍余三子[①]。拉盘绸尖（十七两），天尖十四之普，（九七五）扣宝银。男手之布过清关，即会起郭老绳处。闻锡山以受干旱，速望霖雨，生布一业，吟争之至，兼无受手。男至今未过坝，各处情形郭老新信上载名，至未别申，谨此字禀。

丁年五月廿四

4. 今遇△兄顺利至锡，带来一音。弟手之布丰尖概行售出，价银（一六二、一六四），贡尖（一三七），（九七五）扣宝银，仍余贡尖贰子。前哥起托郭老绳之布，仍余天尖三子。所收银两不日即会付贰百银两与＊夫带上。余者日后之银，不知要弟上中路否？如要弟上中路，此银亦不能存去；或将银存去，以作哥存，恳祈即回示知。今和州现换宝银（二〇三），存花庄钱（二〇六）百之普。刻芜湖共存布三百卷之间，价较头二帮跌壹两数钱之市。虽系改下，仍属不销行。宝银价钱（一九九），洋蚪宝银（七钱三），洋易钱（一千四五）。别货未申，草字奉达。

丁年六月初一

5. 今付李乘时＊送上曹平宝银五大定，锞银一封，共计重三百〇五两〇一厘正。到日望照数查收，帆力付讫，望回示。前付郭启瑞兄带来一音，想已接到。男于廿二日抵芜，一路叨天清泰，闻常、锡受干旱，速望霖雨。余生布一业，吟静之至。男云其此市只得将布起芜，于卅日概行售出，丰尖价银（一六二）两，贡尖（一三三五），（九五）扣宝银。前男哥代带之布，起去廿子，郭老绳处售出十柒卷，绸尖价银（一七），天尖（一四），（九七五）扣宝银，现兑。仍余天尖三子，于初六日每卷跌下（五钱），概

① 原文中夏布单位为若干卷，此字有时写成“卷”有时写成“子”，释文中一仍其旧，“子”当是“卷”之简写或草写。

行售出。刻芜宝银（百九九），洋斢宝银（七钱三），洋易钱（一千四五）。和州现换宝银（二〇三），存花庄钱（二〇六）。各处情形，旧公信上载名，至未另申。谨此字禀。

丁未六月十二

6. 兹者前月十二日付李乘时 * 送上宝银，谅想早已呈到。今遇△兄顺利荣回，便禀，男手布钱概已收清。本意欲想上中路，然而今岁人上中路过多，闻得男哥不日亦会回芜，后哥相商定。及刻芜宝银价钱（百九七），洋斢宝银（七钱三三），洋易钱（一千四五）。和州花苗目今十分，不知后手收天而何。别货未叙，容后再禀。

丁年

7. 兹者无别。弟于廿四日抵溧阳，一路叨天清吉，于廿八日得接△兄来音，云常州前△号所到之布，仍亦未销动，做盘较旧减一厘不一。而又到△号廿六日定价，止副号廿余子，闻价极贱售脱，余货未动。仍尽陈布开拆，伊价较新贱多，兼存货又尚多，岂能销新布。又闻无锡新布仍是较常州相事。刻溧此业冷静之至，并无人谈问。吾帮各号所到之布，一卷未动。弟现之布前未均减，弟手之布于廿八日做盘，绸尖价洋△，锦尖△，贡尖△，均是（九七）扣到，一卷未动。看今岁生意，必不叨好之兆，总是非人料耳。刻洋斢宝银……

戊年

8. 启者非别。弟于廿四日抵溧，一路叨天清吉，各号所带之布，仍未开盘。天时寒凉，雨水过多，所查各号陈布将近起底，仍存无几。年岁颇可，速望天宫调和，麦子、蚕丝或者无碍。但溧地近日（七五）表芯售一月之期，实洋（三三〇），共存货四百余，亦不销行。前△兄在溧贰行售纸二百石，宝银（二五三），（九七）扣用，净升头，工边（四元二三），不行。皮油（五七八），洋斢宝银（百三四五），洋易足大钱（一千四八），熟米（一八），次（一元六七）。别货未申，草字奉达。

戊年

9. 兹者弟自店登舟以来，于前月廿八日抵溧阳，一路叨天清吉，所带之布均起程允升行，延于初二日始曾开盘，绸尖价洋（二六五），锦尖（二四五），贡尖（一九五），均是（九七）扣到，所发出不过十数子而已。吾帮之布价顶正号△，中号△，副号△。前后共到布壹千有多，发出不外百余为率，均属呆局，不行之至。缘奈旧载屯庄甚足，兼售公道，以至吾等新布到斯犹难行动，将来屯无凝。天宫晴暖，再望销行。似目情影，天又寒凉，雨水过多，若尽阴绵而恐艰为。总云生意尚早，确料好歹而何，眉仍不定。致于菜麦蚕丝亦俟情紧，据报上中之象，未卜降收否。刻日洋斢宝银（七五一），洋易足大钱（一四九十）千，（七五）表芯（三三〇）元，工边花色价洋（四元〇分），净升响（四元二三），不行，皮油（五六七），熟米（一八），次（一元六七）。别货未详，此达。

戊年四月初七　奉店

10. 启者弟自店登舟以来，于廿四日抵溧。一路叨天清吉，所带之布均起程允升行，延至初二日始曾开盘，绸尖价洋△，锦尖△，贡尖△，均是（九七）扣到。所发出不过十数卷而已。吾帮之布价顶正号△，次正△，中号△，副号△。前后共到布壹千有余，所发出不过百余子，均属呆局，不行之至。缘因旧岁陈布甚足，兼售极贱，岂能销吾新布，将来屯结无凝。天宫晴暖，再望销行。似目情景，天又寒凉，雨水过多，若尽阴绵而恐艰为。总云生意尚早，确料好歹而何，眉仍不定。至于菜麦蚕丝亦俟晴紧，据报上中之象，未卜降收否。刻日洋斢宝银（七五一），洋易足大钱（一千四九十）。

戊年四月　奉金伙

11. 兹者前△号足回，带来一音，谅必呈到。及弟之布，绸尖价洋△，锦尖△，贡尖△，均是（九七）扣到。虽云发出卅余子，不能作销，然为此价犹难发出。观其呆势，难免改跌之嗟。吾帮共到布一千六百有多，虽发四五百，作销不过二百之光。今岁吾业实奈陈货饱足，变售公道，新货至此，纵欲贱售，何能并耶？又奈雨水淋多，天阴寒凉，而蚕有伤，只好四五分之局，然蚕不美又碍吾业之事也。即是生意好歹，原有变迁，确料而何，则弟寡见矣。致我经理，再察情景，自应见机划算而行。据云无锡、常州一体皆然。刻溧斢宝银（七五三），洋易足大钱（一千五），（七五）表芯（三元四五），工边（四元），内外不行，熟米（一四五）。别事未申，谨此奉达。

戊年四月廿三　奉店

12. 兹者得接来示，均已知悉。刻今溧阳生布一业，冷静之至，呆呆不动。吾帮共到布壹千柒百有〇，虽发出五六百，作销不过二百之间。弟之布发出卅数卷，亦不能概作销。今岁吾业实奈陈饱足，雨水过多，天阴寒凉，而蚕不美，又碍吾业之事也。弟观诸位又有想跌价者，又有想守后，愚想生意未发，跌价也亦是往能。弟俟生意发动，定局再报。前哥所起之布，做定价洋（一八八），实到售出八卷，仍余二子。刻洋斢宝银（七五三），洋易足大钱（一千五），（七五）表芯（三五六）元，工边（四）元，内外不行，兼无受手。熟米（一元五六），别货未叙，容后再申。此达。

戊年五月初十　奉哥

13. 兹托付△兄带来宝银△大定，共计曹平△佰两正，望照数查收。其银相恳△△过和存银，烦鼎代弟带存出，祈拣妥主为美为要。其项扣来，本欲付回，缘系经理若莫堪言，是以将此暂托存息，聊补少损之意。致于弟之布，以前开盘绸尖价洋△，仅售△，子副号△，出△子。除出之下，尚存△子。今众大跌，纷纷乱减。而弟之正中，只得随伴以跌△元，副号减△元。虽系改下，五内甚痛，仍未卜能出否。若再他变，未择何折。遇此势下，惨极愧极。但溧布情，历来雨水过多，天时寒凉，而蚕不美，又碍吾业之事也。即正夏届，日穿棉衣，夜盖絮被，自问夏布从何而销，加之前后并瑞州、新昌涌到布贰千一二百卷，兹查仅开五佰之光。时节已到，似此情景，不荒逼荒，故众大乱，却其内中亦有减叁元半、跌四元，各怀异见，心事不一，刻洋斢宝银……

戊年五月廿五

14. 兹者前付来二音，谅已呈到。弟所言付银回归，据云吾县银价不高，摸算受亏不少，弟只得将扣来银，今遇△兄过芜，托伊带过，转托△△存和州云，其此处银价存花庄钱（二百一四五），弟摸算较比此处受亏不少，至今亦未付回。缘系经理若莫堪言，是将此暂托存息，聊补少损之意。弟手布开盘绸尖价洋△，锦尖△，贡尖△，均是（九七）扣到。弟早日本意欲想放，无奈发出△十卷在各镇市，不知拆去若干，是以只得将布概行吊转销出，绸尖△子，贡尖△子，仍存之下。正中号放跌△元，副号△元，仍是听销。今众大乱，纷纷乱减，虽系改下，五内甚痛，仍未卜能出否。若再他变，未择何折。遇此势下，惨极愧极。但溧布情，历来雨水过多，天时寒凉，而蚕不美，又碍吾业之事也。即正夏届，日穿棉衣，夜盖絮被，自问夏布从何而销，加之前后并瑞州、新昌涌到布贰千一二百子，兹查仅开五百之光。时节已到，似此情景，不荒逼荒，故众大乱，却其内中亦有减三元半、跌四元。各怀异见，心事不一。刻洋斢宝银（七五），洋换足大钱（一千五），（七五）表芯，好货（三六），次至（三元三四），工边（四）元，内外不行，并无受手。熟米（一元八）。别事未叙，容后再申。

戊年五月廿五　奉店

15. 启者前付来一音，谅已呈到。弟所言付银回归，摸算付回受亏不少，缘系经理若莫堪言。是以只得将扣来银于前月廿五日遇△兄过芜，托伊带过宝银△佰两，转托△存和州云。其此处银价存花庄钱（二百一四五），是以只得将此暂托存息，聊补少损之意。弟手之布早日本意欲想放跌，无奈发出四十余子在各镇市，不知拆去若干，于前月廿五日，是以只得将布概已吊转，销出绸尖△，贡尖△。尚存之下正中放跌△元，副减壹元，发出廿余子。今众大跌，纷纷乱减，但溧布情，加之前后并瑞州、新昌涌到布贰千一二百卷，兹查仅开五百之光。今又吾帮到布壹百四十余子，今岁吾业不知如何定局否。刻洋斢宝银……

戊年六月初二　奉哥

16. 戊年六月初四，奉膺旧公得接来示，均已知悉。据云△△装布过坝，切勿装来。刻溧共存布壹千三四百子，今此业大乱之至，现有血本打八折（八〇），售卖俱属呆局，仍不能完结。如大人之布，亦恳到芜放价售脱便美，晚想装来一不是好事否。晚手布放盘之后，发出廿余子，仍是听销，不能全作出。尚存之布，晚想不能与列位仝跌，无法，只得今将布与行装往各镇，见机看可能售脱否。如不能售脱，一不知何折定局。别货未申，以前相事，谨此奉达。

戊年六月初四　奉膺旧公

17. 启者，前初三日奉来一音，谅已呈到。刻溧并瑞州、新昌共存布九百卷之普，今此业大乱之致，纷纷减下，较开盘跌五厘、五厘半、六厘不等。弟之布本意欲想不跌，无奈时节已到，只得自经理。蒙相契指引，至本街妥主铺家，售出锦十五子，价洋（一九二），实到，其洋均是本月兑清，亦是卜卢△，已每卷行用贰角，余者于昨日程△已概行售出，锦尖价洋（一九），实到；绸尖（二一五），（九七）扣。弟不知至和州中路买花否，如至和州，弟以好将所收洋换银，遇相契带芜存和。哥手布不知售清否？望即回示，谨此奉达。

戊年六月初六　奉哥

18. 兹者得接来示，均已领悉。前初六日奉一音，不知到否？刻溧布情，并瑞州、新昌共存布五百数十卷之普，于前初二日起，大乱之极，纷纷减下，较开盘跌五厘、五厘半、六厘不等，虽放此价，街上生意仍属清静。弟之布本意欲想就不能与列位并跌，无奈时节已到，兼天寒凉，雨水又霖霖，无法只得自经理。蒙指引至本街妥主铺，售出锦尖十五子，价洋（一九二），实到，其洋均是本月兑清，俱是卜卢△行。每卷用钱二角，余者于初五日程△行概行售出，绸尖（二一五）（九七扣）；锦尖（一九），实到。弟不知至和州中路买花否，如至和州，以好将所收洋换银，遇相契带芜存和，望即祈回示。弟以好调理。哥手之布，谅必售清，今洋斞宝银（百三四），洋易足大钱（一千五），（七五）表芯（三元六），工边（三六）至（三元七八），不行，兼无受者。别货未申，以前相事，此达。

戊年六月十三　奉哥

19. 启者今付班友带来凉圭一双，价钱（八百四）文，到即查收，恳祈回示。刻溧生布一业大之极，纷纷减下，较开盘跌五厘、五厘半、六厘不等。虽系改下，五内甚痛。遇此势下，惨极愧极。虽其此价，生意仍属清静，总因天时寒凉，雨水霖霖之故。吾帮并瑞州、新昌共存布五百数十卷之普，弟之布开盘，绸尖价洋（二六五），锦尖（二四五），贡尖（一九五），均是（九七）扣到。除出尚存之布，只得随伴以跌，绸尖减下（二一五），（九七）扣；锦尖（一九），实到。概已售出，贡尖早已原盘全售脱。兄台之布谅已售清，今洋斞宝银（百三四），洋易足大钱（一千五），（七五）表芯（三元六），工边（三六）至（三元七八）不行，兼无受者。别货未详，此达。

戊年六月十六　奉巢和

20. 前寄来三音，谅必呈阅。但溧之情，实所奈者。自夏以来，天色弗佳，大阳少见，不雨即阴，延缠斯时，犹属朝朝暴淋不切，以致吾业伤哉！惨哉！于前去月终，正号均放三元、四元不一，副号减一元、一元半，指望放此，生意必动，孰知彼苍如此之状，不助布劲，依然呆局。帮中之人，见此情景，各怀不齐。于初旬内正又加跌贰元、三元，副又减二元，较之开盘松下五、六、七元不等。缘因贱臭，始得销动数百卷，除臭之下，并瑞州、新昌尚存布五百数十子之普，目又到布一百余子，做盘极贱，顶正号（一八五、一九），中号（一七五、一八）。副号（一六、一六五），仍是陆续始出。弟手布前报开盘，绸尖价洋（二六五），锦尖（二四五），贡尖（一九五），均是（九七）扣，到即发出四五十卷。因众大乱，概退回，销出绸尖九子，贡尖柒子。除出，尚存之下，正中放跌三元，副减一元半，又发出二三十子，因又大乱，仍即退回，销出锦尖贰子，贡尖一子。除出，尚存之下，于初旬又改跌，绸尖减下（二一五），（九七）扣；锦尖（一九），实到。概行售出。然而弟本意不欲跌，而又跌，无如天色甚属不美，兼闻外江涨水浩大，是以惊惶，不得不以从众松下。自愧经理，伸笔汗颜，不第可愧，五内皆烈。成算以来，实系有伤东家本矣。如遇此势下，惨极愧极。据云郭老新之布售出一半，尚存难免过坝。又云巢老金手之布，一未结局也，一难免屯庄。今洋斢宝银（百三四），洋易足大钱（一千五）。

戊年六月廿二　奉店

21. 得接来音，均已领悉。刻溧所到之布做盘极贱，顶正号（一八五、一九），中号（一七五、一八）、副号（一六、一六五），（九七）扣用，均属呆局，不行之至。今得接旧公来音，云外江涨水浩大，弟云其此市，亦会将所收洋存身。外江情景谅必旧公信上载名，至未同申。唐寿兄十七日抵溧，带布八十余卷，即做定盘，正号（一九），副号（一六五），（九七）扣。信伊自家五月初七日动身，据报吾县五月初七涨水，比辛卯年之水要大三四尺。我家上栋亦有八九寸之水。东西四门，余有南门，受亏不轻。据云郭老新手之布售出一半，尚存难免过坝。又云巢老金手之布，一未结局也，亦难免屯庄。刻洋斢宝银……

戊年六月廿五　奉哥

22. 得接△△本月廿四日来音，云伊手之布尚存未卖，正号△卷。此布日前已大亏，血本九折，外贴缴费，概作与湾沚允大、茂盛二行代卖，有剩包退。如后天晴，谅可全完。仍存细尖△卷，又存△兄瑞昌裕记天尖△子。今托△兄带来溧阳售卖。及芜各号，仍存未卖布，除前装散，尚存一百多卷，将来尽会过坝出脱。近日水势浩大，尚未住脚，江比各处圩破甚多，纵有高圩，须未外破，而圩内水满，以淹一半。现是荒年，今岁沿水一带，均系水荒，受苦不少。和州花苗早前可佳，近连风雨，大概要伤。现换宝银（二〇九）。弟手之项，现和州花苗受伤，不若上中路采买。不日△兄亦会上中路，弟想托伊带银贰百两，交△兄手办，头船回归。弟恐放此时帐不能清结，又怕路上丹延日期，赶头船不上。弟日后收清银两即上。

戊年七月初八

23. 得接来示，均已知悉，所代△兄买来物件，照札收入。其洋弟概收清，得接△兄六月廿一来信，云南地布情，（八几）售起至（七〇），（七折）买主叫（六〇）。吾帮共存布四百仝之光，伊手尚存未卖布廿一子，伊前到之时，吴星记行，起去布十八卷，售出十三卷，不料五月廿九行主身故，须有一子，亦是无用之人，口叫账未经理，共该万帮洋一千贰百〇。此账受亏亦不轻。刻溧洋斢宝银（百三三五），洋易足大钱（一五）千。

戊年七月初十　奉哥

24. 启者无别。蒙台付来物件，照数收入。诸事有蒙容后面谢。今芜湖上下水势极大，较之十三年及廿一年顶大之水，仍高二三寸，尚未住脚。现今西门城外何街各处，水淹高低，圩坝尽已破尽。所剩金宝圩，未恐后来难保全。现在各处荒民极苦，尽行逃去，生意均各清静，各色账项目难动问。遇此荒年，无可奈何。刻芜宝银（百九九千），洋斢宝银（七钱六七八）。和州花苗低处概无，高处近云竟好七八分苗稼，未卜后来。即今纵好，然货出极迟，决难候办。现换宝银（二〇八）。别货未详，此覆。

戊年七月廿九　奉巢和

25. 特字奉别。弟今已接旧公七月廿日来音，云芜湖上下水势极大，较之十三年及廿一年顶大之水，仍高二三寸，雨尚未住脚。西门城外，何街各处水淹，高低圩坝，尽已破尽。所剩金宝圩，未恐后来难保全。别货未叙，各色情景，谅必旧公信上载名，至未同申。伊悉弟修音至哥处，谈及大仓花苗年岁，伊欲想至大仓办花。望祈即速回示，至紧。

戊午七月廿五　奉哥

26. 得接来示，均已知悉。但弟手之项，除换银存和州，仍存洋壹千之普。其洋听哥来溧收用。别货未详，谨此奉覆。

戊申八月初四　奉哥

27. 启者今遇生广号足带来一音，弟手之项，概已收清，在锡山买就子花百五十包，店秤每百斤价洋五元六角半。弟家兄已买就四百包，于本月廿四日受载。家兄坐船，装上吴城，看可能或利否。如到可能售脱，即会带银下乌江买皮花回店。弟的于来月初十过和州开秤，拟在来月廿日后，所查各处花苗，低处概无，高处颇可五六分收成。好得目下天宫晴和，及芜湖上下江水势极大，现在较之尚前十三年及廿一年顶大之水，仍高三四尺。街上通流，高低圩坝尽已破尽。刻芜湖茶油涨元（四两八八分），麻油涨（五钱六），菜油（四钱二），桐油（三钱六），表芯不行（八十），头印过秤元（二两九），次（二两七），（七五）。二印元端（二两八），无买手。刻溧洋斢宝银（百三一六七），洋易大钱（一千五一），熟米价洋（二元），次至（一元六七）。别货未申，此达。

28. 兹者弟自店登舟以来，于前月初九日抵溧阳。一路叨天清泰，所带之布起去程允升行六十卷，方滕昌行廿子。开盘丰尖价洋（二三），开尖（二一），贡尖（一七），惠记京尖（一六五），均是（九七、九八五）扣实洋。共发出四十余卷，仍是听销。吾帮共到布壹千六百卷之普，虽云发出四五百卷，作销不过壹百数十卷而已。做盘顶正号（二六），次（二二），中号（二二）至（一九—一八），副号（一七五—一六）。然为此价，犹难发出，吾业实奈陈货饱足，岂能销吾新货，早前年岁可称七八分之局，又奈本月初四日＊红水，低处豆麦概无，高处颇可五六分。蚕丝大伤，只好三四分之局。吾业如目下天宫晴和，后手到布希少，就着可能侥幸出脱。否如后手到货广多，就屯结无凝（疑）。又常州、无锡、溧阳共存陈布壹千有零，如弟观其势，难免改跌之嗟。总云生意尚早，确好歹而何眉仍不定。

刻溧（七五）表芯头印（三元八），工边（四元），内外不行。洋易足大钱（一千五三）。别货未叙，容后再申，此达。

己酉年又四月十一　奉店

29. 启者，得接来音，均已知悉。但弟手之布，共发出△十余卷，仍不能概作销。吾帮前后共到布壹千六百有零，虽云发出四五百卷，作销不过百余十子。目下所到布仍未开盘，实因天时寒凉，雨水过多，低处豆麦概无，高处颇可五六分。蚕丝大伤，只好三四分之局。吾业实奈陈货饱足，尚未售完，岂能销吾新布？如弟观目下形情，今岁生意还不能如旧岁。似速天宫晴和，着能有发动否。今溧地起就厘金堂，夏布每卷抽洋三分，于本月十九日唱戏引酒，众帮议定，前后所到布做价，凭行估值，亦与帮中品较公批，不能私行低作改盘。要至五月公同酌议，一体同行。如有私行改盘乱卖者，查出罚酒六席、戏一台。刻溧（七五）表芯头印（三元七八），工边（四元）内外，不行，熟米（二元二），洋换宝银（三三〇），洋易足大钱（一千五三）。别货未详，容后再申。此达。

己年又四月十八　奉哥　无锡北门内大平硚王宅栈

30. 敬启者。前付来一音，不知接到否？弟自店登舟以来，于前月初九日抵溧阳。一路叨天清吉，所带之布开盘，丰尖价洋△、开尖△、贡尖△，均是（九七、九八五）扣实洋。共发出△卷，仍不能概作销出。吾帮前后共到布贰千有零，又瑞州、新昌到布三百余十卷。虽云共发出四五百卷，作销不过百余十子。目下所到之布仍未开盘，吾帮开盘顶正号△、中号△、副号△。虽其此价，犹难发出。吾业实奈陈货饱足，各铺尚未售完，岂能销吾新布？弟前到之时，年岁可称七八分。指望销去陈布，新布必发。又谁知后来雨水霖霖，天时寒凉，又奈本月初四日备水，低处豆麦概已淹伤，高处颇可五六分。蚕丝大伤，只好三四分之局。近来半月各行布一卷未动，兼前所进之布亦且退回，街上生意冷静之极。如观目下情景，今岁吾业不知如可折扣结局。前弟在店所言，买二帮布下来，要△兄送下，不知买来否？如买来，望兄着能上面好些，恳祈高财调为出脱，切勿装下，至紧至紧。据云常州、无锡生意，与溧一体皆然。刻溧（七五）表芯头印（三元六七），无买手；工边（四元）。内外不行。洋换宝银（三三〇），洋易足大钱（一千五三）。

己年又四月廿一　奉安庆老新

31. 兹者前十一日付来一音，不知接到否？愚自店登舟以来，于前月初九日抵溧阳。一路叨天清吉，所带之布，赵杰、程允升行廿卷，方滕昌行廿卷。开盘丰尖价洋（二三），开尖（二一），贡尖（一七），均是（九七—九八五）扣实洋，共发出△十卷，仍不能概作销出。吾帮前后共到布贰千有零，又瑞州、新昌到布叁百余十卷。虽云共发出四五百卷，作销不过壹百余十卷。目下所到之布仍未开盘，吾帮开盘顶正号（二六）至（二二），中号（二一）至（一八）。虽其此价，犹难发出。吾业实奈陈货饱足，各铺尚未售完，岂能销吾新布？弟前到之时，年岁可称七八分。指望销去陈布，新布必发。又谁知后来雨水霖霖，天时寒凉。又奈本月初四日备水，低处豆麦概已淹伤，高处颇可五六分。蚕丝大伤，只好三四分之局。近来半月，各行布一卷未动，兼前所进之布亦且退回，街上生意冷静之极。如观目下情景，今岁吾业不知如可折扣结局。前愚至店所言，买二帮布下来，看能安庆好些，可能售脱否？如其售脱，可能不必下来，美矣。刻溧洋换宝银（百三三〇），洋易足大钱（一千五三），（七五）表芯头印（三元六七），无买手；工边（四）元，内外不行，熟米（二元三）。别货未申，容日再报，谨此奉达。

己年又四月廿一　奉店

32. 兹者前付来二音，不知收到否？愚自店登舟以来，于前四月初九日抵溧阳。所带之布起去程行廿，方行廿卷。开盘顶正号（二三），开尖（二一），绸尖（一七），惠记京尖（一六五），均是（九七—九八五）扣实洋。共发出四十余卷，仍是听销。吾帮前后涌到布贰千八百卷之间，又瑞州、新昌到布四百余十卷。虽云共发出四五百卷，作销不过贰百之光。吾帮开盘顶正号△，中号△，副号△。虽其此价，犹难发出。吾业实奈陈货饱足，尚未售完，岂能销吾新布？愚前到之时，年岁可称七八分。指望销去陈布，新布必发。又谁知后来雨水霖霖，天时寒凉。又奈前月初四日备水，低处豆麦概已淹伤，高处颇可五六分。蚕丝大伤，只好三四分之局。自又四月以来，天色弗佳，大阳少见，不雨即阴。延缠斯时，暴淋不切，以致吾业伤哉惨哉！近来一月有零，各行布一卷未动，兼前所进之布亦且退回，愚于廿七八只得将布概已吊转销出，丰尖△卷，开尖△卷，绸尖△卷，惠记京尖△卷。除出尚存之下，正中号放跌△，副号△。吾帮顶正中均放△，副减△不一。虽放此价，亦无受手。纵欲又贱售，并无人销十卷八卷，所销不过二三卷。吾帮诸位售出二三卷者甚多，售出十数不过三五家。据云无锡、常州，均皆一体。今岁吾业，不知如何拆扣结局。据云列列老者说，自古以来，干旱水荒亦有，并无今岁之势。前愚在店所言，买二帮布下来，不知买来否？如其未买，美矣。倘其买来，亦是受亏。愚早以有音与郭老新，要伊上面售脱，切勿装下。看能上面好些可能售脱否，如其售脱，可能不必下来，美矣。刻溧洋斛宝银（百三三〇），洋易足大钱（一千五三），（七五）表芯头印（三元四五），无买手。工边（四元），内外不行，熟米价洋（二三四）元。别货未详，容后再报，谨此奉达。

己年五月初七　奉店

33. 兹者前付来二音，不知到否？愚自店登舟以来，于前四月初九日抵溧阳。所带之布起去程行（九十），方行廿卷。开盘丰尖价洋（二三），开尖（二一），绸尖（一七），惠记京尖（一六元五），裕记贡尖（一七），均是（九七—九八五）扣实洋。共发出四十余卷，仍是听销。吾帮前后涌到布贰千八百卷之间，又瑞州、新昌到布八百余十卷。虽云共发出四五百卷，作销不过贰佰之光。吾帮开盘顶正号△，中号△，副号△。虽其此价，犹难发出。吾业实奈陈货饱足，各铺尚未售脱，岂能销吾新布？愚前到之时，年岁可称七八分。指望销去陈货，新布必发。又谁知后来雨水霖霖，天时寒凉，又奈前月初四日备水，低处豆麦概行淹伤，高处颇可五六分。蚕丝大伤，只好三四分之局。自又四月以来，天色弗佳，大阳少见，不雨即阴，延缠斯时，暴淋不切，以致吾业伤哉惨哉！近来一月有零，各行布一卷未动。兼前所进布亦且退回，愚于廿七八只得将布概已吊转，销出丰尖贰子、开尖壹子、绸尖贰子、京尖贰子、贡尖九子。除出尚存之下，正中号放跌贰元半，副号减贰元。吾帮顶正号均放贰元、贰元半、叁元，副号减贰元、贰元半不一。虽放此价，亦无受手。纵欲又贱售，并无人销十卷、八卷，所销不过二三卷者。吾帮诸位售出二三卷者多，售脱十数者不过三五家。据云常州、无锡均皆一体。今岁吾业不知如何拆扣结局。据列列老者说，自古以来，干旱水荒亦有，并无今岁之势。前愚在店所言买二帮布下来，不知买来否？倘其买来，望台看能上面好些。恳祈高财调为出脱，便美。切勿装下，至紧、至紧。刻溧洋斛宝银……

己年五月初七　奉郭老新

34. 兹者前初六日付来一音，不知到否？但溧之情，实所奈者。自夏以来，实因雨水过多，以致吾业伤哉惨哉！吾帮前后涌到布贰千九百之间，又瑞州、新昌到布四百余十卷。兹查仅开贰百数十卷之光，吾帮诸位只△号售出柒十余卷，余者售二三卷者多，售出十数者不过三五家。近来一月有零，各行布一卷未动。兼前所进布亦且退回，弟手布开盘，丰尖价洋△，开尖△，绸尖△，惠记京尖△，裕记贡尖△。共发出△十余卷，于前月底只得将布慨已吊转，销出丰尖△卷，开尖△卷，绸尖△卷，惠记京尖△卷，裕记贡尖△卷。除出尚存之下，正中号放跌贰元半，副号减贰元。裕记贡尖减壹元半，共发出十余卷，此布一卷不能作销。吾帮正中号均放贰元、贰元半、三元，副号减贰元、贰元半。虽放此价，仍属呆呆不动。今△号又改跌，正副贰卷共售洋卅一元，（九七）扣到。又△号布改跌，正副贰卷共售洋廿九元，（九七）到。虽其放至此价，仍是陆续始出，亦不能作销五十六十。以上二号之布，较弟之布相仿，弟手之布，望哥看能锡地价较溧地好些否，看可能一盘售脱得五十、六十否。弟想我家之布，亦不能与伊并跌。无奈今岁吾业实无法可生，望哥高财调为，即祈面示。刻溧阳洋斛宝银（百三四〇），洋易足大钱（一千五三），（七五）表芯头印（三四五）元，无买手。工边（四）元，内外不行，熟米价洋（二四五）元。别货未详，容日再报，专此奉达。

己年五月十六　奉哥

35. 兹者前寄来三音，谅必呈到。但溧之情实可奈者，加之前后涌到布贰千九百卷之间，又瑞州、新昌到布四百余十卷。兹查仅开贰百数十卷之光，吾帮诸位只△号售出七十余卷，余者售二三卷者多，售出十数者不过三五家。自又四月以来，天色弗佳，大阳少见，不雨即阴，延缠斯时，犹属朝朝暴淋不切，以致吾业伤哉惨哉！近来一月有〇，各行布一卷未动。兼前所进之布亦且退回，于前月底，吾帮正中号跌二元、三元半，副减二元、二元半不一。指望放此，生意总可有些发动。如此之状，不助布劲，依然呆呆不动。帮中之人见此情景，各怀不齐，于初旬正中号又加跌三元、四元，副又减贰元半、叁元不等。较之开盘，松下七八九元，摸算东家本，总在七折之普。虽其放至此价，仍是陆续始出，亦不能作销三十四十，总共始出不过百数十卷之光。弟手之布开盘丰尖价洋（二三），开尖（二一），绸尖（一七），惠记京尖（一六五），裕记贡尖（一七），均上（九七九八五）扣实洋。发出四五十卷，因众改跌，慨退回，销出丰尖贰卷，开尖壹卷，绸尖贰卷，惠记京尖贰卷，裕记贡尖九卷。除出尚存之下，正中号放跌贰元半，副号减贰元。又发出廿余卷，因众又加跌，仍即又退回。正中号又加跌叁元半，副又减叁元，看可能侥幸出脱否。本欲我家，亦不能与列位并跌。无奈今岁吾业实无法可生，城墙跑马，四路无门。长江水势浩大，逐日增涨，较旧要大二三尺，仍未住脚，大小高低圩坝尽行破尽，伤哉惨哉，实不堪目。即今苏、常、无锡、溧阳等处，大阳少见，无日不雨。前之积水退销有限，于今初十边又加大雨，积水复加二三尺，据说从来未有今岁之水。如即退下，高些圩田就看可能分秧否？倘不骤退，圩田难以分秧，人心遑遑，官长叠叠出示安民。刻溧洋斢宝银（百三四〇），洋易足大钱（一千五三），（七五）表芯头印（三四五）元，无受手。工边（四元），内外不行，熟米价洋（二元四五）。别货未详，容日再报，专此奉达。

己年五月廿四　奉店

36. 兹者连付二音，不知到否？莫非班舟失去？据云长江水势浩大，逐日增涨，较旧要大三尺之多，尚未住脚。高低圩坝尽行破尽，伤哉惨哉，实不堪目。前之积水退销有限，于今初十边又加大雨，积水复加三尺零，据说从来未有今岁之水。如即退下，高些圩田还可分秧。倘不骤退，高低圩田难以分秧，人心遑遑，官长叠叠，出示安民。但溧布情实所奈者，帮中之人见此情景，纷纷乱减，较之开盘松下七八九元，正号售洋（一八）至（一四），副号（一二）至十几角。摸算东家本，总在七折之普。缘因贱臭，始得销动七八百卷，街道生意仍属清静。弟手之布，帮中跌价之后一卷未动，束手无策。弟想我家亦不能与列位并跌，如要并者，总在七折之间，今岁吾业无可奈何。弟只得暂行留存，如可能卖得八折〇九折之普，弟就会概行出脱。如在七折，弟打算何必留存来年出脱。望哥高才调为，祈即回示。哥手之布不知售出若干，刻溧洋斢宝银（百三四*）……

己年五月廿六　奉哥

37. 特字奉别。但溧布情，目下几天生意发动，本街〇市每日总在壹百数十卷之市。高处乡镇俱各发动，总因价贱，至得生意有发动。吾帮各号之布，早以贱价俱各概已售脱，只前月中△兄到有布壹百余卷，伊还未开盘。弟手之布于初贰日做定盘，丰尖价洋（一八）元，开尖（一六五），绸尖（一四），裕泰贡尖（一四五），均是（九七）扣到。仍存丰尖数卷，余者概行出脱，谅可明日售清得否。哥手之布，不知此地生意发动否。弟欲想来锡，又怕生意跌下，又闻得吾帮到有数人在坝上，因坝上大乱，不敢过来，亦不知实否，兼不知锡地价若干。弟至令一未下来，目有副号又可涨洋壹元，刻溧洋斢宝银（百三四），洋易钱（一四七）千。别事未详，此达。

己年六月初七　奉哥

38. 启者昨日付来一音，不知到否，但溧形情，日前几天夏布爽销，本街零市每日总在壹佰数十卷之市。高处乡镇俱各发动，总因价贱，俱各概行出脱。只前月中△兄到有布壹百余卷，今做定盘，正号（一八五），（九七）扣洋。弟手之布于初贰日做定盘，丰尖价洋（一八），开尖（一六五），绸尖（一四），裕泰贡尖（一四五），均是（九七）扣到。其洋概是本月中兑清。仍存丰尖五卷，余者概行出脱。今日本街销市就以减半。别事未详，草字奉达。

己年六月初八　奉哥

39. 蒙赐来示，并郭老新之札，概行接悉。据云老新付托宋老仁带来布拾贰卷，以蒙大人起存，致谢，致谢。再烦大人费神作主，照市售脱，不必装溧而多往返之用耳。现溧情形亦勿见佳，正号售洋△，副号△，边谱货虽完结无存，而买手犹贪价廉，是以望大人照市出脱为妙矣。至紧、至紧。

己年七月初七　奉膺旧公

40. 兹者前初六日付来一音，不知到否？据云委弟收方滕昌行布洋钱一事，今收到洋钱五拾贰元五角，弟手之项收存现洋壹千贰叁佰，余者概要到月底转初兑付。但溧布情，正号价洋△，副号△，共存布贰佰边谱。只辛△兄之布，伊还亦未开盘，想必留存来年卖矣。刻溧洋斢宝银（百三三三），洋易钱（一五三）千，（七五）表芯头印（三三四），次（三元一三一），工边（四九）元。内外无受手。熟米价洋（三一二）。前初七日得接膺老旧公来示，并郭老新之札，据云老新付托宋老仁带来布拾贰卷，已蒙旧公起存常郡。弟即有音拜托旧公作主，照市出脱，不必装溧而多往返之用耳。现溧地情形，亦勿见佳。而买手犹贪价廉，是以拜托旧公照市出脱。别事未详，此达。

己年七月十二　奉哥

41. 敬启者。蒙大人来示，云郭老新之布仍未出脱，诸事烦大人调理。今老新又付托邓开兄带来布十余卷，晚即托伊带下，恳烦二位大人高才调为，看可能常出脱得否。如不能出脱，就＊托邓开元兄带无锡交晚家兄亦可。诸事望二位大人费神作主调理。刻溧布情，△兄之布正号售洋△，副号△。售出卅余子，此布俱是宜兴客买去，溧地一卷未动。台平之布，不知售出若干，祈赐回示。刻溧洋斢宝银（百三四三），洋易钱（一千五三）。别事未详，谨此奉达。

己年七月廿五　奉常郡

42. 兹者前寄来四音，谅必呈到。弟手之布原盘售出，丰尖贰卷，开尖壹卷，绸尖贰卷。因众大乱改跌，售出丰尖廿子，价洋△，（九七）扣到。因又乱，弟只得将布概行留存未卖。至六月初，生意发动，弟将布概行售脱，丰尖△，开尖△，绸尖△，（九七）扣到。内布几卷，去洋△元。所□□布之项，收存现洋壹千贰三佰，余者概要到八月中兑付。各处花苗，低处概行淹伤，高处不过一贰分，似至八月底，或换银或装钱或后办花回归，临时定局。此信脚夫要动身，故以聊报几语。不日△兄亦会装棉布回归，托伊带音详报。此达。

己年七月廿五　奉店

43. 兹者弟自店初十登舟开行，于十九日抵吴城。一路叨天清吉，即日六号叫定斗船一只，如天色和美，即会开行。别货未叙，容后奉报，此达。

辛亥年四月廿　奉店一号

44. 兹者前付△△船带上一音，谅必到矣。弟自店登舟以来，雨水延阻，于初四日抵芜。一路叨天清泰，今叫定宣船一只，即行顺流，可查芜地年岁，菜麦可称四五分。因天时寒凉，雨水过多，延于初十日开晴，前

△号在芜售出布数十卷，正号（一七）两，副号（一三），俱其七月底期。街上生意冷静，前各号所进之布，均未售脱，总因天气之故。刻芜宝银价钱（二百〇八），茶油（四两四五），麻油（四四）钱，菜油（四四）钱，桐油（三钱五），高村表芯（二三），万表①（二），熟米湾沚厍（三千三）。别货未申，此达。

辛年五月初十　奉店二号

45. 今付苏州信船徐万丰装来郭祥记表芯纸十石，到即查收，言定每石船钱壹百廿文，望照数给找。刻溧之情实所奈者，吾帮并瑞州、新昌共到布三千之谱，又南昌到布二百卷。虽云发出五六百，摸算作销不过三百数十之间。街上生意冷静之极，目下几天呆呆不动，实因天气寒凉，雨水淋淋而碍吾帮，亦有未开盘者八九号，内中有欲想放价者，弟手之布亦未开盘。弟与行说，明日做盘，看可能出得些否。今岁吾业如观目下情景，不知如何结局。刻溧洋斢宝银（七二）。

辛年六月初三　奉哥一号

46. 兹者前初五日奉来一音，不知到否？但溧布情，前初八日△△正号放跌（一九五），副号（一五五），又△△正号△，中号△，副号△，均是（九七）扣洋。目下俱系更盘放价售卖，摸算共售出七八百卷，尚存八百卷。弟手之布一卷未动，如要更盘卖者，亦要亏本。弟愚想今岁一不是干旱水荒，兼且时节尚早。如其天宫晴和，或者亦无碍。目下几天虽生意未发，却盘亦要看起些。望兄高才调理，恳祈回示。哥手并弟所起之布，不知售出多少，并祈示知。刻溧洋斢宝银（七一〇），洋易钱（一千四八），工边（四元四），表芯头印（二元七八），有行无市。所起湾地表芯亦未少脱。别货未叙，容后再报，谨此奉达。

辛年六月十六　奉哥贰号

---

① 据许怀林先生的研究，“清末时（万载）全县生产表芯纸10余万担，最著名是高村的辛茂堂纸行，称船市表芯，以武汉为基地，转销河南、河北等处；大桥的瑞丰纸行，称桥市表芯，以南昌为基地，转销江苏、上海等处，乃至香港、东南亚国家”（《江西史稿》第586页）。故此纸当是万载县的“高村表芯”。不过值得注意的是，高村虽属万载，但“高村”表芯与“万表”并不是一种纸，价钱也不一样。

47. 兹者前廿八日奉来一音，不知到否？今得接来示，均已领悉。但溧布情实所奈者，吾帮除售仍存布壹千三四百，顶正号放跌（一七、一七〇），次（一四五、十五），副号（十三、十三〇），（九七）扣洋。虽其放到此价，兼且还亦无受手，街上生意零趸呆呆不动，今岁吾业伤哉惨哉！弟手之布除售仍存丰尖七子，锦尖贰子，各伙布九子。弟想尽竟无处昭受者，自愧经理，伸笔汗颜。不第可愧，前所售出之布，不过敷本而矣。望大哥高财调理，看可能无锡出脱得否，祈赐示知。刻溧洋斢宝银（七一〇），洋易钱（一千四九），表芯头印（二七八）元，并无受手。所起溧地之纸，亦未出脱。如其有市，弟即会照市出脱。别事未详，谨此奉达。

辛年六月廿九　四号

48. 兹者前具数音，谅想投阅。今付李乘时＊送上宝银贰大定，计重曹平（百〇一五五），至祈查收回示，＊力弟手付讫，酒资照例给，所付上之银与荣记进卅两；连记廿两，修＊十两。余者之银或店进，或与各记，望店调理可也。弟手所带各记小伙布，连记售出价洋（一五），三顺记并兴记售出三子，价洋（一六），（九七）扣洋。除售仍存五子，荣记并松记布一卷未动。各记小伙已前为盘做好点，孰知乱势退还。弟即行改跌发出，因仲又大乱，即行退还。弟连改跌几次，竟不能发出，无如之何。刻难就销，亦俟囤受。系乃弟心欲好，诸伙谁料愿佳不佳，伏乞列伙勿责，实奈势不佳耶。不第汗颜，实系痛耳。所付上之银，因跌价亏本，未曾售出，只得代扯移银付归，以好再行生息，免得搁存。及店中之布，正号概行销出，副号除售，仍存贰子，摸算敷本而矣。弟手之布，分起二处，无锡起去（四六），溧阳（六二）。弟到之时，情形不佳，只得与家兄相商，分与二处售卖。弟寓溧阳高祠栈，但溧缘前雨水过多，后因天时寒凉，小收欠纳三分之局，却乎蚕丝可称七分之成，现在禾苗眼下秀雅，未卜天降收否。究竟年岁可望上中之象，而其布业受此艰难，实不干也。吾万业受若不堪状者，实奈来货涌聚过多，二益伤，故碍一也；又加典衣公道，其碍二也。兼之大硚、芦州、徐渡、新昌数所带下，欲为盐布一千有〇，亏本贱放，其碍三也。有此三碍，而吾之生，不亏而亏，焉得不伤哉？是地前后到布四千有〇，原盘均系所销若干，呆至六月开初，生意约发，而吾帮中人心不好，纷纷放价，陡跌四五六元，贱至念边，竟跌七八元不一。臭至今日，尚存一千三四百卷，生意已落，铺不贪受。兼观源源不切仍到，莫谓不惊人耳。可叹吾邑之人，获利之处少走，亏本之地广来。诚哉所谈，前后来布均称亏本拆扣，谅言不虚。眉下臭价，上则△，次△不一，副号△，内外不等。虽系便宜，竟属枉然。所存兄布，如冰似铁，皆俟屯压，眉难就主。将来囤价，纵有贪宜，折扣轻重不择，苦至成何？及其常州、无锡、和桥亦属不佳。同病相连，但过坝者皆称不讨好也，坝皆数所存布三千之外，不知成何结局。及吾店所存芜湖表芯，弟家兄以带过溧阳，亦未售出。此业与布相连，并无受者。如其有市，弟即会照市出脱。刻溧洋斢宝银△，洋易足大钱△。别事不详，容后再申，此达。

辛年七月　奉店

49. 兹者前十六日奉来一音，不知到否？今得接来音，均已知悉。但弟手之布，早已概已完结，所云汪信诚表芯，弟委之至行，又托相契说，亦不肯受。蚕纸大多无处出卖，内有潮湿纸数十坮①，又无纸皮者，亦多弃之。纸把又破，此业受亏不轻。弟现在托人看可能出脱否，不知常州、无锡出脱得否？望兄回示。昨日△兄售出三百石，价洋（二元三七），（九七）扣洋，其洋八月底期，其纸中等之货。又云兄得买△号，得南熟米八百石。弟愚想今岁此业，亦不能生息。各处年岁俱系顺熟，又云吾帮亦有四号，现在装来米一万有〇。弟愚想不若照市出脱，望大哥高财调理可也。刻溧洋斢宝银△，洋易钱△。

奉哥

50. 兹者前具一音，谅想授阅。今付李乘时＊送上宝银十六大定，共计重曹平八百十二两七钱九分正。到日望祈查收回示。＊力弟手付讫，酒资照例给。所付上之银与△记进△△，△记△，余者之银店进。弟手所带之布，于前月念边概行售脱，正号拉盘（廿〇五），副号（十四二），荣记赛尖（十四四），又连记开尖（十四二），成记、修记贡尖（十四二），殖记〇尖（十六），茂记锦尖（一四四），以上具系实到洋。其洋现收壹千贰百元，余者之洋约在月底转初方能收清。但溧布情前后共到布三千三四百卷，原

---

① 此字为行草字，字形像简体“盐”之上半部分，依江西表芯纸之度量单位，“每 36 张为一把，72 把为一头，2 头为一担”（据许怀林《江西史稿》，江西高校出版社 1993 年版，第 586 页）。又《信范》中“担”都写成“石”，如果从字体看，则此处作为“数千把”的可能性最大。

盘均系……

奉岳丈书

适接家谕，悉及岳丈大人贵体违和，合宅谅然，清祷延医，定遇卢公。但不知近日体势温和否？如果复原，真所谓吉人自有天相。再者大人调养之方，善于饮食，从不勉强，理无多病。乃今秋兰孙赋姿，恃强健之精神，事事自劳，其中辛苦当时不知，于兹诉秧偶感而致发者，是受患之由自此始耳。然婿异地之私弥尽，所祷从万清安，并粗品二色，乞莞纳之。尚冀请养玉体顺序加扰为大。

寄岳父书

忆自客岁书具祝禀之后，少奉安函，多多抱罪。而罪人所赖者，佟以沐大人之爱，当必请宥，定不见咎也。第献岁至今，欲贺宗禧，万所未及。因鹊径飞遗，以好谅必为我噪喜。合并禀陈，恭惟春祺，备集适正桃。

# 反面（由左往右）

1. 得接来札，均已领悉。△处情形，聊修及□手之布，并正副号共发出△卷，亦不能做准。摸算开卷，均在四分光景。余存行之布，自四月廿边，一子未动。以后到之布，比前布价做松，故此不消。△地并前后共到布△千△百有多而已，发出不过几百之间。日前得闻各处松价，人心不一，亦有想放盘者。原因街道生意未发，以前所卖之有勤，则开卷不过售几匹，行家亦不肯放盘，主家总前盘之洋难收，在△地之人，均待月底再行定夺。据来音云，想付布来弟处。此时莫付，倘有销动，有音报知。前兄所起△行之布，不知兄△尖做何价。日前△兄在栈，说布盘做△，不知是否。弟＊松下数角，刻下新丝上市，每日略之有四五千洋之货。别货未到。

2. 今得接来札，据云兄台起△行之布，委弟作主，代为照市出脱。弟旋即至行，查问所起△号之布售出多寡。据△△说，一卷未动。伊说减价，一切仍要生意发动，方可作准。刻今△处丝行生意闹忙之致，惟夏布一业清静之极。俟候数日再行真酌，待为调理。但弟手之布未增售出一卷，看常、溧各处来音，均云布业情形，处处跌价。各小口岸，行家送塞。天道寒凉，又兼农忙之际，越跌越不进货。弟看此业生意，只好守后发辉之日，再行灵变。倘后兄处夏布销畅，望兄台赐一片纸来△地，足感。余事未叙，特此奉覆，待后再报。并候列二兄台，未另详候近安不一，此致。

3. 付△手带上银两，弟往和州，在乌江存△两，价钱□；存和州△两，价钱△。该地花苗，若观苗稼十足之处，未卜后手收天定局。雨水调和，稻禾高低又有现来收割，粮食逐松，老花存货不多，仍价若干，北边可卖。前吾帮几家柒佰几十元，合县价△。近和州现换宝银价△，存不愿受，难加甚息。中路花苗近未得信，不知而何。只云吴山十六日来信，云皮花好货仍售△。柒月底期江西几处甚乾，惟瑞、袁更甚。吾邑六月初五信云，自前五月半得雨，至今两月未得甘霖。早禾五六分收成，多未栽插，山土全无。陈谷价△，陈熟米△，银价对钱△，现挑钱△，表芯△。棉花存货不多，大仓后之花，均未到县，价叫好货△，有行无市。今八号专脚六月起身来芜，足夫云：于十四五普得大雨，仍可栽插。看干汗不碍否。但弟手布贱，芜余△两未收。次初谅得收清，仍有姥下布钱△之普，后八月往和办花，带收无误。刻芜天道时和，年岁大有，禾稻将割，粮食遂松，陈米△，新米价△，宝银价△，洋易宝银△。

4. 月前付△兄带来一音，想已接悉。但弟随带趸夏布△卷，至△日概起栈内，旋描别布定盘。弟手正号一千，曹银△，次△，尽△月内期兑。如即现兑，每卷让价五钱，握算成本，利息甚微。此原盘售结，恐银约松，犹难全璧。致今共出△卷，现不消行，皆因春花年歉，兼银价甚高。而且我等陈本增昂，以致两不合算，故耳减销。自后〇趸不行，故属街市生意清静，及弟尚存未卖布△卷，再看后手生意喜色可售得否。但仝帮前后来布，除卖现存△多卷之数，早已不爽，均望栽秧之后。若各处生意发动，看可能销下多寡。若仍呆滞，难免装散乱卖，原实来货多，来人亦广，以致如此。但弟布项，日前已存△号△两，花庄钱价△。和州现换宝银价△，花苗齐生，老花叫（一百五），合到县包△，芜湖天道调和，秧苗将近插齐，有粮食，覆松……

5. 兹接初七日来音，均经次第聆悉。△△为兄带上银两，于今未曾为换。因前银价疲势，今东流张滩等处提涨（一百九四〇），仍看喜色。所嘱办花，公儎△记未付，一因银价跌（百四三），兼之花价高昂，合上包（十〇七八）。到家均在（十二）边普，故待守候。又阅△号前月念四专呈足音，云吾县年荒敬恐，棉花减销。意见或带银两回归外，阁别业之策。现列陈花，因途水涩阻延，上邑、大仓、乌江＊（十三＊），欠销以极。二共到货约在千数百余元。然中路长安铺、张滩等处，公儎各派镶包六七元，于是月初四日开行，二帮公儎各派包卅元，未曾足载，于初十日开行，三帮公儎约节。后因花价不松，公嘀廿边圆载。今将均各几镶须船，十八日开行。吾店与△号仝儎，并各记吾共镶百数十元。此今吾帮共在贰千一百余元，合上包价钱（十〇六七）不等，开落公众，并各几镶，镶载均则做十＊之价。弟等欲买足，等转安庆集帐。致今岁棉花一业，吾邑如此情景，难以作摸，只好更大市。弟手今岁生意帐项，弟每无计较何。但道州、大仓、乌江年岁，谅尊伙之晰，祈赐教知，以开弟之茅塞。然中路年岁，目可稻六七分。程近得客路，希来致于后手。纵提价者，亦无碍，△带上之银，三船仰伊带回。但今岁中路花色较比上年更佳，以前数日，因雨连绵，货出顶点，近两天又覆佳矣。弟于十二日至长安铺，△△前月廿二日到长安铺，廿四日开庄，共伊手为我采花百余元。弟明日至，张滩开跌（十三）之市，足以观市行正。余未详述，谨此并候。

6. 兹者弟于七月十四日锡地动身，往中路办花。△伙七月底八月初动身至芜。弟八月初五日到长安铺，今得店来音，只会带银回归。△老寄银贰百两，委弟办花，即观市办回。△△只会齐数办完，带银坐头船归长安铺。花年周地十分，只山花受些干，拉平八分光景。弟于初八日开秤，买就花包十余元，合上包（十〇六七）。吾帮以前开秤（十〇二三），无奈今岁人顺多，共有六七十人。至令花价速日赶涨（十〇六七）。弟想开发头之后，有跌无涨。宝银换钱（一百九八五）。别货未详，此达。

7. 今遇△足回，带来一音，谅已呈阅。弟手之布开盘，△尖为（九七洋），△△尖△。虽云共发出△子，犹难作销。虽故此盘，仍呆不动。睹其势下，不免再跌之嗟。今岁之业实奈旧囤售价公道，阻吾新货销路。而吾新布来本甚昂，何能相及并耶？兼奈历来淋雨过多，天又寒凉，蚕虫曾伤。业虽上市，仅好四五分之局。丝岁不佳，亦属总吾业之力也。即是生意之道，变局多端，确拟好歹，非人可料。且弟素愚，碌碌难估矣。致于经理，再待势下，自应观情见机而为。所带表芯，今日为盘△，弟未肯结，愚欲后看可做得△，即售。愚想此业，现在存货不多。若后无货至，或可稳当，纵欲出脱，亦属易便。而且纸业长远交易，是思缓售，不急可也。及带工边，难以就主。若问帮中售价（四元）内外，贱臭之至。兼之不受此业，划算不能敷本，故留暂搁，再行定夺。刻溧洋蔛宝银（六钱五），洋易足大钱（一千五）。别货未详，容后再报。

戊年四月

8. 日前弟在贵属叨扰，谢谢。于廿一日到锡。问及以前情形，因旧陈布过多，兼且价廉，束日将完。但吾帮之布，涌到壹千六百余卷，做价洋（八一丈）（三三、三二），正号（二七五、二六、二四五），副号廿（二〇五、二一），俱（九九、九七）到。即现再加（九七），摸约销出五百左右。实因生意清静，皆由成本高昂，洋价亦高，致令买卖两不合算，呆滞之极。现在吾帮诸位，头帮货未销出，尚在减价一厘半、二厘不等，店家愈不贪进，将来不知伊于胡底，以致弟之布延至昨日定价洋，顶尖（二七五），丰尖（二五五），加阔（二六五），贡尖廿，瑞昌天尖（二一），俱系（九九、九七）到，即现再（九七），寥微发出。近日菜麦登伤之际，吾等布业，今岁揣想后来到布不多，似农忙之后，或有销市之日未料。近日洋易钱（一千五〇四），洋斢宝银（七钱五〇），通子花价洋（四元四）。别事不详，容后再报。

戊年四月廿七　哥来

9. 前月廿七日寄上一函，谅想投递矣。但今锡地夏布销市寥寥，致令减价，以属不销。昨风闻无锡△行非非实实，是以我等前起伊行之布，现在取回。倘至列台处来漂买布，务要斟酌，特字奉申。但弟之布销出寥微，似后生意谅有发动，再为调理。洋斢宝银（七五〇），洋易大钱（一千五〇四），通子花（四元四）。别事不详，容后再报。此达。

戊年五月初二　哥来

10. 前四月十四日接到台伙来翰，俱已领悉。弟于次日即修寸楮奉报彼处诸色情形，未卜收否。今遇苏怡发栈，李复迁兄解货往抚回栈，顺更聊以几语云。越蚕丝俱已收结，详实五分之光。刻下屡屡天时清凉，吾等一业似未发动。弟手之货，谅出十余。仝做盘之时，约息八九厘不至一分。观此情形，不知后首结局若何，兼之岁年不佳，吾帮之人现在心中慌乱。台伙贵寓，生意谅颇利厚爽畅，倘或销行，望赐玉音指教。不然，诚恐弟亦要出关叨教。前月吾邑四月初四来之信，机布每匹涨（百〇），门布亦提涨些。愚思长江后头来货，必然紧涩。家中菜麦十分收程，雨水调匀，早禾楼田栽齐，粮食茶油较前跌些。刻下彼地洋斢宝银（百三三一二），洋换典钱（一千四九）。上海皮花每包（七元〇五），大仓（七元三四）。余未多喘，草感奉达。

戊年五月初四　巢金伙南浔来

11. 得接初十日来音，悉知。据云代买物件，因班舟不便，故未付上，倘遇人即会寄来不。辛富元二兄抚绸一丈五尺，计洋（二元五九九）；又素湖刍八尺，洋（一元二五）。刘喜来兄袜片一双，钱（六百）文；如意带仔一双，钱（一百二八）；又柏賈＊羽毛六尺，洋（二元八七）；又录羽毛三尺，洋（六）角；又大红缎五寸，洋贰角；辛富兄印竹花小布一匹，钱（五百）。以上照数查收。倘王日翁绣货如不合式，即交原班带回亦可。刻今溧地夏布销市寥微，副号（八十丈），略为好售。惟中平之布呆滞，纵然减价亦无受手。总之生意尚未发动，兼且天道阴雨寒凉，似至月底或有生动。无奈吾帮来布过多，又兼成本高昂，观此情景，定难讨好。及弟之布，仍剩正号七十余卷，只好奈守，不能与列位掹捆跌价。但舍弟在溧，诸事拜恳列翁金神费心，关顾指教，则感激无涯矣。近日洋斛宝银（七五〇），洋易大钱（一千五一），通子花好货价洋（四五六）元。别事不详，此达。望赐收条为感。

戊年五月十七　哥锡来

12. 前连来贰札，均早得接。愚自三月廿六日清泰抵芜，共带夏布百八十卷之数，又茶油等件。但芜一带春收，亦因以前久阴，麦季虽被伤减，仍拉六七分收成。惟吾夏布一业，奈早大帮齐到，人象急乱，致得盘价均较旧相似，且有照旧减者。愚手之布，奈成本过昂，勉强较旧聊提。正号开尖做盘规银（十八八钱），贡尖（十五八），次号二宗（一四三钱）（一三八钱）。此均七月兑付之期，如即兑者，正号少银七八钱一卷，中次之布少银五六两钱不一，期现听买主两便。虽售此盘，核算沾润微末。今岁销市确期减差，不行之至。然芜各号，早先因销手中平，又被自己乱为开盘，尚未数天，即放跌三五钱不等。五月以来，天雨缠绵，江潮浩大，兼其寒凉，吾夏布愈无买手，均早跌盘七八九钱一两之间。今虽天道开晴，水势亦渐退下，人心始定。奈货存广多，日索渐短，大帮前后共约到布贰千贰百卷。除销，存布七百卷之数，兼又叠有布到，现所售价目更系纷乱，不待言矣。价跌一两几钱，即会烂售。观情难作，全完难免，远卖屯压无拟。今岁又被抚布金溪加倍涌到，先年只湾沚一带作销，今因价售公道，规银（十二）几钱，芜湖亦作销矣。刻仍存有千罢卷之数，现松一两五钱，此皆碍吾副号事也。愚手之布，幸得四月销去，所剩无几。刻实存中号布十余子，因此布色不做销故也。愚手二帮仍有布到，谅后进手价廉，纵祈天公晴暖，或可贱脱否？舅爷于前月底到芜，共带布百卅余件。恰遇今五月久雨不行，销去半罢之光。吾侄经手布件，谅必趁早售清。今岁交易，据报均皆不行。即安省来信，亦属如此。刻芜宝银价钱（二百〇三），茶油（三八五），（七五）表芯（二八九），不行。和州银价现换（二百〇九），存花庄钱大约（二百十二三）。别未多赘，谨此特达。

戊年五月廿六　绳老芜来

13. 兹启，但锡地夏布生意仍然清静。总之天气寒凉，棉衣尚未离身。近日到布仍存壹千余卷，速望炎熟，定有销市之日。至于价目，臭贱之极。然弟手之布，仍存四十卷之普。似天晴和，再为调脱。近日价钱较前盘跌贰厘半、叁厘不等，销市无几。今岁夏布想必各处皆然，定难讨好。纵有生意发动，定难完结。但尔手之布，跌价未审仍存多少。倘未销完，与△△商酌调脱。洋斢宝银（七六〇），洋易钱（一千五〇）。草字此达。

戊年六月初六　哥锡来

14. 今接△△初四日来信，以悉。但△手前付△兄带上宝银六定，其银日前付便友带往和州，寄付朱益和家，存去花庄钱文，尚未回信，谅价拟在（二百一三）之普。但愚手前后共来零趸夏布百四十卷之间，以前原盘约售半局，后跌银壹两，售拉余卷，至今仍存五十卷。此刻不问想卖，而且尚有退回。近今纵贱，万难出，一定是屯货无法。实因天时不正，向来寒凉，早前雨水过多，后自五月至今未晴十天，一值阴雨连绵，以至夏布不销。兼且江水逐涨，于今浩大，现在九分之水。刻日沿江一带，低处小圩现多淹水，已破不少。而各处正经大圩，现此水势难免不破。现是荒年气象，无奈江水仍系涨势。若得江水住脚，逐渐退下，或保五六分年岁。但我夏布一业，无论破圩不破圩，然无后手，总难望销，以算脱枝落叶之时，只好暂存，再看后首下跌夏布而何情景。能售屯庄，则装过坝，贱价亦要售脱，清白回□。倘难变脱，亦无奈何，存搁来年，俟善价出脱。一系大帮皆然。现在芜湖夏布，除以前装散，目今仍存五百卷之数，均难望销，纵贱亦无人问。仍系江势渐涨，人心惶惶，不问生涯，米涨百十文一石。而高处亦要望晴，炎熟禾苗方能结实。熟米价钱（二千三四），曹宝银现换大钱（二百〇三），洋易宝银（七钱五三四），茶油涨（四〇五分）。别货如前，和州雨后未得音知，余未详叙，特此报知。

戊年六月十一　膺老芜来

15. 连接三音，悉知。据伊手之布，虽则售完，而价大贱矣。至于所收之洋，不若拘存身边，未……

己年又四月十一　邓文成兄常州来

16. 日前寄上一音，未审到矣。但到锡地以来，霖雨倾盆，昼夜不停，河水骤涨，低处禾苗菜麦尽已水淹，延于十一日始已开晴。同伴到之布做价洋，愚天尖（二五），丰尖（二四），贡尖（一八），加阔（二五），俱（九七、九三）扣实洋。头帮之布现跌价洋一厘半、贰厘不等，亦不销行。总望天晴炎热退水，可能栽种，或有销动。不然，今岁夏布不知伊于胡底。前后共到新布贰千五六百卷，摸约售出百余十卷。现在河水逐退，天气晴和，定有销市之日。未料。但愚之布，似生意发动，再为调理，或照市减价售卖。然尔手之布，仍望观市调脱，毋容私鄙也。现锡地虽则跌价，并无受手。总要天公炎热，方可发动。近日洋斢宝银（七五分），洋易钱（一千五四），熟米价洋（二元二），子花洋（六五）。别事不详，容日再报。

己年又四月十五　哥锡山来

17. 得接来悉知，据云溧阳整规一事，不准跌价等语。然其中兼且装往各镇售卖，莫非暗中与行商酌跌价亦未可知，不能实信。纵然溧地本街不跌，兼且售货不多，然其中在溧老客占面大多，定然在外跌价销货，何人得知，有何凭据，有何对证？但尔心中务要明白，不可大意。愚揣想至今之人，万不能同心划一，莫非尔等以为信实，然其中行家装往别处跌价售卖，万不能议罚之理。但尔手之布，务与行家商酌，调脱为是。但老膺昨晚到锡起布八十卷，其余今早装往常州矣。及锡地夏布，仍属清静，价在原局。实因天道阴雨连绵，尚未开晴。急则天晴，或者生色未料。纵后销有销跌价目，定然乱市，难以讨好。但愚之布，摸约销出两十卷，似天晴，或减价售卖。总之今岁货多，销路十分呆滞，各处皆然。观此情景，后来比旧，大不如也。近日洋斢宝银（七钱七四），洋易钱（一千五四），熟米涨洋（二元二三），通子花价洋好货（六元七）。别事不详，特字奉达。

己年又四月廿六　哥锡山来

18. 昨接来信，悉知。前寄三音，未知到否？莫非班舟失去矣？但尔手之布，血本如九折多点，可能售卖，尽请程行代卖。倘别行店铺稍有受手，总要现洋则卖。如其亏本甚重，不若存货。情出无奈，今岁普遍荒年之际，由恐跌价乱卖，人心不古，另生支节，将若之何？似迟销有销手，或十卷五卷随价售现，总以稳当为主，幸勿大意。倘后实无销路，不得以而为知，以待来年出脱，无可奈何，似迟再作调理。但锡地情形，吾等夏布早已至知度外。均未减价，河水浩大，底处田禾房屋水淹五六分，人民凄惨，天雨淋漓，日夜不停，乡民报荒者纷纷，县主出示，劝捐振济，平粜公米。总之苍天有意，非人能扶持也。吾等之业，受累非轻。但愚手之布，早前售出无几，以后半卷未动，竟然束手无策，可谓英雄无用武之地，只好暂存来年出脱。未料诸项生意清静，乡民贫民房屋尽破水淹，无处安身，谣言纷纷，二三其说。纵然夏布稍有销路，不外头两卷，正号价实洋（廿、一九），副号（一四五、一四）。共存布贰千四五百卷，今岁万难售清，余存来年定矣。近日洋斢宝银（七四分），洋易钱（一千五三），熟米钱（四千），南米价洋（二元五），通子花价洋（六七八一七），无受手。但常州、浙江南浔等处，夏布均皆如是，病体亦同。此覆。

己年五月廿一　哥锡山来

# 下编　问题研究

# 第一章　江西商人长途贩运的商品种类及地域

一个偶然的机会，笔者在南昌古物市场购得一种手抄本形式的信范，竹纸一册，长约 19 厘米，宽约 18.5 厘米。从正面即从左往右有信 50 封，从右往左有信 18 封。① 每页约 12 行，每行约 14 字至 16 字，共 103 页，如果录入电子稿约 21280 字，行书体。这六十八封信应是江西布商位于江苏溧阳的一处经营点的伙计或掌柜写给东家店铺或另一经营点的信，也包括其他经营点写给溧阳的信。② 内容主要是报告本号及同帮商人商号情况，包括同行商品、银钱价格、沿途及本商号所在地的天气、同行商人商品的运销情况，以及面对各种外在形势，本号经营策略的调整，是当时江西商人、商号、商铺使用的信件，同时为教育子弟及初进号的伙计而纂集的商业信件的范本，50 封信与 18 封信之间还有两封以写给岳父的口气写的信范，这两封信却显得格式化，似乎是抄自当时民间某种尺牍。笔者将此抄本定名为《江西商人经营信范》。③

此手抄本封面从右往左，竖行写有"辛彩贤记，道光二十六年吉立"，还有"日需禄□"等四字。这应该可以反映此《信范》的大致年代，其理由是：第一，每封信的末尾写有此《信范》写作的干支年，有些还有其写作的月日，其干支年顺序如下：丙午、丁年、丁未、丁年、戊年、戊申年、己酉年、己年、辛年，以戊年、己年写信最多。恰道光二十六年即是丙午年，道光二十七年为丁未年，道光二十八年、二十九年为戊申年、己酉年，

① 下文分别称"前 50 封信""后 18 封信"。

② 如下所述，此商人在吴城及老家所在县城，设立了店铺，在安徽、江南各仅设立了一些发售货物的经营点，未设立独立的字号及店铺。

③ 以下简称《信范》。应指出的是，也有不少重复的信件。

中间庚戌年（道光三十年）没有信件，至道光三十一年则为辛亥年。信中所言辛年即是此年。可见封面与内容中的干支年基本相符。

其次，前第29封信言："今溧地起就厘金堂，夏布每卷抽洋三分，于本月十九日唱戏引酒，众帮议定，前后所到布做价，凭行估值，亦与帮中品较公批，不能私行低作改盘。要至五月公同酌议，一体同行。如有私行改盘乱卖者，查出罚酒六席，戏一台。"我们知道，清政府正式征收厘金，是在咸丰三年，而在此之前则是商人自行抽厘。一般文献中常有商人自行抽厘之例。如苏州有乾隆四十二年《全晋会馆众商捐厘碑》说："捐厘之举，盖全晋诸商欲建公墅以联乡谊，而籍是为创造之资也……以所捐仅谓之厘，盖从货捐厘、从银捐厘，取于人者无多，则人乐为捐输。"以下罗列了众商自乾隆壬午岁（二十七年）开始所捐厘金数目。① 《清实录》载：道光二十一年，江西拿获贩运烟会，"各烟贩多带有红旗红布暗号，内林幅茂一案，供有江绿华，在福建官田地方又有李正昌即张正昌，在广东、福建交界广福亭地方纠立红会。有太平帮、长生帮各名，招揽烟贩，编号抽厘，分给旗布。其李正昌名下，并有吴禧顺总管厘金"②。而《信范》所载是众江西商人依夏布贩卖每卷抽洋三分的比例来抽厘的，这应是商人自行抽厘。可见，《信范》封面所言抄于道光二十六年，大体应无问题。

《信范》作者为何处人，现尚无法确定，其中不少信提到作者作为一个经营点负责人是从吴城出发，或是回到吴城。如前第27封信说："家兄坐船，装上吴城，看可能或利否，如到可能售脱，即会带银下乌江买皮花回店。"这是讲买好的"花包"运回吴城，看是否好出脱。另外，前第43封信有言："兹者弟自店初十登舟开行，于十九日抵吴城。"云云。此言自溧阳登舟，十日左右至吴城。由此两信看，似乎此信范的所有者就是吴城商人。但究竟是不是吴城人呢？似乎又不能确证，因为在前第1封信中提到了"现云吴山别号来信报，吾上四府自□亦难□起，未降霖雨"。说明此家商人在吴城是设立了字号的。但吴城作为商品集散地，这家商人在此设立字号也可能只是将在江西收购来的夏布等商品在这里集中并往外发售，或者将在江南、安徽购来的棉花等其他商品运至这里销售，还无法证明吴城就是其

① 《明清苏州工商业碑刻选集》八《金融类·全晋会馆众商捐厘碑》，江苏人民出版社1981年版，第228页。

② 《大清宣宗实录》卷之三百四十六，道光二十一年二月戊辰。

家乡。上引信中有“吾上四府”的说法，在信中常提到的有瑞州府、南昌府、袁州府等，综合分析可能是袁州府的某县。具体如何，还有待进一步的考证。①

由方志远先生等人的研究可见，与其他的地区商人集团一样，江西商人的经营也以“客商”的面貌，跨越地区性或区域性的市场，在全国市场上进行着贩贱卖贵，或者在全国各地市场上进行着放债、开当等经营。对前者，学术界一般界定为“长途贩运贸易”②。笔者拟从经营史角度对江西商人的这种长途贩运贸易做若干侧面的考察，以期弥补江西商人研究方面经营细节考察的不足。本章仅对江西商人所贩商品——夏布、纸张、棉花、粮油等的种类及产地和江西商人的商品贩卖地点、路线等做一个初步的考察。

## 第一节　江西商人所贩运的商品种类、产地——夏布

从《信范》所呈现的整体情况而言，江西商人所贩卖的商品主要是夏布，还有棉花、纸张、粮油，基中夏布、纸张是输出商品，棉花、粮油则是输入商品。以下分论之，这里先说夏布。

江西商人的夏布贩卖，主要是将江西的夏布销往安徽江南各地，因是同一东家设在吴桥的字号与其他多家设在外地的经营点之间，或各个经营点本身之间的经营信件来往，我们由此可以发现，这个东家，在江西吴城，安徽安庆、芜湖、湾沚，江苏溧阳、宜兴、桥镇、无锡、常州，浙江南浔均设立了贩运布匹为主的经营点，而以反映溧阳情况的信范最多。关于夏布的产地，《信范》提到的主要有“吾帮”，如前第11封信言：“吾帮共到布一千六百有多，虽发四五百，作销不过二百之光。”此外，常提到的还有新

① 信范中常提到的夏布商人有瑞州府、新昌、“万帮”“吾帮”、南昌等，还有“大砎、芦州、徐渡”。显然后三者只是市镇、甚至村镇之名，姑不论其他三地，瑞州应指瑞州府，新昌即瑞州府新昌县（今宜丰县），“万帮”即袁州府万载县，南昌即南昌府。此三府应属“吾上四府”，所谓“吾帮”当在此三府之中。这点，后第3封信云：“柒月底江西几处甚干，惟瑞、袁更甚，吾是六月初信云：自前五月半得雨……山土全无。”可见“吾邑”就在瑞、袁二府。由说到瑞州、新昌、南昌、万载商人的口气看，诸处均被视为竞争对手，故而“吾邑”应是袁州府中除万载县之外的某县，即分宜、宜春、萍乡等三县之中的某县。

② 如许涤新、吴承明主编《中国资本主义的萌芽》，人民出版社1985年版。

昌、瑞州、南昌等地的夏布，如前第13封言："即正夏届，日穿棉衣，夜盖絮被，自问夏布从何而销，加之前后并瑞州、新昌涌到布贰千一二百卷。"前第45封信言："刻溧之情实所奈者，吾帮并瑞州、新昌共到布三千之谱，又南昌到布二百卷。"又有抚州金溪之布，如后第12封信又言："今岁又被抚布金溪加倍涌到。"①

明清的江西以生产夏布而著称，夏布是其重要外销商品之一，清代后期小说《情变》载：在镇江，"到了三月里面，湖南、江西的夏布客又到了。彩章算是店里一个总管事，如何走得开？等到招呼过了夏布交易，已是四月下旬了，又要张罗向各处收讨节账"。文中彩章乃是"仁大布店"的掌柜。② 可见湖南、江西夏布在江苏是很有名的商品。其产地据方志远先生概括，可分为三处：一是以宜春、万载为中心的赣东北地区，二是以石城、宁都为中心的赣南地区，三是以宜黄、临川为中心的赣东地区。③ 以上信中所言大体皆属于赣东北及赣东地区。当然，这里是讲瑞州、新昌、南昌、抚州金溪、吴城的商人将布贩向江南为主的地区，还不能完全肯定商品的产地也同样是这些地区，但这样的可能性还是存在的，方志远先生在所列"清代江西省高产杂粮及经济作物种植分布表"④ 中所列苎麻种植区域已包括上文所说的南昌、新昌、瑞州，但抚州金溪、吴城未包括在内，在夏布产地一栏中，有广信府的金溪县、南昌府的两个县，瑞州府的两个县，抚州府崇仁等三县，未列新昌。吴城靠近南昌，当亦属于产区，而金溪、崇仁则自宋代便是著名的麻布产区，南宋文献中有一个著名的故事，据《夷坚志》载："抚州民陈泰，以贩布起家。每岁辄出捐本钱，贷崇仁、乐安、全溪诸债户，达于吉之属邑，各有驵侩主其事。至六月，自往敛索，率暮秋乃归，如是久矣。淳熙五年，独迟迟而来，尽十月不反，妻颇以为念，夜梦其被发流血而告之曰：我此行不幸，到乐安曾家，为所戕杀……（后官府逮住乐安曾小陆）才鞫问，即承伏云：初用渠钱五百千，为作屋停货。今积布至数千匹，因其独来，妄起不义之心。"⑤ 据现存《永乐大典》所引

① 关于夏布的销售细节，以下各节还会多次论及。这里不再细论。

② 吴趼人《情变》第八回《何彩鸾含冤依老衲，秦白凤逐利作行商》，天津古籍出版社1987年版，第109—110页。

③ 方志远：《明清湘鄂赣地区的人口流动与城乡商品经济》，人民出版社2001年版，第266页。

④ 《明清湘鄂赣地区的人口流动与城乡商品经济》，人民出版社2001年版，第310—311页。

⑤ 〔宋〕洪迈撰，何卓点校：《夷坚志癸》卷五《陈泰冤梦》，中华书局1981年版，第1254页。

《夷坚志》，上文中“全溪”当为“金溪”，“债户”当为“绩户”。故总的说来这是麻布包买商的故事，他拿出本钱，通过牙人——“驵侩”对广大地域的生产者放贷本钱，等秋天便收回产品，用于贩卖。其地区在宋代属于抚州、吉州诸县，相当于清代抚州府、吉安府各县。显然，抚州金溪、崇仁、乐安及“吉之属邑”这一相连的一大片地区均是麻的种植及麻布生产区域。而至清代以后，则似乎有些局部化了。[①]

还有一些地名，应是江西商人夏布贩运的来源地，如前第48封信言：在溧阳一带“兼之大硚[②]、芦州、徐渡、新昌数所带下，欲为盐布一千有○，亏本贱放，其碍三也”。这是讲，因来货过多，及典衣公道，故只得“亏本贱放”，导致布业受伤。而所说贩来夏布的场所，包括大硚、芦州、徐渡、新昌等地，新昌应指清代瑞州府新昌县（今宜春市宜丰县），是清代重要的夏布产地之一。其他三处：1. 大硚，在万载县，今为双桥镇。据研究，清代中后期以来，此村发展成为苎麻、夏布生产贸易中心。胡水风教授指出：江西“苎麻、夏布贸易最盛时，全省麻行、夏布行有一百多家，万载县有夏布庄二十二家，其中大桥有布行七家，潭埠、金树各有三四家，每年经营夏布万余卷”[③]。2. 芦州，在上高县，上高县原有芦洲，属江口人民公社，后因与赣县江口重，而改名，今为芦洲乡。3. 徐渡，也在上高县，是历史悠久的市镇之一，因地傍锦河，地扼湘赣，自明中后期以来便成为商业繁盛之商镇。上高县也是清代以来江西苎麻、夏布的生产贸易地区。[④]

在传世文献中，明清夏布最为常见的是以颜色命名，如蓝夏布裙、白夏布大褂、月白夏布衫子等。在我所见晋商布商规程中，夏布也与棉布一样，最为常见的是以出产地命名，如晋商曾经进货或进入晋商视野的夏布，主要有以下几种：许湾夏布、石城夏布、宁都夏布、宜黄夏布、河口夏布

---

① 清代麻布生产繁盛与人口移动有关，种植者也多为闽粤移民，其品种也多从福建等地传入。有一个疑问是：棉麻转换经历了怎样的过程。为什么宋明间相当发达的江西麻种植及麻纺织，至清代需要移民才兴起呢？

② 大硚：当即今万载县大桥村，夏布生产中心之一。见下引《江西史稿》的考证。

③ 胡水风：《清代江西苎麻业概略》，《农业考古》1990年第1期，第221页。

④ 以上所述参见1. 民国《万载县志》卷十之二《人物·列传二》。2. 咸丰《袁州府志》卷三《都鄙》、卷一五《营建》。3. 上高县史志编纂委员会编：《上高县志》，南海出版公司1990年版，第179—180页、第216页、第259页等。4. http：//www. wanzai. gov. cn/wzgk/xzqh/201107/t20110705_212577. htm，万载县人民政府网站。5. http：//www. shanggao. gov. cn/publish/portal0/tab119/info1099. htm，上高县人民政府网站。

缎尖夏布①、蓝田葛布、叽长白夏布。《信范》在记述物价时，常说到夏布种类，多被称之为某某尖，从这一角度统计，《信范》中的夏布大致有 21 种，其中比较常见、在信中一再提到的是绸尖、天尖、丰尖、贡尖、锦尖、开尖等六种。还有 14 种则比较少见一点，情况如下：惠记京尖（前 32），裕记贡尖（前 33、前 35），裕泰贡尖（前 37），各记小伙布（前 48），荣记赛尖（前 50），连记开尖（前 50），成记、修记贡尖（前 50），殖记○②尖（前 50），茂记锦尖（前 50），顶尖（后 8），加阔（后 8、16），瑞昌天尖（后 8），机布（后 10），门布（后 10）。③

这些夏布有些似乎是以地点命名，如瑞昌天尖；有些则似乎加上了字号名，即以字号命名，如惠记京尖、裕记贡尖、裕泰贡尖、荣记赛尖、连记开尖、成记、修记贡尖、殖记○尖、茂记锦尖。④ 还有加阔、机布，似乎是以技术性的环节来命名。最后还有不加字号、产地，也不以技术性环节来命名者，直接称之为绸尖、天尖、丰尖、贡尖、锦尖、开尖等，或者如各记小伙布、门布，最后这两种则不知道是从什么角度来命名了。

但是，关于夏布为何会有这么多的种类及名称，尤其是为何有这么多的夏布以“某某尖”来称呼，目前笔者尚无力细加解释，但根据以上提到笔者所读到的一些晋商办布规程之类，由此及彼，对这一问题也有了一些初步的理解。⑤

首先，关于以“尖”来命名夏布，如贡尖、天尖、锦尖、绸尖、丰尖、开尖、赛尖等，笔者尚未见夏布的解释材料，但在棉布买卖规程中也有类似称呼，对理解夏布类似名称应能有所帮助，如有晋商梭布规程记载嘉庆八年苏州各梭布字号的布价言：

“德高诚记，黑锦七六，漂白四八五，毛石青六二〇，上青六三。

源隆森记，红黑锦六八五，红锦六七，毛宝四四五，毛石青五三五，上青五四。

……

---

① 此处所谓“缎尖”夏布，当是与以上信范中所说的“绸尖”夏布一类的夏布。

② “○”之符号乃原文有此。

③ 后面括号中的数字乃信的封数。应该指出的是：这些不同种类的夏布的价格是不一样的。其商品价格问题还值得专门研究。

④ 之所以以字号命名，则应是贩商根据质量、价格所选定的进货货源的字号的名字。

⑤ 虽然所见仅为棉布进货规程，但在制度上与夏布贩卖当有相当的相似性。

正隆诚记，锦尖红扪青六八，锦尖黑扪青六五，毛石青五一五，毛宝三九五。

益高元记，锦尖漂白四八，毛石青六两。”①

以上列出了各类梭布的价格，贵贱之间相差是不小的，但是否以“锦尖”命名，并不影响价格高低，如德高诚记的“漂白”为四八五，即四两八钱五分，而益高元记的“锦尖漂白”反而为四八，即四两八钱。

稍晚一点的一册反映湖北各商镇白布情况的规程，在说到钟祥县旧口镇发往山西平遥的白布种类时，提到“提尖白布”“顶庄白布”“锦白布”“晚庄白布”“彩边白生布”“拔尖白布”“拔尖晚庄白布”等，名之某某“尖”的白布，也未有多少特异之处，如“晚庄白布”与“拔尖晚庄白布”之间就只有轻微的一点区别，如“一宗晚庄白布，裁尺二丈五六，宽一尺〇六七，好布有三百来条钱子，大谱均钱三佰上下，每卷记成卷陆拾匹，重五十三斤九，每匹一斤一两”。“一宗拔尖晚庄白布，裁尺长二二丈五六，宽一尺〇五六，好布有三百一十二条钱子，大谱均钱三佰贰三，踩世美葱白水银二分五”。② 这里，“晚庄白布”与“拔尖晚庄白布”只“钱子”“大谱均钱”两项略有些区别。总而言之，是否带“尖”并不表示此布是否在质量、价钱方面有太大的区别。③

《信范》说到夏布行情时，还常有“顶正号”“正号”“副号”之说，如前第 9 封信言：“吾帮之布价顶正号△，中号△，副号△。前后共到布壹千有多，发出不外百余为率。”前第 20 封信言：“做盘极贱，顶正号（一八五、

---

① 刘建民先生藏《嘉庆己未绸缎梭布行规程》，手抄本。从此规程中一位名曰朝仪的行主人所撰的序看此应反映嘉庆八年左右苏州的绸缎棉布的批发价，不包括进一步的包装及运输价。另外，所记价钱，全依原来的苏州码改写，由所引文中最后一家字号看，数字的“两”，应在第一个数字下。

② 刘建民先生藏《咸丰年间□兴盛记办布规程》，据文中所说到的年代及封二所见到的字号印“□兴盛记”命名，手抄本。

③ “贡尖”“天尖”之名，在茶叶中似乎常见，如安徽六安府霍山所产名茶，据《续茶经》言：“通志：庐州府属六安霍山并产名茶，其最着惟白茅贡尖，即茶芽也，每茶出知州具本恭进。”见〔清〕陆廷灿《续茶经》卷下之四，清文渊阁四库全书本。湖南安化茶砖茶之外，有天尖、贡尖、京尖之类，当时外贸税则说道：“本衙门视贵大臣所言极为公允，径拟就此定议千两一种，每百斤征银五钱，百两内之贡尖每百斤征银八钱，百两之天尖每百斤征银一两，百两之京尖每百斤征银一两二钱五分。”见〔清〕颜世清《约章成案汇览》乙篇卷十二下《成案》附录《给俄国照会》。前者霍山贡尖乃实有进贡之意，但说到安化茶中的天尖、贡尖、京尖时，虽亦有进贡之意，主要意思是指用细嫩叶加工而成的极品好茶而已。

一九)①，中号（一七五、一八）。副号（一六、一六五），仍是陆续始出。”后第12封信言：“正号开尖做盘规银（十八八钱），贡尖（十五八），次号二宗（一四三钱）（一三八钱）。此均七月兑付之期，如即兑者，正号少银七八钱一卷，中次之布少银五六两钱不一，期现听买主两便。”

有时夏布降价销售时，也是分“正号”“副号”，如前第33封言：“近来一月有零，各行布一卷未动……除出尚存之下，正中号放跌贰元半，副号减贰元。吾帮顶正号均放贰元、贰元半、叁元，副号减贰元、贰元半不一。”前第47号信言：“但溧布情实所奈者……顶正号放跌（一七、一七〇），次（一四五、十五），副号（十三、十三〇），（九七）扣洋。”

由此可见，所谓的“正号”“副号”，说的都是关于夏布价格的不同等级。但我们要提出的一个问题是：所谓“正号”“副号”究竟是指字号呢，还是指别的什么？这在信范中还看得不清楚，从以上所引晋商办布规程的一些记载来看，所谓“正号”“副号”不是字号，而是布的种类或等级，如有办布规程提到胎布时说：“一宗副号胎布，才尺长一丈九，宽九寸，有三佰七八拾条线子，大谱均钱比正号布少均钱三四十文，其余染水成甬与正号仝……一宗三副号胎布，才尺长一丈八，宽九寸，有三百五六拾条线子，大谱均钱比副号布少均钱五六十文。”“一宗永丰德胎布，才尺一丈五，宽八寸四五，有三百来条线子，大谱均钱……一宗永丰德副号胎布，才尺一丈四五，宽八寸二三，有二百八九拾条线子，大谱钱。”② 由此可见，所谓“正号”“副号”“三副号”所指乃胎布的种类，不同胎布之间有“才尺长”“线子”“大谱均钱”三个方面的差别，副号比正号再短一些、少一些。

## 第二节　江西商人所贩运的商品种类、产地——纸张、棉花、粮油

这一节，我们要论述的是纸张、棉花、粮油等商品的贩卖。

### 一、纸张

《信范》中多次谈到纸的销售，如前第1封信言：“今瑞帮纸号办＊＊十

---

① 此处括号系笔者所加，括号中的数字原系苏州码。

② 刘建民先生藏《道光年间□兴盛记办布规程》。

余船，合抵吴。瓜银△，何下斗船叫尽，吾帮亦有欲办此业者。草字达知。”① 可见不光是写信者所在的商帮——吾帮，其他帮如瑞帮的商人也作纸的贩运，故而引起了作者的注意。前第8封信言：“但溧地近日（七五）表芯售一月之期，实洋（三三〇），共存货四百余，亦不销行。以前△兄在溧贰行售纸二百石，宝银（二五三），（九七）扣用，净升头，工边（四元二三），不行。”② 此处讲的是溧阳本地纸的销售情况及价格。前第45封信言：“今付苏州信船徐万丰装来郭祥记表芯纸十石，到即查收，言定每石船钱壹百廿文，望照数给找。”这里说的是同一东家的店铺给另一店铺代购表芯纸，并装船送过去的事。前第47封信言：“刻溧洋斢宝银（七一〇），洋易钱（一千四九），表芯头印（二七八）元，并无受手。所起溧地之纸，亦未出脱。如其有市，弟即会照市出脱。”这里报告了溧阳的洋价及纸价，及本店所屯纸销售策略。前第49封信说：“但弟手之布，早已概已完结，所云汪信诚表芯，弟委之至行，又托相契说，亦不肯受。蚕纸大多无处出卖……此业受亏不轻。弟现在托人看可能出脱否，不知常州、无锡出脱得否。望兄回示。昨日△兄售出三百石，价洋（二元三七），（九七）扣洋，其洋八月底期，其纸中等之货。”这里讲将委托牙行，但似乎不太愿接受，其中蚕纸无处出卖，问同一东家另一店铺的掌柜在无锡或常州能不能卖出去。又说到了纸的价格。后第7封信言：“所带表芯，今日为盘△，弟未肯结，愚欲后看可做得△，即售。愚想此业，现在存货不多。若后无货至，或可稳当，纵欲出脱，亦属易便。而且纸业长远交易，是思缓售，不急可也。及带工边，难以就主。若问帮中售价（四元）内外，贱臭之至。兼之不受此业，划算不能敷本，故留暂搁，再行定夺。”此信前半部分讲布的销售，后半部分讲纸的难销，无可奈何之中，最后谈起了纸的销售策略问题，即目前纸价过低，想再等一段时间出脱。

由以上文字可见，江西布商在贩运布的同时也贩运纸。在信范中种类虽不如夏布，但至少也有六七种之多，如表芯、工边、蚕纸等。有一种比表芯头印稍次一点的纸，如前第40封信言：“表芯头印（三三四），次（三元一三一）。”还有以地方命名的表芯纸，如前第44封言：“高村表芯（二三），万表（二）。”

---

① 此信中带＊者属于残字或者尚不能释读之字。

② 引文中所有数字均由苏州码转换而来原文没有括号。

所谓万表，应是指万载县生产的表芯纸，高村是万载的一个纸业中心，所生产的表芯即是“高村表芯”①。据许怀林先生的研究，“清末时（万载）全县生产表芯纸10余万担，最著名的是高村的辛茂堂纸行，称船市表芯，以武汉为基地，转销河南、河北等处；大桥的瑞丰纸行，称桥市表芯，以南昌为基地，转销江苏、上海等处，乃至香港、东南亚国家”。“次”，应该也是一种与表芯头印一类的纸，但价格要低一点。

在晋商进货的市场上，纸大部分是江西的，也有福建、安徽等地的，下面是一个晋商杂货规程中纸的列表：②

表一　晋商纸张进货种类及产地情况表

| 纸的名字 | 出产地点 | 纸的名字 | 出产地点 |
| --- | --- | --- | --- |
| 杭连 | 江西玉县 | 白连 | 江西福州府黄乡渡 |
| 花尖 | 江西天宝新昌邓林 | 光古 | 江西广信玉山县 |
| 杭连 | 江西玉县 | 白连 | 江西福州府黄乡渡 |
| 花尖 | 江西天宝新昌邓林 | 光古 | 江西广信府玉山县 |
| 京文 | 江西广信府玉山县 | 黄表 | 江西石塘 |
| 川连 | 江西广信府铭山县 | 切边 | 江西赣州瑞金县固城镇 |
| 罗墩 | 江西天宝凤信 | 斗方 | 江西宜黄县 |
| 架表 | 江西赣州府 | 白表 | 江西石塘 |
| 晒纸 | 江西乡州府新昌县天宝镇丰信县亦出 | 毛八 | 江西 |
| 毛六 | 江西 | 扛黄 | 江西 |
| 丹红 | 江西州州府，赣州府亦出……有次丹顶丹中丹小丹 | 金木本 | 赣州府 |
| 京红 | 赣州府 | | |

上表所列，共有23种纸。据民国初年所征税目记载有200种以上，民国四年至七年的材料统计，江西20县纸的种类有把纸、金纸、粗纸、京放

① 许怀林：《江西史稿》，江西高校出版社1993年版，第586页。

② 只列江西所产，见刘建民先生藏《道光元年杂货规矩》廿《诸样杂货出处》，手抄本。很有意思的是：如《信范》所示，表芯纸应是江西生产、贩卖最多的纸之一，但在此规程中，却未说是江西出的，而是说“出湖南衡州府夷阳，汉庄顶高，白果上，东山次，龙山更次”。

纸、草纸、毛边纸、连史纸、宣纸、画心纸、白关纸、皮纸、油纸、表芯纸、官堆、火纸、烧纸、花火纸、福纸、西纸、都纸、白纸、大表纸、花笺纸、广慧白纸、花坯纸、大帘纸等20种。具体说来，贵溪县之纸有京表、草纸、夹板纸、厚壳纸，河口镇除连史纸、关山纸、草纸、黄表纸、京放纸外，还有书川纸。① 铜彭县的纸至民国年间还有12种，有以竹丝为原料的毛边纸、报纸、漂贡纸、放匡纸、黄表纸、表芯纸、火纸、花胚纸、方切纸等，有以稻草为原料的条方纸、斗方纸等，有以谷树皮为原料的皮纸等。②

当然这些远远不是江西纸的全部，不过反映了清代中期至民国年间江西地区一些常见纸品的大概演变而已。遗憾的是，除表芯纸外，《信范》中所说工边、蚕纸、表芯头印等不在以上清代中期至民国以来文献的介绍之中。

如上所述，清代乃至民国时期江西是全国有名的造纸中心之一，尤其是广信府的铅山县，更是生产的重要基地。由以上所论可见，这些纸是通过瑞州帮、万帮等地江西商人运往江南地区销售的，其销售与夏布是一起进行的。因为纸的销售毕竟不是这本信范所提到的商人的主业，故而除了比较多地报告了纸的行情外，其他方面涉及的相对较少。我们对它的贩运也就只能论述一个大概了。

## 二、粮油

《信范》常记载各种粮食，主要是各种米价，如熟米、南米、新米、陈米等，还有油价，包括茶油、桐油、菜油、麻油等，也很关心各地禾苗丰歉与否。后第14封信说到芜湖水灾情况及粮油价格言："仍系江势渐涨，人心惶惶，不问生涯，米涨百十文一石……熟米价钱（二千三四）……茶油涨（四〇五分）。"后第18封信谈无锡的银钱价及米价言："近日……熟米钱（四千），南米价洋（二元五），通子花价洋（六七八一七），无受手。"前第

---

① 分别见1.《江西纸产之危机》，载《经济旬刊》第1—7页。2.《贵溪县文坊京表纸业概况》，载江西《经济旬刊》（1936年）第七卷第10、11期合刊第75页。3.《工商知识》（1947年）第四卷二期。本注所引参阅江西省社科院历史研究所《江西近代贸易史资料》，江西人民出版社1988年版，第239—240页、第243—244页。

② 傅媛媛：《清末至民国赣西北地区手工业的发展与地域社会》，江西师范大学专门史专业2009年硕士学位论文。

27 封信亦谈到芜湖水灾之后纸、油涨价的情况："街上通流，高低圩坝尽已破尽。刻芜湖茶油涨元（四两八八分），麻油涨（五钱六），菜油（四钱二），桐油（三钱六）。"

仅有两封信具体说到米的买卖问题，前第 49 封信言："又云兄得买△号，得南熟米八百石。弟愚想今岁此业，亦不能生息。各处年岁俱系顺熟，又云吾帮亦有四号，现在装来米一万有○。弟愚想不若照市出脱，望大哥高财调理可也。"此信是关于纸与米的销售，本店伙计与另店伙计——"哥"商量行情，可见米的贩运数额并不少。四个店号一次装运便达一万多石。后第 12 封信言："愚自三月廿六日清泰抵芜，共带夏布百八十卷之数，又茶油等件。"可见这位伙计从江西抵芜湖时，不但带有夏布，而且带了茶油。从江西带来茶油，应是运到安徽芜湖销售的。

## 三、棉花

以下先顺序引几段材料，对棉花贩卖的具体情形做些论述。如前第 1 封信云："现观各处花*，据称十足，再望收天定局。前△号共买花包△佰元，合抵县（十三）之谱。昨又粮帮几号在和州买花包几百元，价合抵县（十三五三）。"这里是先报告了棉花的价格，包括进货价格，也估计了运到县里来之后销售的价格。前第 22 封信言："弟手之项，现和州花苗受伤，不若上中路采买。不日△兄亦会上中路，弟想托伊带银贰百两，交△兄手办，头船回归。"这里谈到了因水灾和州棉花歉收，店家主张上中路采买①，而且会托人代买，乘船回来。前第 25 封信言："伊悉弟修音至哥处，谈及大仓花苗年岁，伊欲想至大仓办花。望祈即速回示，至紧。"这里讲到另一处购买棉花的地方——大仓②。前第 27 封信言："弟手之项，概已收清，在锡山买就子花百五十包，店秤每百斤价洋五元六角半。弟家兄已买就四百包，于本月廿四日受载。家兄坐船，装上吴城，看可能或利否。如到可能售脱，即会带银下乌江买皮花回店。"这里是讲，伙计向店里报告，已经收清了手中的账，在无锡买了一百五十包棉花。另外，其兄弟也买了花包，坐船装到吴城。如能及时脱手，则带银下乌江去买棉花回店。前第 42 封信言："至

---

① 与上路稍有矛盾，上信所言和州便是中路所在，这里却言和州不行，不如去中路，像是两个地方。不知何因。

② 大仓具体方位尚未查到，当为太仓。

六月初，生意发动，弟将布概行售脱……所□布之项，收存现洋壹千贰三佰，余者概要到八月中兑付……或换银或装钱或后办花回归……不日△兄亦会装棉布回归。”这里是伙计向店里报告，布已售脱，收存了大部分现洋，还有一部分要等到八月方能兑付，计划在八月底将洋换银或装钱，或直接办成花后回家。后第3封信言：“付△手带上银两，弟往和州……老花存货不多，仍价若干，北边可卖。前吾帮几家柒佰几十元，合县价△……只云吴山十六日来信，云皮花好货仍售△……棉花存货不多，大仓后之花，均未到县，价叫好货△，有行无市……后八月往和办花，带收无误。”此处主要是讲伙计带银往和州买棉花，而且据吴城来信，说家乡棉花没怎么到货，故而至八月，会至和州办花。

后第5封信又是一封长篇的专门谈棉花销售的信，大体说了以下几个方面的意见：第一，说“吾县”及棉花产地——中路棉花减销、价格的情况。信言：“兹接初七日来音……所嘱办花，公儎△记未付，一因银价跌（百四三），兼之花价高昂，合上包（一〇七八）。到家均在（十二）边普，故待守候。又阅△号前月念四专呈足音，云吾县年荒敬恐，棉花减销。意见或带银两回归外，阁别业之策。现列陈花，因途水涩阻延，上邑、大仓、乌江*（十三*），欠销以极。”“致今岁棉花一业，吾邑如此情景，难以作摸，只好更大市……但今岁中路花色较比上年更佳，以前数日，因雨连绵，货出顶点，近两天又覆佳矣。”因银价疲软，棉花价格上涨，故而只待守候。吾县及各棉花市场棉花减销，但中路花色较上年更好。第二，说各帮棉花运输问题。信言：“二共到货约在千数百余元，然中路长安铺、涨滩等处，公儎各派镶包六七元，于是月初四日开行，二帮公儎各派包卅元，未曾足载……吾店与△号仝儎，并各记吾共镶百数十元。此今吾帮共在贰千一百余元，合上包价钱（一〇六七）不等。”信中有些专门性的词汇还不能完全理解，但大体上说的是棉花如何运输及其价格、二帮共同运载等。第三，“弟于十二日至长安铺，△△前月廿二日到长安铺，廿四日开庄，共伊手为我采花百余元。弟明日至，涨滩开跌（十三）之市，足以观市行正。”这里说的是长安铺的棉花市场开市（开庄）日期，及委托先到者为自己代买。

后第6封信也是一篇关于棉花销售的专信。信言：“兹者弟于七月十四日锡地动身，往中路办花。△伙七月底八月初动身至芜。弟八月初五日到长安铺，今得店来音，只会带银回归。△老寄银贰百两，委弟办花，即观市办回。△△只会齐数办完，带银坐头船归长安铺……弟于初八日开秤，买就花包十余元，合上包（一〇六七）。吾帮以前开秤（一〇二三），无奈今岁人顺多，共有六七十人。至令花价速日赶涨（一〇六七）。弟想开发头之后，有跌无涨。”此信是讲无锡伙计往中路办花，于八月初到长安铺，因得店之信，只得带银回归。但有“△老”委托这位伙计采办棉花，今年棉花收成尚可。于是至长安铺买花十余包。往年开秤，价格较低，今年因“吾帮”来的人太多，使花价涨了上去。

棉花的贩销似乎都是作为江西商人夏布贩运后的回头货。在江南如溧阳、无锡、南浔等处皆设号卖布，得了利之后，有时是将“洋”换成钱或银带回，多数时候是将这些得利采办棉花带回江西各地销售，故而多在所谓的“中路”，即芜湖、和州等地存钱、换钱。因此信中不但关注棉花价，更关心银钱价。①

关于棉花的产地，信中提到最多的是和州，其次还有乌江、长安铺、张滩、大仓、上邑，这些地方似乎都是棉花集散市场，尤其是和州，所谓的“花庄”，应该是资本大、信誉好的店铺，故而为江西商人所信赖，常预存钱款于此，以为购棉之需。这些地方都是信中常说的“中路”，即以芜湖、和州为中心的地域。这里既是棉花销售中心，也是棉花产地，如和州乌江镇，自明末清初以来便既是棉花运销中心；还是生产中心，有著名的“乌江卫花”。镇上收购棉花的行店及为商人服务的各类店铺林立，相当繁荣。②

有两个地方——上海、无锡，值得细说。关于上海，后第10封信谈到江西家中的收成及物价，说：“家中菜麦十分收程，雨水调匀……上海皮花每包（七元〇五）。”这时讲棉花在江西吴城的销售价，主要有上海及大仓的“皮花”③，上海作为棉产区，从那里购棉花回来，自不奇怪。

而无锡，在清代是著名的不产棉花但棉布销量却很大的地区。“常郡五属，惟吾邑不种草棉，而棉布之利，独盛于吾邑，为他邑所莫及……坐贾收之，捆载而贸于淮扬、高宝等处。一岁所交易不下数十百万……坐贾之

---

① 关于存钱、换钱将在以下专论。

② 关于清代乌江商业的叙述，搜自网上。

③ 皮花应指已脱去籽的棉花。

开花布行者，不数年可即致富。”① 信中多次提到了在无锡买花，或提到无锡的花价，如前第 27 封信言：“在锡山买就子花百五十包，店秤每百斤价洋五元六角半。弟家兄已买就四百包，于本月廿四日受载。家兄坐船，装上吴城。”这是具体买花及销售的记载。后第 8 封信言及无锡的洋、钱价及花价：“近日洋易钱（一千五〇四），洋斢宝银（七钱五〇），通子花价洋（四元四）。”后第 9、11、17、18 等四封信均谈到了无锡通子花的价格。这说明无锡应该是有一个大的棉花交易市场，其价格已为江西商人购买棉花时所关注。无锡的客商坐贾，一是开设花庄，运来棉花，销售给本地手工业者及农民家庭用于棉纺织生产；二是开设布庄，将棉布运来，向远处销售。当然也可能是兼营。

综合以上所述可见，《信范》作者所在的“吾帮”商人主要是在安徽的和州（称之为中路和州）等地购买棉花，其花主要是买回江西老家，有时有专门运花的船；常将贩布的钱存在中路和州的花庄，以便于购花。而作为棉花交易中心的还有乌江、长安铺、张滩、大仓等，常采取合作经营方式，即委托别店伙计购花，也接受人家委托代人购花。棉花收购的钱银通常是销售夏布所得之利，通过芜湖、和州等地的商铺或者金融性店铺进行存储或兑换。②

## 第三节　江西商人的商品贩卖地点

从以上所述商品种类中，我们已经对商品贩运路线及经商所在地域有了一个大致的理解。

首先，从贩卖地点看，《信范》中说到的江西商人多从吴城出发，到达安庆、芜湖、湾沚等地，再到达溧阳、和桥、常州、无锡、南浔等地，回程时常去的地方则有和州、乌江镇、长安铺、张滩等。因为相关文献材料的缺乏，具体商路还不能细化。以下沿长江水路，依其与吴城的路途远近对一些主要地点及江西商人在这些地方做的事做一个点状考察，然后对文

① 〔清〕黄印辑：《锡金识小录》卷一《力作之利》，（台北）成文出版社影印乾隆十七年抄本，1983 年，第 52—53 页。刘按：正因为如此，徽商称无锡为“布码头”。

② 应该指出的是，江西商人为了长途贩运，也极关心钱、银、洋的兑换，买卖，但他们主要是为了商品经营之需，还看不出他们进行了专门的银钱贩运、买卖。关于江西商人金融行为及其与长途贩运的关系，将在以下专门论述。

献资料比较丰富的江南地区商路尽量做一些细化考述。

长安铺、张滩：此两处是江西商人购买回程货物——棉花的地方，也是为购棉花而存钱款的地方。《信范》中多次提到长安铺、张滩。后第5封信言："△△为兄带上银两，于今未曾为换。因前银价疲势，今东流张滩等处提涨（一百九四〇），仍看喜色。所嘱办花，公僟△记未付，一因银价跌（百四三），兼之花价高昂，合上包（一〇七八）。到家均在（十二）边普，故待守候……弟于十二日至长安铺，△△前月廿二日到长安铺，廿四日开庄，共伊手为我采花百余元。弟明日至，张滩开跌（十三）之市，足以观市行正。"这里是说接受别人委托，代为购花，将花载于某记，未付价银，因银价疲跌，棉花价涨，运到江西老家之后，可能不划算，故而未遵嘱购花，仍在守候。前月某兄至长安铺，已为"弟"采办棉花百余元，"弟"于本月至张滩，以观其行市。

清代池州府东流县有长安铺，属驿站。另有张溪镇，原为张家滩，"张滩"当是其简称或惯称。两处接壤，均为繁华商镇。[①] 江西商人购花、存款即是此两处。

安庆：《信范》提到芜湖极多，而提到安庆仅有三处：一是装布往安庆销售，如前第31封信言："前愚至店所言，买二帮布下来，看能安庆好些，可能售脱否？如其售脱，可能不必下来，美矣。"这是在溧阳说话的口气，主张将布装往安庆出脱。二是至安庆"集账"[②]，如后第5封信言："弟等欲买足，等转安庆集帐。致今岁棉花一业，吾邑如此情景，难以作摸，只好更大市。"这是买棉花的信。三是在前第30封信的末尾写道："己年又四月廿一，奉安庆老新。"可见江西商人也在安庆贩卖夏布。

芜湖：江西商人在芜湖不但贩卖夏布，也出售粮油。对芜湖的物价、银钱价、气候、收成等相当关心。举一例为证，如前第5封信言："男于廿二日抵芜……男云其此市只得将布起芜，于卅日概行售出。"又言："刻芜宝银（百九九），洋斢宝银（七钱三），洋易钱（一千四五）。"这里是讲，这位江西商人到芜湖之后，听闻常州、无锡一带受旱，便将夏布起出，来芜湖销售。后又报告了芜湖的银洋钱的价格情况。关于芜湖的记载极多，

---

① 张溪镇即现在东至县张流镇，长安铺即现在东流镇长安村。

② "集账"作为一种金融信用行为，是否是一种集体清算账目的行为呢？其含义将在另文中专门讨论。

此不一一赘述。

湾沚：是《信范》很少见的地名之一。如后第 12 封信言及芜湖的布情："奈货存广多，日索渐短，大帮前后共约到布贰千贰百卷，除销，存布七百卷之数……远卖屯压无拟。今岁又被抚布金溪加倍涌到，先年只湾沚一带作销，今因价售公道，规银（十二）几钱，芜湖亦作销矣。"可见因跌价，产品销路打开，以前只在湾沚一带好卖的布，在芜湖也好销了。前第 22 封信言："得接△△本月廿四日来音，云伊手之布尚存未卖，正号△卷……概作与湾沚允大、茂盛二行代卖，有剩包退。"此信亦是以在芜湖的口气写的，是将在芜湖不好销的布，转至湾沚的牙行——允大、茂盛，由他们代卖。在前第 44 封信中还提到了湾沚的米价。前第 46 封信言："所起湾地表芯亦未少脱。别货未叙，容后再报。"说明江西商人也在湾沚销售纸张。

可见芜湖县县治所在地的湾沚是一个比较繁华的商业市镇，江西商人在此销售夏布、纸张。

和州：和州是安徽境内江西商人购买回头货——棉花，存储、买卖银、洋、钱的重要据点。《信范》中提到和州之处也是俯拾即是，仅举三例，第一，前第 14 封信言："弟所言付银回归，据云吾县银价不高，摸算受亏不少，弟只得将扣来银，今遇△兄过芜，托伊带过，转托△△存和州云，其此处银价存花庄钱（二百一四五），弟摸算较比此处受亏不少。"这是在溧阳写的信，讲将在溧阳所得之银托人带来，存在和州；第二，后第 14 封信也是如此，信言："今接△△初四日来信，以悉。但△手前付△兄带上宝银六定，其银日前付便友带往和州，寄付朱益和家，存去花庄钱文，尚未回信。"而存银于和州的目的，通常应是购花；第三，后第 3 封信言："付△手带上银两，弟往和州，在乌江存△两，价钱□；存和州△两，价钱△"这里讲到了将银存和州及乌江。以下说到了和州棉花及庄稼收成预期，及江西家乡的棉花行市。就是说，江西商人存银和州主要是为了方便购买回货——棉花。和州当在今安徽和县。

乌江：乌江是清代安徽重要的棉花生产销售中心，属和州，《信范》中屡屡提到，且常与和州一起。如以上所引的后第 3 封信便提到了和州与乌江，商人将银存在和州与乌江。实际上，其他地方也是如此，如前第 1 封信言："弟手所带之纹于△日至乌江何合盛、张锦星二号，存去△佰两正，价钱△"与在和州一样，存银应是为了购买棉花，如前第 27 封信言："弟手之项，概已收清……弟家兄已买就四百包，于本月廿四日受载。家兄坐船，装上吴城，看可能或利否。如到可能售脱，即会带银下乌江买皮花回店。”此处说的是：看在无锡买好的棉花是否能销出，如果好销，便会带银下乌江买皮花回吴城来。① 而后第 5 封信则说：“吾县年荒敬恐，棉花减销。意见或带银两回归外，阁别业之策。现列陈花，因途水涩阻延，上邑、大仓、乌江 *（十三 *），欠销以极。二共到货约在千数百余元。”因本县棉花欠销，不但乌江，而且“上邑、大仓”的棉花也是如此，便只得带银子回老家了。

溧阳：江苏溧阳是《信范》中提到最多的地方，尤其是在前 50 封信中，大多数提到了溧阳，这位伙计或者掌柜从江西坐船出发，不是到达芜湖，就是到达溧阳，也就是说，此《信范》中的大部分信是以这位在溧阳负责经营的伙计或掌柜的口气写就的，尤其是信末标明了“奉哥”“奉店”等词的信。如前第 10 封信言：“启者弟自店登舟以来，于廿四日抵溧。一路叨天清吉，所带之布均起程。”这是讲由吴城登舟，直接带布至溧阳，报告了布的销售情况。前第 7 封信言：“兹者无别。弟于廿四日抵溧阳，一路叨天清吉，于廿八日得接△兄来音，云常州前△号所到之布，仍亦未销动。”这应是由芜湖至溧阳，并报告了常州布情。还常报告降价情况，如前第 18 封信言：“刻溧布情，并瑞州、新昌共存布五百数十卷之普，于前初二日起，大乱之极，纷纷减下，较开盘跌五厘、五厘半、六厘不等。”与此同时，还时常报告溧阳的银洋钱的比价及夏布以外各种商品如纸、米、油等的行情。如前第 11 封信言：“据云无锡、常州一体皆然。刻溧斢宝银（七五三），洋易足大钱（一千五），（七五）表芯（三元四五），工边（四元），内外不行，熟米（一四五）。”此种口气的记载信中极多，其余不赘。

和桥：信范提到和桥只有一处，前第 48 封信谈到江南各地夏布滞销时说：“及其常州、无锡、和桥亦属不佳。同病相连，但过坝者皆称不讨好也。皆数所存布三千之外，不知成何结局。”由此段之意，信范中的江西商人在和桥进行夏布贩卖。和桥即宜兴的和桥镇，自明末清初以来，就是商业繁盛的集镇。据清乾隆三十七年（1772）《重建和桥碑记》：和桥为“由县入府，水陆要道。凡溧阳、宜兴、荆溪三邑，漕艘出入所必经。其他士

① 此段记载还应可注意的有两点：一是江西商人不但在安徽各地买棉花，而且还在江南无锡购买棉花；二是严格地根据销售情况决定是否进货。

商错处，缠阛稠密，货贝充物，栉比云屯，屹为巨镇。”①

无锡、常州：此两地是与溧阳密切相关的夏布销售地，《信范》中最常提到的是两地夏布的销售及降价的情况，如前第5封信言：“男于廿二日抵芜，一路叨天清泰，闻常、锡受干旱，速望霖雨。余生布一业，吟静之至。”这里似乎是听说常州、无锡受旱，生布不好销的情况。前第30封信言：“切勿装下，至紧至紧。据云常州、无锡生意，与溧一体皆然。”这是在溧阳请求，以前让“哥”装布前来溧阳的计划，不要再实施了，因为常州、无锡的生意与溧阳一样。

上邑、大仓：上邑、大仓是江西商人常去购买棉花的地方，《信范》常提到这两处棉花的行情。前第25封信言：“伊悉弟修音至哥处，谈及大仓花苗年岁，伊欲想至大仓办花。”这是讲有人听说了信中所说大仓棉花收成情况，想去大仓购花。后第5封信言：“吾县年荒敬恐，棉花减销。意见或带银两回归外，阁别业之策。现列陈花，因途水涩阻延，上邑、大仓、乌江*（十三*），欠销以极。二共到货约在千数百余元。”“致今岁棉花一业，吾邑如此情景，难以作摸……但道州、大仓、乌江年岁，谅尊伙之晰。”这里是说，听专门有人告知，家乡荒歉，棉花减销，上邑、大仓等处棉花欠销，生意所赚银两全部带回家，不再购买上邑、大仓等地的棉花。上海在清代为县，有时便称其雅称为“上邑”；大仓，应即是太仓。②

## 第四节　江西商人在江南地区的商品贩卖路线

至于江西商人的经商路线具体是什么的问题，因《信范》所提供的信息不够，尚难细说，但有幸的是，徽商在江南地区经商的具体路线，有不少记载了详细路程的商人书存在，又有陈学文、张海英等学者关于商人书及江南地区商品流通的专著为后盾，故而我们对江西商人在江南地区经商的某些线路，可以做一个大致的猜想。

首先，从芜湖往溧阳，是否走当时中小商人最为青睐的从芜湖折而东

---

① 转引自唐伯详、陈和庆、鲍洪详搜集整理《“夜和桥”和“小无锡”》，载《江苏商业史志通讯》1988年第2—3期，第42页。据此文言，此两碑当时还存在，分别立于和桥镇团结街原三官堂墙内及和桥中学伙房旁边。

② 另外，后第5封信提到还有“道州”之地名，不过还没有足够的资料来完全确定它的具体出处。

向，由高淳、胥溪至溧阳一线呢？如果如此，则其路线依《士商类要》所言，就是芜湖县 40 里至黄池，30 里至西斗门，30 里至高淳县，过固城湖，至湖口，15 里至上坝，10 里至下坝，沿胥溪运河 10 里至定埠，27 里至河口，过三塔荡，18 里至堑口，沿南中河 18 里至南渡桥（今南渡镇），36 里至溧阳县。[①]《信范》中多次谈到由芜湖装布“过坝”，当即此条路线上的“上坝”“下坝”。前第 16 封信言：“据云△△装布过坝，切勿装来。刻溧共存布壹千三四百子[②]……如大人之布，亦恳到芜放价售脱便美。”由信中口气可知写信的主人已在溧阳，要求不要将布“过坝”装来溧阳，而应在芜湖卖出，因为装来溧阳并不是好事。可见“过坝”是这条商路上一个比较关键的步骤。[③]

那么，到了溧阳之后再往别的地方去呢？如往无锡、常州一线，又该如何走呢？如上所述，《信范》中常言锡、常两地布价、气候情况等，但未言如何由溧阳去往这两个地方。如果江西商人不走通常的官道，即从芜湖沿长江顺流而下，经镇江南下，转入运河，抵达苏州，而是走上述高淳、胥溪运河至溧阳、宜兴一线的话，那么，去无锡、常州当经过溧阳，而由溧阳至无锡应是沿南溪运河东行 45 里至徐舍，东行 45 里，过湖荡至宜兴，20 里至计亭（今屺亭），13 里至峨桥（疑为今和桥镇），沿武宜运河行百里至运村，40 里至阳山，再 40 里至无锡县。[④] 而无锡至常州府，则似乎比较简单了，当是由无锡沿大运河北上，10 里至高桥，出夏港，15 里至洛社（今落社），20 里至横林，35 里至常州府。[⑤] 而这两段路线的确定，也有一定的根据，《信范》前第 48 封信中说到溧阳夏布跌价情况之后，还说：“及其常州、无锡、和桥亦属不佳。同病相连，但过坝者皆称不讨好也。皆数所存布三千之外，不知成何结局。”这就是说，常州、无锡、和桥等地布情也与溧阳一样不好，凡“过坝”之布行市均不佳。

① 参见〔明〕程春宇《士商类要》卷一。按：张海英教授《明清江南商品流通与市场体系》一书（以下简称《体系》，华东师范大学出版社 2002 年版）对江南地区与外界各省主要商路做了较细致的梳理，第 45、46 页。

② “子”，据文义看，应是“卷”，即布若干卷，而不是若干子。以下所引皆是如此。

③ 据上引张海英教授著作考证，自明初恢复宋元时代废弃的胥溪运河，并为防洪而将广通镇闸改为坝，又于此坝东新修一坝以来，虽盘点商货非常麻烦，但因此段运河能避长江风浪之险，故而为商人所喜爱。

④ 参见〔明〕程春宇《士商类要》卷一。据张海英《体系》第 45 页之论述。

⑤ 参见〔明〕黄汴《一统路程图记》卷七《江南水路》。据上引张海英《体系》第 63—64 页。

江西商人还在南浔贩卖夏布，往太仓、上海去购棉花作为带回江西老家销售的回程货。那么去这两个地方的路线如何呢?

先从去南浔镇的路线说起，如果由无锡经苏州出发，则路线比较简单。由无锡南行 70 里至浒墅关，30 里至苏州，① 再由苏州阊门新开河搭湖州夜航船，沿京杭运河南下，50 里至吴江县（今吴江市），40 里至平望，12 里至梅堰，24 里至震泽，12 里便至南浔。②

其次，再说去太仓、上海的路线。江西商人如果由苏州去上海，则张海英教授指出的主要的商路有三条，第一条、第二条均是能涵盖江南地区主要棉纺织中心城镇，但绕道比较多的路线。从上文所述看，江西商人至太仓、上海主要是购买棉花，而不是去进行棉布的购买或夏布的销售，故而他们会选择一条最为方便、距离较近的路线。而这样的路线，张海英教授指出：就是由苏州经双塔（或称商榻）过淀山湖，经青浦，走七宝，是当时苏州至上海的最佳快捷方式。③

以上只是参考张海英教授的研究，对江西商人在江南地区可能走的商路做了一个大致的考述，在相当大的程度上与江西商人在江南地区的经商线路相合。当然，因相关文献资料及研究的匮乏，笔者对于江西商人在安徽境内的经商路线只做了一个点状的考察，甚至对其出江西的具体路线也不十分清晰，有待于今后继续关注。

## 结　语

本章对《信范》的解读还是初步的，对其事实之间的内部联系有些还不是很清楚，如物价与当时银钱价之间的关系，对于江西商人在安徽省各城镇的商路了解得也不是很具体，有些地名的考证也只是初步的，这些问题还有待新材料的发现。此外，还可结合江西地区商品生产、流通，安徽地区、江南地区商品经济、市镇经济的大背景，对江西商人的经营、所在地区的物价、经商线路做更微观的研究。

自明代中期以来便闻名于全国各地的江右商人，虽少豪商大贾，但因

① 〔明〕程春宇：《士商类要》卷一。据张海英《体系》第 45 页之论述。

② 〔明〕程春宇：《士商类要》卷一。据张海英《体系》第 47 页之论述。

③ 据上引张海英《体系》第 35 页。

其与江西商品生产及市场经济的深厚联系，故对当时经济发展还是发挥了相当大的作用的。本文在补充新材料的基础上，当对此前江右商人的研究有所推进，使我们对江西商人有了一些新的认识。

第一，关于江西商人的活动地域、经营种类。此前研究亦强调了他们在安徽地区、江南地区的活跃，但还不够具体。实际上由本文以上所述可见，安徽安庆、太平、池州各府，和州及以下各镇，如乌江、湾沚、张滩等，江苏溧阳、无锡、常州及和桥镇，浙江湖州府南浔镇，以及太仓、上海等地都有江西商人经商。

第二，从经营种类而言，既从江西本地将夏布、纸张、茶油、粮食等货贩卖至安徽及江南地区，还从上海、太仓、和州等地贩回棉花等货。

最后，还应指出的是，此家商人，虽每次夏布出脱，纸张、粮油、棉花倒卖，规模不是太大，但他能在安徽、江苏及本省开店设点，雇请人工，进货销货，所需资金规模应该不小。可以说，他应是一位大商人，而不是中小商人。只要进入长途贩运，所费资本必定浩大，江西商人亦难特殊，也就是说，以中小规模经营著称的江西商人，可能也不乏大商人活跃其中。

# 第二章　江西商人长途贩运经营方式

与其他的地区商人集团一样，江西商人以“客商”的面貌，跨越地区性或区域性的市场，在全国市场上贩贱卖贵，或者放债、开当等。对前者，学术界一般界定为“长途贩运贸易”①。本章拟从经营史角度对江西商人的这种长途贩运贸易中的经营方式做若干侧面的考察。包括：第一，江西商人的协作与合作经营；第二，江西商人作为贩运商与牙商之间的关系；第三，江西商人的地域帮会组织；第四，江西商人所利用的交通运输业状况。

## 第一节　江西商人的协作与合作经营

从《信范》的整体状况看，关于经营方式，值得注意的有两个方面：

首先，此家商人店铺及其与不同经营点之间的协作经营关系。此家商人在江西老家及吴城镇设立了店铺，而在安徽、江南等地均设立了经营点，我们要提出的问题是，为什么只称之为经营点，而不是某某字号、某某店铺，或称之为总号与分号。这就要从其经营模式，即其店铺与经营点以及经营点与经营点之间的关系来分析。

此家商人在老家所在地设立了店铺，在老家设立的店铺，似乎只负责将由江南及安徽各地购回来的棉花销售出去，而设在吴城的店则可以看作是其家的中心店，既销售夏布、纸张、粮油等商品，也负责棉花等回头货的销售。那么其中心店与其经营点之间及各不同经营点之间的关系又如何呢？

一个最引人注目的事实是，商品及资金是在各点之间自由调拨的，尤

① 如许涤新、吴承明主编的《中国资本主义的萌芽》，人民出版社1985年版。

其是安庆、芜湖点与溧阳点之间的这种调拨关系更为常见。这种调拨是通过信件来传递信息的，通过长江及江南、安徽地区发达的水路交通来传送商品及信件的。从商品的调拨来看，有正向的调拨，如芜湖、安庆的夏布调往溧阳、无锡、常州销售；也有相反方向的调拨，如前第 22 封信言：芜湖之布“日前已大亏，血本九折，外贴缴费，概作与湾沚允大、茂盛二行代卖……今托△兄带来溧阳售卖。及芜各号，仍存未卖布，除前装散，尚存一百多卷，将来尽会过坝出脱”。这是将芜湖卖不出去的夏布托人带到溧阳出脱。但也有不少不同意装至溧阳等地的信，如前第 30 封标明是写给“安庆老新”的信中说：“前弟在店所言，买二帮布下来，要△兄送下，不知买来否？如买来，望兄着能上面好些，恳祈高财调为出脱，切勿装下，至紧至紧。据云常州、无锡生意，与溧一体皆然。”此信中所说的“店”，应是指在吴城的店，而此信是给安庆点郭老新的，请求不要将布运到溧阳，甚至无锡、常州也不行。前第 40 封信记载了一种更为复杂、多线的调拨关系，信言：“前初七日得接膺老旧公来示，并郭老新之札，据云老新付托宋老仁带来布拾贰卷，已蒙旧公起存常郡。弟即有音拜托旧公作主，照市出脱，不必装溧而多往返之用耳。”郭老新是负责安庆点的，他托人带布来溧阳，但由旧公起发存在常州，于是此信写给旧公，让他直接在常州出脱，而不必装来溧阳。

上引前第 30 封信中所说的“高财调为出脱”，在《信范》中也较常见，尤其是在信末标明为“奉哥”的信中更是如此。如前第 34 封信言：溧阳今年夏布滞销“弟手之布，望哥看能锡地价较溧地好些否，看可能一盘售脱得五十、六十否。弟想我家之布，亦不能与伊并跌。无奈今岁吾业实无法可生，望哥高财[①]调为，即祈面示”。这是溧阳经营点请求“哥”帮忙销售一部分。而所谓的“哥”正是无锡点的负责人。在后面 18 封信中，以兄的语气嘱咐的信就比较多，尤其是在信末标明为“哥，锡来”的信中。反映出此家商人似乎有一个总掌柜似的。此哥有时被在溧阳的弟奉为“家兄”。如后第 13 封标明为“戊年六月初六，哥锡来”的信：“近日价钱较前盘跌贰厘半、叁厘不等，销市无几。今岁夏布想必各处皆然，定难讨好。纵有生意发动，定难完结。但尔手之布，跌价未审仍存多少。倘未销完，与△△商酌调脱。”此信完全是以“哥”嘱咐的口气说的。后第 18 封信更是如此，

① “财”当即是“才”。

此信言："……尔手之布，血本如九折多点，可能售卖，尽请程行代卖。倘别行店铺稍有受手，总要现洋则卖。如其亏本甚重，不若存货……似迟销有销手，或十卷五卷随价售现，总以稳当为主，幸勿大意。"可见这里更是以带有轻微的指示的语气了。其信中所说的"程行"，由前第 32 封信可见，在一家开在溧阳的牙行。

那么，各个经营点是否有独立的资本、独立的会计核算呢？回答是否定的。从《信范》的整体情况看，安庆、芜湖、湾沚、溧阳、无锡、常州、和桥、南浔等八个地方设有比较固定的经营点。而在购买回头货——棉花的上邑、大仓、和州、乌江、长安铺、张滩等地则未设有经营点，但显然也有来往比较多的棉花行庄，比较固定在这些庄口购买棉花或存钱。江西夏布、纸张、粮油的收购应该是由设在老家的店进行的，收好之后，再发到吴城，由吴城登船，往东运，一般是由每个经营点的负责人带到安庆、芜湖或溧阳去，再根据天气、别帮到货等情况预测销路，根据旺销、滞销与否，在各个点之间调拨。这可以说是商品流。

还有一个是资金流的问题，设于安徽、江南的经营点除了必要的房租、栈租、交通费、生活费外，似乎是没有资本的，因为通篇看来，这个经营点的伙计所带的夏布等商品是由"店"，即吴城的中心店事先收购好的。夏布、纸张等商品销出后，所得银、洋或带回"店"，或带到和州、乌江、长安铺、张滩，或带到无锡、大仓等地，以便收购棉花。为购棉方便，有时将钱存在和州、乌江等地的棉花行庄之中；如果某处伙计不方便，有时还会托人将银带给其他经营点的伙计，如前第 15 封信便是这样的信，信言："弟所言付银回归，摸算付回受亏不少……是以只得将扣来银于前月廿五日遇△兄过芜，托伊带过宝银△佰两，转托△存和州云。"这是托一位经过芜湖的人带银，又转托某人存在和州，之所以存和州，显然是为了方便收购棉花。前第 26 封信云："弟手之项，除换银存和州，仍存洋壹千之普。其洋听哥来溧收用。"此信说明各个经营点，确实是没有独立的会计核算的，否则自己所卖出洋，怎么会由别的负责人来用呢。所购棉花有的是装来吴城售卖，有的是装回本县售卖。前第 27 封信言："弟手之项，概已收清，在锡山买就子花百五十包……弟家兄已买就四百包，于本月廿四日受载。家兄坐船，装上吴城，看可能利否。如到可能售脱，即会带银下乌江买皮花回店。"夏布、纸等商品价钱到手之后，即购棉花回吴城店出售，如觉好销，则又带银下乌江收花。

其次，不同商号、商人之间也常有合作经营。其形式可能主要有以下几种。1. 托人带银。如前第13封信言："兹托付△兄带来宝银△大定，共计曹平△佰两正，望照数查收。其银相恳△△过和存银，烦鼎代弟带存出，祈拣妥主为美为要。"前第22封信言："弟手之项，现和州花苗受伤，不若上中路采买。不日△兄亦会上中路，弟想托伊带银贰百两，交△兄手办，头船回归。"此处第22封信中的"△兄"可能是同店伙计，也可能是别店伙计，但第13封信中有"相恳△△"的环节，这无疑是别家伙计了。2. 托人带货。主要表现在夏布销售的环节中，如前第22封信言："今托△兄带来溧阳售卖。及芜各号，仍存未卖布，除前装散，尚存一百多卷，将来尽会过坝出脱。"这是托人带布溧阳销售。前第40封信云："前初七日得接膺老旧公来示，并郭老新之札，据云老新付托宋老仁带来布拾贰卷，已蒙旧公起存常郡。弟即有音拜托旧公作主，照市出脱，不必装溧而多往返之用耳。"这是阻止人带货来溧阳，宋老仁在《信范》中有两见，具体身份不明，可能是其他商号之伙计。

关于江右商人的经营方式，方志远先生比较全面地探讨了个体经营、家庭分工协作经营、结帮经营、同本集资经营等经营方式，并论证了在同本集资经营的基础上，伙计制度在江西商人中的发展。本文论述了其经营方式的两个方面，前者应带有"家庭分工协作经营"的色彩，《信范》中多有"兄""家兄""哥""公"之类的说法，但又不能肯定就完全是家庭或家族式经营，因为这八个经营点及本县、吴城店的负责人是否都是家庭内部人员，实不敢肯定。或许可称之为中心店下分点经营方式。这种经营方式表现出了灵活的特点，商品、资金灵活较快地调剂，能使商号保持整体上的基本的盈利，既能容纳较大，也能容纳较小规模的经营。从制度演变上看，如果这些经营点在资本上是独立的，只在一些环节进行合作，那么就可能发展成为总号、分号模式，从而在江西商人的资本组织方式、经营方式上有所进步，更有利于吸收社会闲散资金，从而扩大经营。历史当然不能假设，但历史研究需要探究因果关系，所以我们要说的是：江右商人作为地区商人集团，虽然起源最早，但不论个体规模及整个商人集团始终不能与晋商、徽商比肩，是否与资本方式、经营方式未能进一步演化有关呢?

总的说来，不论前者、后者，都可以说是一种合作经营，虽然后者所述那种合作只是初步的。这应该反映了江西商人长途贩运中经营方式的一个基本趋势，那就是：合作经营的相对普遍。不限于同在一地，如同在溧阳的布商之间，甚至于不限于同帮，如“万帮”之间。说明这些长途贩运商人之间，基于当时发达的水路交通、灵活实用的货币金融手段，以及商人之间的诸种联系方式，频繁地开展了形式多样的合作经营。合作经营扩大了经营范围，节省了人力与资金，对于明清江西商人长途贩运的发展是有利的。笔者曾以十多种清代尺牍书中以商人口气撰写的尺牍范本[①]中的记载为中心，对明清时代商人资金筹措及经营方式做了一个研究[②]，得出的结论与本文探讨《信范》所得出的结论基本一致。也就是说，商人之间的合作经营相当普遍。故而研究明清商人经营方式问题，必须给予合作经营以更多的关注。

此外，关于江西商人长途贩运的经营方式，以上引文中所常见的“帮”，实际也有结帮经营之意。从经营方式角度分析，应属于宋人所言商人为了经营，“或非连财合本，而纠集同行之人”[③] 的形式。在“纠集同行”的同时，同帮之人互相扶持，互相帮助，甚至合作经营也是可能的。只是他们之间在资本上没有什么关系，也就是说不是同一资本，即“非连财合本”，故而谈不上合伙经营。这也是我们要注意的。

## 第二节　江西商人作为贩运商与牙商之间的关系

江西商人在长途贩运中与本地牙人、牙商的关系，既与清代一般情况相似，也表现出了自己的特点。

首先，当江西商人将夏布等商品运到溧阳、无锡、常州等地时，他们与其他贩商一样，需要寻找自己熟悉的牙行、牙商，[④] 然后与行家议定价格，称之为“做盘”，然后将货发在栈中，由牙行向本地商人发售。作为客商，江西商人不但不做零售生意，甚至不能与零售商人打交道。而牙行则根据销售额抽取“行用”。[⑤] 如前第 31 封信言：“愚自店登舟以来，于前月

---

① 皆是商人家书形式，非如上引《信范》所载的经营性信范。

② 刘秋根：《明清商人经营资金筹措方式——以若干种尺牍范本书的解读为中心》，见《中国工商业、金融史的传统与变迁：十至二十世纪中国工商业、金融史国际学术研讨会论文集》，刘秋根、[英] 马德斌主编，河北大学出版社 2008 年版，第 152—183 页。

③ 〔清〕徐松辑：《宋会要辑稿》刑法二之一七，中华书局 1957 年影印本，第 6549 页。

④ 在《信范》中多被称为“某某行”“行”“主家”。

⑤ 如前第 17 封信言：在溧阳，江西商人布销出，“实到，其洋均是本月兑清，亦是卜卢△，已每卷行用贰角，余者于昨日程△已概行售出”。

初九日抵溧阳。一路叨天清吉，所带之布，赵杰、程允升行廿卷，方滕昌行廿卷。开盘丰尖价洋（二三），开尖（二一），贡尖（一七），均是（九七—九八五）扣实洋，共发出△十卷，仍不能概作销出。”① 可见，所带之布，有与牙行开盘定价之后，具体由赵杰、程允升、方滕昌三家牙行发出四十卷，但未全部销出。牙行只负责发出，至于销售多少，能否全部销出，牙行并不负责。

《信范》中还可见“有剩包退”的说法。如第 22 封信言：“得接△△本月廿四日来音，云伊手之布尚存未卖，正号△卷。此布尔日前已大亏，血本九折，外贴缴费，概作与湾沚允大、茂盛二行代卖，有剩包退。如后天晴，谅可全完。”这里是一批滞销亏本的布，只得发与两家牙行代卖，却规定：如有剩，须包退，即牙行不负担任何损失。从别的信看，被发在行中的布，因为滞销，常被江西商人拿回来，再想别的办法脱售。如后第 9 封信言：“但今锡地夏布销市寥寥，致令减价，以属不销。昨风闻无锡△行非非实实，是以我等前起伊行之布，现在取回。”这是销往无锡的布已经减价，因为听说某行有些靠不住，于是将已发行之布取回。另，前第 33 封信言：“愚自店登舟以来，于前四月初九日抵溧阳。所带之布起去程行（九十），方行廿卷。开盘丰尖价洋（二三）……均是（九七—九八五）扣实洋。共发出四十余卷，仍是听销……暴淋不切，以致吾业伤哉惨哉！近来一月有零，各行布一卷未动，兼前所进布亦且退回。愚于廿七八只得将布概已吊转，销出丰尖贰子……除出尚存之下，正中号放跌贰元半，副号减贰元……虽放此价，亦无受手。”这是所带之布达到溧阳之后，将布起给姓程、姓方的牙行，共发出四十余卷。后来因为霖雨不断，发给各行的布一卷未动，以前所进之布都退回来了。于是只好将布取回，将布销出若干之后，又采取降价的办法推动销售，但效果也不是很好。

就某一位贩商而言，他似乎不止与一家牙行来往，如后第 18 封信言：“但尔手之布，血本如九折多点，可能售卖，尽请程行代卖。倘别行店铺稍有受手，总要现洋则卖，如其亏本甚重，不若存货。”可见这位贩商既与“程行”来往，让他代卖一些卖不出去的布，也与“别行店铺”来往，这个“别行店铺”应是指牙行。

其次，贩运商人的商品必须由牙行来发售，那么其中一个最重要的问

---

① 前第 28 封信亦有类似记载。

题是：价格是如何定的，即这个“盘”是怎么开的。按一般规定，应该是与牙行一起定价，并且反对私自降价“乱卖”，如前第 29 封信言：“今溧地起就厘金堂，夏布每卷抽洋三分，于本月十九日唱戏引酒，众帮议定，前后所到布做价，凭行估值，亦与帮中品较公批，不能私行低作改盘。要至五月公同酌议，一体同行。如有私行改盘乱卖者，查出罚酒六席，戏一台。”可见，溧阳的布商行规至少有三条：第一，夏布做价，“凭行估值，亦与帮中品较公批”；第二，“不能私作改盘”，如要改盘，得等到五月，大家公同斟酌；第三，“如有私行改盘乱卖者，查出罚酒六席，戏一台”。

但实际上，从《信范》的整体状况看，各帮商人私自跌价之风始终很盛。如前第 16 封信言：“今此业大乱之至……尚存之布，晚想不能与列位仝跌，无法，只得今将布与行装往各镇，见机看可能售脱否?”前第 14 封信言：“弟早日本意欲想放，无奈发出△十卷在各镇市，不知拆去若干，是以只得将布概行吊转销出，绸尖△子，贡尖△子，仍存之下。正中号放跌△元，副号△元，仍是听销。今众大乱，纷纷乱减，虽系改下，五内甚痛，仍未卜能出否。”① 这两处记载均说明布价有时可以由贩商单独降价。

关于牙行在跌价过程中的作用，《信范》中有两处有点矛盾的记载：一是后第 1 封信言：“余存行之布，自四月廿边，一子未动。以后到之布，比前布价做松，故此不消。△地并前后共到布△千△百有多而已，发出不过几百之间。日前得闻各处松价，人心不一，亦有想放盘者。原因街道生意未发，以前所卖之有勤，则开卷不过售几匹，行家亦不肯放盘，主家总前盘之洋难收，在△地之人，均待月底再行定夺。”这就是说，四月二十日左右，各处布价松动，但布之生意未发，贩商想“放盘”②，但“行家”不太愿意，得到月底再行定夺。故而若想运布来，此时还不宜动。这是牙行把住“盘”，不许轻易下降。二是后第 17 封信言：“得接来悉知，据云溧阳整规一事，不准跌价等语。然其中兼且装往各镇售卖，莫非暗中与行商酌跌价亦未可知，不能实信。纵然溧地本街不跌，兼且售货不多，然其中在溧老客占面大多，定然在外跌价销货……然其中行家装往别处跌价售卖，万不能议罚之理。但尔手之布，务与行家商酌，调脱为是。”这里大意是说，虽然前不久曾有“溧阳整规”之举，规定不许私自降价，但有些夏布是装

① 前第 15 封信亦有同一条记载。

② “放盘”即改变当初所定价格。

往各镇售卖，故而有可能暗中与牙行商量跌价。在溧阳本市，因为贩商（“老客”）太多，故而也可能在外跌价销货。另处，牙行（“行家”）自己装往别处跌价销售，也是不容易知道的，故而也不可能议罚。因此不能对行规所言不许跌价之说信以为真，手中之布要与牙行商量出脱为妙。可见，贩商是常怀疑行家与别的贩商商量，进行跌价销售的。

牙行对贩商，整体上可以说是一种服务业，即为贩商服务，清代以后牙行虽然也有了所谓“现银应客”①，即牙行先以自己资金将贩商货物囤购，再分发给店铺商人销售。② 但多数牙行还是一种中介机构，即仅介绍买卖，并不亲自经营，除了顶用别人牙帖、必要的房租、家具等需要一些资金之外，牙行并无资本进行商品购销，有些甚至并不是身家殷实之辈，而是穷汉，甚至是官府最为排斥的“光棍”之类。而介绍的代价是：贩商必须向牙行交纳牙用，那么牙用是多少呢？

《信范》中所言江西商人对所在城镇相关牙行交纳“牙用”，主要是按所销的布匹数量交纳定额的行用，如前第 17 封信言：“今此业大乱之致，纷纷减下……蒙相契指引，至本街妥主铺家，售出锦十五子……已每卷行用贰角，余者于昨日程△已概行售出。”因布行市大乱，其布也只好寻找本街妥帖牙行，售出十五卷，每卷“行用”二角。此条记载在前第 18 封信中亦有，不过称之为“用钱”，“其洋均是本月兑清，俱是卜卢△行，每卷用钱二角，余者于初五日程△行概行售出”。

总的说来，以上所论江西贩运商人与牙行之间的关系，表现出当时客商与牙商关系的一般特色，也就是说客商与牙商之间，是有不少有一定的约束性的制度规定的，如贩商与零售直接打交道，贩商必须与牙行一起确定价格，定价之后，贩商、牙行均不能私自随意降价。但有一个重要问题是，这些规定均是商人之间的一些非正式制度规定，既非法律保障，也不

---

① 《二刻醒世恒言》上函第八回《张一索恶根果报》记载：在京师，有专放京债的张震，外号张一索，因用私刑拷讯候选官员，被判刑，三年刑满后“出了衙门，与妻子商议道：京师五方杂处，百货流通，不如开个牙行接货。若自有现银应客，利息自然加倍。汪氏道：牙行买卖甚好。古人云：人来投主，鸟来投林。须要公平正直，生意才得兴旺。一索择个吉日开张，挂水牌一面，上写：各省杂货牙行，现银应客。日往月来，也积有千金家当，夫妻二人快活过日。一日，忽有个松江布商，贩布一千捆，值银三千两，闻得张一索行内有现银应客，竟来投下，将货都发在张家行内”。可见明末清初以来牙行开始以“现银应客”相号召。心远主人《二刻醒世恒言墨憨斋遗稿》，北京大学图书馆古籍研究室，1990 年，第 54 页。

② 显然，如果是这样，就是一种正式的批发商业了。

是官府正式的政策，故而商人在其中的机会相当大，从贩商、牙行均各自超越规定，降价销售，为自己谋利，使夏布价格乱象纷纷，便可证。这种灵活性，在一定时期可以加快商品流通，但长远看，它对市场秩序的稳定也有不利的影响，尤其不易形成某些正式制度，以利于更大规模的甚至是海外贸易的进行。饶是如此，贩商与牙行之间形成的这些“行规”，与其他商业制度，如契约制度、会计制度、合伙制度、早期银行制度，乃至家族制度、乡党制度等相配合，构成中国十五至十九世纪商业运行重要的基础。它适应当时中国的国内贸易，支撑起了一个庞大的商业贸易网络。它既是商业性质的，也有金融性质，故而值得我们注意与重视。

## 第三节　江西商人组织

从《信范》的整体状况看，江西贩运商人组织可分两种，一种是以行业形成的某种可能是会馆之类的组织，另一种是以地域为准形成的“帮”。关于前者，如后第17封信言：“得接来悉知，据云溧阳整规一事，不准跌价等语。然其中兼且装往各镇售卖，莫非暗中与行商酌跌价亦未可知，不能实信。纵然溧地本街不跌，兼且售货不多，然其中在溧老客占面大多，定然在外跌价销货，何人得知，有何凭据，有何对证？但尔心中务要明白，不可大意。愚揣想至今之人，万不能同心划一，莫非尔等以为信实，然其中行家装往别处跌价售卖，万不能议罚之理。但尔手之布，务与行家商酌，调脱为是。”这里显然是说，在溧阳的江西布商，为了保护本行业利益而整顿市场，规定价格，不许跌价。但对于本地牙行（“行家”）及其他贩商似乎又不信任。这种“整规”应是通过其会馆之类的组织进行的，同时也针对牙行。另一封信还提到，在溧阳的江西布商建造“厘金堂”，按布销售额，每卷抽洋若干，用于本行集会饮酒议事，并且议论了夏布销售做价的规则。这便是前第29封信所言：“吾帮前后共到布壹千六百有零，虽云发出四五百卷，作销不过百余十子……今溧地起就厘金堂，夏布每卷抽洋三分，于本月十九日唱戏引酒，众帮议定，前后所到布做价，凭行估值，亦与帮中品较公批，不能私行低作改盘。要至五月公同酌议，一体同行。如有私行改盘乱卖者，查出罚酒六席、戏一台。”

关于后者，在《信范》中还多次提到有各种“帮”，提得最多的是“吾帮”，如前第7封信言：“吾帮各号所到之布，一卷未动。”前第10封信言：

“吾帮之布价顶正号△，次正△，中号△，副号△。”“吾帮共到布壹千柒百有〇，虽发出五六百，作销不过二百之间。”还有一处提到了“瑞帮”，即前第1封信言：“今瑞帮纸号办＊＊十余船，合抵吴。”还有一处提到了“万帮”，如前第23封信言：“吴星记行，起去布十八卷，售出十三卷，不料五月廿九行主身故，须有一子，亦是无用之人，口叫账未经理，共该万帮洋一千贰百〇。此账受亏亦不轻。”这两处所言，“瑞帮”应是指瑞州府的布商，“万帮”应是指万载县的布商，都是从地域性的角度来看的商人组织。

此外还有一些别的类型的帮的名称，如“大帮”。前第2封信言：和州棉花“或可望七八分之年，再看收天定局。大帮过江，均拟在来月初十后。彼地银价渐松（百九六七）”。这是讲棉花丰收，和州等地银价松动，各大帮可能来收棉的情形。后第12封信言：“惟吾夏布一业，奈早大帮齐到，人象急乱，致得盘价均较旧相似，且有照旧减者。”后第14封信言：“我夏布一业……倘难变脱，亦无奈何，存搁来年，俟善价出脱。一系大帮皆然。”此两信则皆讲所谓“大帮”与夏布销售的关系。还有“粮帮”之名，则含义由《信范》所言还难明，如前第1封信言：“昨又粮帮几号在和州买花包几百元，价合抵县（十三五三）。”

就《信范》中提到的帮与帮之间的关系而言，似乎主要还是夏布销售之间的竞争关系。如后第12封信言：“惟吾夏布一业，奈早大帮齐到，人象急乱，致得盘价均较旧相似，且有照旧减者。愚手之布，奈成本过昂，勉强较旧聊提。”可见，因各大帮之布齐到，溧阳之布有所下跌。如前第32封信言：“吾帮前后涌到布贰千八百卷之间，又瑞州、新昌到布四百余十卷。虽云共发出四五百卷，作销不过贰百之光。吾帮开盘顶正号△，中号△，副号△。虽其此价，犹难发出……吾帮诸位售出二三卷者甚多，售出十数不过三五家……前愚在店所言，买二帮布下来，不知买来否？如其未买，美矣。倘其买来，亦是受亏。”可见因为“吾帮”“瑞州”“新昌”各帮运来的布太多，故而做价虽低，但销售仍然不好。故而以前所说要买“二帮布”的要求便不实行了。

清代江西商人在江南地区各城市建立了众多会馆组织，如苏州、常州、杭州、嘉兴、南京、镇江等地都有江西商人会馆。[①] 由以上所述来看，江西夏布商人至少在溧阳也是有自己的会馆组织的，而且发挥了与一般商人会

① 范金民：《明清江南商业的发展》，南京大学出版社1998年版，第222—223页。

馆相应的功能，如规范商人行为、不许无序竞争等，甚至建立“厘金堂”，按商品销售额抽厘金。其下还有某某“帮”之类的松散组织，这类组织虽无正式机构，而且还互相竞争，但是帮中却确实是结伴而行并且互相合作经营的。这种松散的组织在江西商人的实际经营中，发挥着相当大的作用。这是值得我们注意的。

## 第四节　江西商人所利用的交通运输业状况

江西商人在东南地区的长途贩运，无疑是充分利用了长江中下游以长江及京杭大运河为主的水运网络。那么他们又是如何利用的呢？或者说，当时的交通运输行业是如何支撑如此繁忙的商品运销的呢？在《信范》中可以发现以下几点：

首先，最值得注意的是，在江西商人活动的江南地区，不但有专门的运输专业户，而且有了定期的“班船”，如后第11封信言：“据云代买物件，因班舟不便，故未付上，倘遇人即会寄来……倘王日翁绣货如不合式，即交原班带回亦可。”这就是说，商人购买了货物，可以不必亲自动身，而由负责运输的船家带回即可，觉得不满意，也可由原“班船”带去。后第18封信还提到了“班舟”是否将货物失去的问题，信言：“昨接来信，悉知。前寄三音，未知到否？莫非班舟失去矣？”这里是说托“班舟”带信却不知是否收到，故而询问此信是否失去。

此两次均非带运商品，而如前第45封信言：“今付苏州信船徐万丰装来郭祥记表芯纸十石，到即查收，言定每石船钱壹百廿文，望照数给找。”这是托专门的运输船户运来商货——表芯纸，从《信范》之口气判断，此信是在溧阳付苏州徐万丰号送到。具体目的地未明言，可能是无锡或常州。因为“班舟”制度的存在，故而《信范》所言“头船”当亦是一天中“班船”的第一班。如前第22封信言：“不日△兄亦会上中路，弟想托伊带银贰百两，交△兄手办，头船回归。弟恐放此时帐不能清结，又怕路上丹延日期，赶头船不上。弟日后收清银两即上。”如后第6封信言：“△老寄银贰百两，委弟办花，即观市办回。△△只会齐数办完，带银坐头船归长安铺。”

其次，总的说来，当时船行运输是很繁忙的，故而如果用船，必须稍微早一点预订，如前第43封信言：“兹者弟自店初十登舟开行，于十九日抵吴城。一路叨天清吉，即日六号叫定斗船一只，如天色和美，即会开行。”

前第 44 封信言："弟自店登舟以来，雨水延阻，于初四日抵芜。一路叨天清泰，今叫定宣船一只，即行顺流。"可见被叫的有"斗船""宣船"之类。当然，此处"斗船""宣船"的具体含义如何尚不十分清楚。如果不预叫，则有可能乘不上船，如前第 1 封信言："现何水不通……何下①斗船叫尽。"②

第三，值得注意的是，发达的水路交通运输系统，不但为之输送商品、人员，更重要的是，还为商人传递信息，如商人信件便是通过这些运输船来传输的。关于前者，以上所引各例中，已有所述；关于后者，如前第 43 封信言："兹者前付△△船带上一音，谅必到矣。弟自店登舟以来，雨水延阻，于初四日抵芜。"可见其信是付船带来的。清代道光以后，正是最早的邮政机构——民信局产生并走向兴盛的时期③，但从信范所见，江西商人似乎还未运用这种更为社会化的寄信方式。当然，因为有了比较发达的水路交通运输系统的存在，这种通过船户来传递信件的方式，可能仍是比较快捷的方式。

## 结　语

自明代中期以来便闻名于全国各地的江西商人，虽少豪商大贾，但因其与江西商品生产及市场经济的深厚联系，故对当时经济发展是发挥了相当大的作用的，本章在补充新材料的基础上，使我们对江西商人形成了一些新的认识。④

第一，关于江西商人的经营方式。此前研究强调的是，个体经营、家庭分工协作经营、结帮经营以及同本集资经营的基础上伙计制度的发展，及在伙计制度下，由东家出资，伙计单独外出经营的方式。由本文以上所述可见：同店不同经营点之间分工协作、同帮商人之间带有互助性质的合作经营方式，也颇值得注意。这也是节省劳动、扩大规模及经营地域的办

① "何水""何下"当即"河水""河下"。

② 按：此三信所言均是在江西、安徽境内，可见，班船已不限于江南地区。

③ 徐建国：《近代民信局的空间网络分析》，《中国经济史研究》2008 年第 3 期。

④ 笔者首先对江西商人的金融信用行为做了探讨，见《中国钱币》2013 年第 2 期。

法之一。①

第二，关于江西商人的组织。前人研究注意到了江西商人在湖北、湖南等地设立的会馆。本文则具体探讨了江西商人分地域结成“帮”的情况、江西商人帮会组织——厘金堂及其功能、运作的一些方面。

第三，具体研究了江西商人作为贩运商人与当地牙行的关系，尤其是对定额牙用的研究，这是前人注意不够的。

第四，考察了江西商人所利用的交通运输业状况。

综合本文所述可见，在明清以来商品经济、货币经济发展的基础上，江西商人带着本地由农民家庭、小手工业者、农村专业户、手工业作坊生产的产品，依仗当时比较发达的水路交通系统，运用当时灵活实用的货币金融信用手段，来往于商业繁盛的安徽长江沿岸及广大的江南地区，依靠商人家庭及地域帮会组织，并在与牙行的斗争、互动之中，在与本帮商人经常性的合作中，完成其商品的贩卖。

从《信范》内容的整体情况看，还有一系列问题，商人所贩商品价格，及其市场经济发展的大背景如江西、安徽等地区商品经济、市镇经济的发展等，这些在《信范》中均有丰富的反映，值得进一步探讨。

最后还想指出的是：不能因为江西商人总体资本规模比不上晋商、徽商，便对它评价偏低。就其发展水平而言，他们是处在同一个发展水平的，因为他们与晋商、徽商是在同一平台进行商业交易的。他们之所以能够进行这种长距离的贩运贸易，也同样得惠于自明中叶以来的生产力发展、地域产业分工及市场的扩大。规模较小，并不表示其发展水平较低。这是本文对江西商人进行重新探讨时所得到的一个总的认识。

① 关于江西商人的前人研究，主要参考了方志远先生以下两文：1.《明清江右商的社会构成与经营方式》，《中国经济史研究》1992 年第 1 期；2.《明清江右商的经营观念与投资方向》，《中国史研究》1991 年第 4 期。

# 第三章　江西商人长途贩运与金融信用

江西商人的长途贩运，与当时的货币金融信用有着密切的关系，他们是在当时中国特定货币金融环境之中完成自己的交易的。从《信范》的整体情况来看，江西商人的贩运大体分为四种情况：

第一种情况：从江西本地如吴城出发，带着江西本地产品，如夏布、纸张、茶油等，主要是夏布，到江南各地，包括溧阳，这是最主要的，还有无锡、常州、南浔等。第二种情况：从江西本地出发，到达芜湖等地，带着江西本地的夏布等商品销售。第三种情况：从溧阳、无锡等地出发，往回走，到芜湖、和州、安庆及乌江等市镇，即所谓的“中路”采购棉花，回江西本地，主要是吴城销售。第四种情况：也有往上邑、大仓即上海、太仓等地购棉花回江西销售。而《信范》对其在芜湖、和州、乌江、安庆等地购买回货时的金融信用行为记载较多。第一种情况下，即在江西本地收购产品，在江南、安徽贩卖商品时有何种金融信用行为则未见谈及。那么，在第二、第三、第四种情况下，他们在哪些方面有货币金融信用行为呢？他们运用了哪些金融手段呢？以下大体分为三节，对此做些分析。

## 第一节　江西商人的货币兑换

清代名义上说，只有两种货币——铜钱、银两，以及替代它们的钱票及银票。但钱、银的形制、成色、种类及钱的种类、含量等千差万别，故而诞生于明代，以兑换银、钱为基础业务的钱铺、钱庄、银号等在清代得到了较大的发展，不但资本总量扩大，业务也得到了较大的发展，不但大量发展钱票，而且在资金闲置时，也大量地对商人及城乡居民放贷。在本

《信范》中，江西商人对涉猎最多的贩卖目的地——溧阳的银钱比价最为关心，对“中路”的几个城市即位于安徽的几个市、镇也是如此，如芜湖、和州、乌江，多数信中报告了它们的比价，当然对于江西吴城、安徽东流及江苏无锡等地也有注意。① 当然多数是有实际上的数字，个别则仅提到银换钱或洋换银若干，而无具体数字。

《信范》中所提到的洋银钱的兑换大致有以下几种：“宝银价钱”“宝银”“洋斢宝银”“洋易足大钱”“洋易钱”“银价现换”“存花庄钱”。其中，“宝银”“银价现换”与“宝银价钱”当是一事，“洋易钱”与“洋易足大钱”当是一事，故而大体上可分为“宝银价钱”“洋斢宝银”“洋易足大钱”“洋换典钱”等四类。“洋换典钱”一类仅有一例，含义还不太好理解。有关情况大体上可简化为以下四表：

表一　《信范》所载银、钱兑换情况表（宝银价钱）

| 编号 | 时间 | 金融行为 | 资料摘要及考证 | 出处 |
|---|---|---|---|---|
| 1 | 丙午 | 芜湖银钱价 | “刻芜宝银价钱（百九三〇） | 前 2 |
| 2 | 丁年六月初一 | 和州银钱兑换 | “今和州现换宝银（二百〇三）” | 前 4 |
| 3 | 丁年六月初一 | 芜湖银钱兑换 | （芜湖）“宝银价钱（一百九九〇）” | 前 4 |
| 4 | 丁未六月十二 | 芜湖银钱兑换 | “刻芜宝银（百九九）”“和州现换宝银（二百〇三）” | 前 5 |
| 5 | 丁年 | 芜湖银钱兑换 | “宝银价钱（百九七）” | 前 6 |
| 6 | 戊年五月廿六 | 芜湖兑换 | “刻芜宝银价钱（二百〇三）” | 后 12 |
| 7 | 戊年五月廿六 | 和州兑换 | “和州银价现换（二百〇九）” | 后 12 |
| 8 | 戊年六月十一 | 芜湖兑换 | “曹宝银现换大钱（二百〇三）” | 后 14 |
| 9 | 戊年七月廿九 | 芜湖兑换 | “刻芜宝银（百九九千?）” | 前 24 |
| 10 | 戊年七月廿九 | 和州兑换 | “现换宝银（二百〇八）” | 前 24 |
| 11 | 辛年五月初十 | 芜湖兑换 | “刻芜宝银价钱（二百〇八）” | 前 44 |

① 这些城镇，均只一次提到银钱兑换价。

表二 《信范》所载洋、银兑换情况表（洋蔛宝银）

| 编号 | 时间 | 金融行为 | 资料摘要及考证 | 出处 |
|---|---|---|---|---|
| 1 | 丙午 | 芜湖银洋价 | “洋蔛宝银（七钱二四五）” | 前 2 |
| 2 | 丁年六月初一 | 芜湖银洋兑换 | “洋蔛宝银（七钱三）” | 前 4 |
| 3 | 丁未六月十二 | 芜湖银洋兑换 | “洋蔛宝银（七钱三）” | 前 5 |
| 4 | 丁年 | 芜湖银洋兑换 | “洋蔛宝银（七钱三三）” | 前 6 |
| 5 | 戊年四月初七 | 溧阳银洋兑换 | “洋蔛宝银（百三四五）” | 前 8 |
| 6 | 戊年四月 | 溧阳银洋兑换 | “刻日洋蔛宝银（七五一）” | 前 9 |
| 7 | 戊年四月 | 溧阳银洋兑换 | “刻日洋蔛宝银（七五一）” | 前 10 |
| 8 | 戊年四月廿三 | 溧阳银洋兑换 | “刻溧蔛宝银（七五三）” | 前 11 |
| 9 | 戊年四月 | 溧阳银洋兑换 | “刻溧洋蔛宝银（六钱五）” | 后 7 |
| 10 | 戊年四月廿七 | 锡山兑换 | “洋蔛宝银（七钱五〇）” | 后 8 |
| 11 | 戊年五月初四 | 南浔兑换 | “洋蔛宝银（百三三一二）” | 后 10 |
| 12 | 戊年五月十七 | 溧阳兑换 | “洋蔛宝银（七五〇）” | 后 11 |
| 13 | 戊年五月廿五 | 溧阳兑换 | “洋蔛宝银（七五）” | 前 14 |
| 14 | 戊年六月初六 | 锡山兑换 | “洋蔛宝银（七六〇）” | 后 13 |
| 15 | 戊年六月十一 | 芜湖兑换 | “洋易宝银（七钱五三四）” | 后 14 |
| 16 | 戊年六月十三 | 溧阳兑换 | “洋蔛宝银（百三四）” | 前 18 |
| 17 | 戊年六月十六 | 溧阳兑换 | “洋蔛宝银（百三四）” | 前 19 |
| 18 | 戊年六月廿二 | 溧阳兑换 | “洋蔛宝银（百三四）” | 前 20 |
| 19 | 戊年七月初十 | 溧阳兑换 | “洋蔛宝银（百三三五）” | 前 23 |
| 20 | 戊年七月廿九 | 芜湖兑换 | “洋蔛宝银（七钱六七八）” | 前 24 |
| 21 | 己年四月十五 | 锡山兑换 | “洋蔛宝银（七五分）” 当为七钱五分 | 后 16 |
| 22 | 己年四月廿一 | 溧阳兑换 | “洋蔛宝银（百三三〇）” | 前 30 |
| 23 | 己年四月廿六 | 锡山兑换 | “洋蔛宝银（七钱七四）” | 后 17 |
| 24 | 己年五月初七 | 溧阳兑换 | “溧洋蔛宝银（百三三〇）” | 前 32 |
| 25 | 己年五月十六 | 溧阳兑换 | “溧阳洋蔛宝银（百三四〇）” | 前 34 |
| 26 | 己年五月廿一 | 锡山兑换 | “洋蔛宝银（七四分）”。当为七钱四分 | 后 18 |
| 27 | 己年五月廿四 | 溧阳兑换 | “刻溧洋蔛宝银（百三四〇）” | 前 35 |

续表

| 编号 | 时间 | 金融行为 | 资料摘要及考证 | 出处 |
|---|---|---|---|---|
| 28 | 己年六月初七 | 溧阳兑换 | “刻溧洋𦤺宝银（百三四）” | 前 37 |
| 29 | 己年七月十二 | 溧阳兑换 | “刻溧洋𦤺宝银（百三三三）” | 前 40 |
| 30 | 己年七月廿五 | 溧阳兑换 | “刻溧洋𦤺宝银（百三四三）” | 前 41 |
| 31 | 辛年六月十六 | 溧阳兑换 | “刻溧洋𦤺宝银（七一〇）” | 前 46 |
| 32 | 辛年六月廿九 | 溧阳兑换 | “刻溧洋𦤺宝银（七一〇）” | 前 47 |

表三　《信范》所载洋、钱兑换情况表（洋易足大钱）

| 编号 | 时间 | 金融行为 | 资料摘要及考证 | 出处 |
|---|---|---|---|---|
| 1 | 丁年六月初一 | 芜湖洋钱兑换 | “洋易钱（一千四五）” | 前 4 |
| 2 | 丁未六月十二 | 芜湖洋钱兑换 | “洋易钱（一千四五）” | 前 5 |
| 3 | 丁年 | 芜湖洋钱兑换 | “洋易钱（一千四五）” | 前 6 |
| 4 | 戊年四月初七 | 溧阳洋钱兑换 | “洋易足大钱（一千四八）” | 前 8 |
| 5 | 戊年四月 | 溧阳洋钱兑换 | “洋易足大钱（一千四九十）” | 前 9 |
| 6 | 戊年四月 | 溧阳洋钱兑换 | “洋易足大钱（一千四九十）” | 前 10 |
| 7 | 戊年四月廿三 | 溧阳洋钱兑换 | “洋易足大钱（一千五）” | 前 11 |
| 8 | 戊年四月 | 溧阳洋钱兑换 | “洋易足大钱（一千五）” | 后 7 |
| 9 | 戊年四月廿七 | 锡山兑换 | “洋易钱（一千五〇四）” | 后 8 |
| 10 | 戊年五月十七 | 溧阳兑换 | “洋易大钱（一千五一）” | 后 11 |
| 11 | 戊年五月廿五 | 溧阳兑换 | “洋换足大钱（一千五）” | 前 14 |
| 12 | 戊年六月初六 | 锡山兑换 | “洋易钱（一千五〇）” | 后 13 |
| 13 | 戊年六月十三 | 溧阳兑换 | “洋易足大钱（一千五）” | 前 18 |
| 14 | 戊年六月十六 | 溧阳兑换 | “洋易足大钱（一千五）” | 前 19 |
| 15 | 戊年六月廿二 | 溧阳兑换 | “洋易足大钱（一千五）” | 前 20 |
| 16 | 戊年七月初十 | 溧阳兑换 | “洋易足大钱（一五）千” | 前 23 |
| 17 | 己酉年四月十一 | 溧阳兑换 | “洋易足大钱（一千五三）” | 前 28 |
| 18 | 己年四月十五 | 锡山兑换 | “洋易钱（一千五四）” | 后 16 |

续表

| 编号 | 时间 | 金融行为 | 资料摘要及考证 | 出处 |
|---|---|---|---|---|
| 19 | 己年四月十八 | 溧阳兑换 | “洋易足大钱（一千五三）” | 前29 |
| 20 | 己年四月廿一 | 溧阳兑换 | “洋易足大钱（一千五三）” | 前30 |
| 21 | 己年四月廿一 | 溧阳兑换 | “洋易足大钱（一千五三）” | 前31 |
| 22 | 己年四月廿六 | 锡山兑换 | “洋易钱（一千五四）” | 后17 |
| 23 | 己年五月十六 | 溧阳兑换 | “洋易足大钱（一千五三）” | 前34 |
| 24 | 己年五月廿一 | 锡山兑换 | “洋易钱（一千五三）” | 后18 |
| 25 | 己年五月廿四 | 溧阳兑换 | “洋易足大钱（一千五三）” | 前35 |
| 26 | 己年六月初七 | 溧阳兑换 | “洋易钱（一千四七）” | 前37 |
| 27 | 己年七月十二 | 溧阳兑换 | “洋易钱（一千五三）” | 前40 |
| 28 | 己年七月廿五 | 溧阳兑换 | “洋易钱（一千五三）” | 前41 |
| 29 | 辛年六月十六 | 溧阳兑换 | “洋易钱（一千四八）” | 前46 |
| 30 | 辛年六月廿九 | 溧阳兑换 | “洋易钱（一千四九）” | 前47 |

表四　《信范》所载洋、银、钱兑换情况表（存花庄钱、洋换典钱）

| 编号 | 时间 | 金融行为 | 资料摘要及考证 | 出处 |
|---|---|---|---|---|
| 1 | 丁年六月初一 | 和州银钱兑换 | “存花庄钱（二百〇六）之普” | 前4 |
| 2 | 戊年五月初四 | 南浔兑换 | “洋换典钱（一千四九）” | 后10 |
| 3 | 戊年五月初四 | 和州兑换 | “（和州）存花庄钱大约（二百十二三）” | 后12 |

观察、分析以上四表，可以得到以下几个方面的认识：首先，表格内容大致反映了道光时期银价、洋价上涨的现象。但因为苏州码下的罕见单位，故而表中数字颇不易解释。表一中共有11组数据，从字面上看，皆为“刻芜宝银价钱”“和州宝银价钱”“刻芜宝银”“和州现换宝银”“曹宝银现换大钱”，应该可以理解为宝银换取铜钱，表一数据应为宝银一钱兑换铜钱的数量。如果是的话，11组数据中白银一钱换取铜钱约200文上下。而这一数据如果与表三中洋易大钱的价格结合分析，则可以发现：洋钱一枚换取铜钱基本在1500文上下波动，而洋钱一枚值银七钱三分左右，说明白银

一钱值铜钱约在 200 文左右。可见，这 11 个数据作为 1 钱宝银与大钱的兑换价，基本上是和实际发生的银钱比价相符的。①

从洋与宝银的比价变化看，“洋斢宝银”价格主要有两种（如表二所示），一种是七钱左右的，从七钱二、七钱三、七钱四、七钱五直至七钱六，最低是六钱五，最高是七钱七四。一种是一百以上的，从百三三〇至百三四五。最高的有百四五的，最低的百三三〇。前者无疑是指其含银的重量，即洋钱一元相当于七钱三左右的银。而后者则因在苏州码之后没有重量单位而不易解释，姑且根据王德泰教授的观点，做出如下初步的解释：这就是说，这里说的可能是白银一两与洋钱之间的比率，如果是的话，则洋钱一枚值银 0.73 两上下，那么，白银一两就等于洋钱一枚的 136％左右，则白银 100 两应当换取洋钱 136 枚，考虑到洋钱成色稍低，出现百三三一二、百三四、百三四〇、百三三五这样的比价就在情理中了。②

清代钱银比价，大体说来，康熙十五年以前，银钱基本平价，即银一两换钱一千；乾隆二十年，则是钱贵银贱，即银一两换钱七百至八百余文；乾隆末至清末，则处于银贵钱贱阶段，道光年间有时高达 1 两 2000 文。③而如上表三所示，至道二十六年左右，洋换“足大钱”大体都在一千四五至一千五四左右。芜湖、溧阳、无锡三个地方差别不很大。如表四所谓的“洋换典钱”也在一千四九④，正好反映了这一趋势。

其次是关于长江中下游洋的升水问题。如果依彭信威先生所言，在中国流通过的外国银元，在鸦片战争前后几十年间，最通行的莫过于西班牙银元，即本洋，因为墨西哥于公元 1810 年（嘉庆十五年）以后停止铸造本洋，清代洋价因此上涨。在长江流域，一直维持到十九世纪，尤其是在安徽，直至 1900 年，每枚本洋还值九钱以上。⑤ 江南地区，自乾隆中后期洋钱通用以来，最常见的先是西属墨西哥铸造的本洋，有双柱、佛头等名称，

---

① 此段银钱比价数字的推算，主要根据天水师范学院王德泰教授的意见。当然应该注意的是，宝银一钱与洋钱一枚折成的一钱，可能并不完全相同，因为当时洋钱升水的现象还是比较厉害的。

② 在这个问题上，清代货币史专家王德泰教授给我的信中认为这个问题尚无确说，但这可能是最接近真实的说法。故这里亦采用了他的说法。当然文责是由我来负。

③ 黄冕堂：《中国历代金银钱钞比价考》，《中国历代物价问题考述》，齐鲁书社 2008 年版，第 13 页。

④ “典钱”之含义如何，还待细考。

⑤ 彭信威：《中国货币史》，上海人民出版社 2007 年版，第 579 页。

后是墨西哥独立以后铸造的鹰洋，随着货物日益以洋钱定价，其对纹银的比价也开始上升。据林则徐言：道光十六年前后“近日苏松一大，较比三四年前，每元价值实已抬高一钱，即兑换制钱，亦比纹银多至一百文以外”①。

由以上《信范》中所说流通于安徽、江苏、浙江的“洋”的比价情况可见，本洋、鹰洋升水可能也并不是那么厉害，并不是所有地方，也不是所有时间段都是那么高。如属于六钱五以上至七钱以上者，在溧阳共有16例，无锡有3例，芜湖有5例；属于一百以上的，溧阳的共有8例，南浔者1例。②

整体上说，江西商人是抱怨洋价高的，如后第8封信言：“实因生意清静，皆由成本高昂，洋价亦高，致令买卖两不合算，呆滞之极。”这里将生意呆滞的原因归之为洋价高昂，两不合算。

## 第二节　江西商人长途贩运中的存款

《信范》中所载江西商人所运用的第二种金融信用手段是存款。为了贩运需要，江商商人经常在商铺存钱。总的说来，似乎主要是在回江西的途中（当然不都是在回家途中）。为了在中路购买棉花方便，将在溧阳、无锡、常熟等地贩卖夏布所赚的钱存在乌江、和州的一些店铺，如前第17、18封信皆言：“弟不知至和州中路买花否？如至和州，弟以好将所收洋换银，遇相契带芜存和。”这就是说，已经将经营中得来的银元换成银子，托熟人带来芜湖并存在和州，《信范》至少有五处说到将钱存在“花庄”，所谓“花庄”，应是与棉花交易相关的商号。

存钱也不完全是为了交易需要，也有将闲置资金存储取息，以免空置之意，如前第13封信言：“兹托付△兄带来宝银△大定，共计曹平△佰两正，望照数查收。其银相恳△△过和存银，烦鼎代弟带存出，祈拣妥主为美为要。其项扣来，本欲付回，缘系经理若莫堪言，是以将此暂托存息，

① 《中国近代货币史资料》第1辑，上册第49页。关于江南地区银、洋使用情况的运用，参见范金民《明清江南商业的发展》，南京大学出版社1998年版，第172—183页。

② 应该指出的是：1. 依上引王德泰教授的解释，这个一百以上的数例，是应该从另一个角度来加以解释的数字系例。2. 所有这些数字并无时间、空间上的聚集性，如较高的数字，溧阳、芜湖皆有。

聊补少损之意。”显然这里是托人带去曹平宝银，将其一部分存在和州，属于暂时存储取息，以弥补一下闲置损失。前第 14、15 封信中亦有同一意思的话。前第 48 封信所言更是显示出了这种想法，信言：“所付上之银，因跌价亏本，未曾售出，只得代扯移银付归，以好再行生息，免得搁存。”这就是说，因银跌价，未能在商品售出得到价银之后及时卖出，只得付归，以便存储生息，以免耽搁。后第 3 封信言：“付△手带上银两，弟往和州，在乌江存△两，价钱□；存和州△两，价钱△……近和州现换宝银价△，存不愿受，难加甚息。”大意说，托人带银去和州，在乌江镇存了若干，在和州存了若干，但和州可能因为宝银价格下跌，故原来接受存储的店铺，不太愿意再接受，故而存之亦不能加上什么利息。

与存款普遍化相适应，在江西商人常存款的芜湖、和州、乌江等地，我们发现商人存钱竟有了市场价格，《信范》中至少四次提到所谓存钱的价格，如前第 1 封言：“弟手所带之纹于△日至乌江何合盛、张锦星二号存去△佰两正，价钱△，余者概存和州叶大顺□祥源，价钱△。因旧公人不实意，至令阁延几天。弟想今岁之银谅作公稳，无大跌之势。”这里是说，所带的纹银，存乌江两家商铺若干，价钱若干，其余则存在和州某商号，价银若干。价钱是稳定的，因今年银价的大趋势是平稳。如上引后第 3 封信也提到了存银之价银。《信范》中多次提到所谓“存花庄钱”“花庄钱价”，如前第 15 封信言：“托伊带过宝银△佰两，转托△存和州云。其此处银价，存花庄钱（二百四五）。”还有其他 4 封信提到了这一价格，分别是前第 4 封，为二百〇六；前第 5 封信，为二百〇六；前第 14 封信，为二百四五；后第 14 封信，为二百一三。地点分别是和州、芜湖、和州、和州。可见，因为商业交易的主体似乎还是宝银，故而，随着银的供需关系变化，存款价也随之变动，如上引前第 1 封信即反映了这一因果关系。另外，前第 14 封信言：“弟所言付银回归，据云吾县银价不高，摸算受亏不少，弟只得将扣来银，今遇△兄过芜，托伊带过，转托△△存和州云。”这是说，带银回归的目的地——本县，银价不高，故而托人将银带至和州存储。

不过，这个价银似乎不是存款的利息。清代私人款项存储利率高低的记载还比较匮乏，但官款及集体性款项发商生息[①]的利率高低，记载还是相当多的。大体上说，处于一分至一分五的比较多，也有低至七至八厘的。

① 发商生息，从另一个角度看，便是一种存款。

但《信范》所说存银价钱则似乎不言具体高低。

与存钱价格相关的是“宝银价钱”，尤其是芜湖、和州两处，是江西商人最为关注、存储最为频繁的城市，故而在《信范》中共留下来 11 个相关数据。分别是：百九三〇、二百〇三、一百九九〇、二百〇三、百九七、二百〇三、二百〇九、二百〇三、百九九千、二百〇八、二百〇八。相比之下，“存花庄钱”的价格略高于“宝银价钱”，表明接受存款的这些商号，如“花庄”必须保证有利可图，否则他直接卖出银子便可，何必接受人家的银两呢？当然因为时段较短，数字较少，还不太好比较两个数列之间的具体的相关性。

应该提出来的一个问题是：以上是否表明商人存款利息在特定的城市有了“利率行市”呢？就整体情况而言，清代的商铺及典当、钱铺、钱庄等金融性店铺，还有商人、地主、官僚家庭等接受他人银钱存储时，一般是付给一定的利率的，这个利率与放贷利率相比，肯定是要低一些。① 随着有息存款的普遍化，存款利率是否也随着放款利率的波动及货币供应的松紧而变化，以致形成一个地方的存款利率行市呢？这是值得我们注意的。清代道光年间，因为票号的汇兑、存贷款经营，张家口等地出现了最早的利率行市。由以上所述情况看，在长江中下游各城市及大的市镇，因为金融机构及一般商铺的存贷等金融业务的经常化，在清代中期以后，可能也已经形成了利率行市。此事还不能确证，但值得我们注意。下面将《信范》中有关存款的记载列表如下：

表五　江西商人存款情况表

| 编号 | 金融行为 | 资料摘要及考证 | 出处 |
|---|---|---|---|
| 1 | 乌江、和州存款 | “弟手所带之纹于△日至乌江何合盛、张锦星二号存去△佰两正，价钱△，余者概存和州叶大顺□祥源，价钱△。因旧公人不实意，至令阁延几天。弟想今岁之银谅作公稳，无大跌之势。” | 前 1 |

① 参见刘秋根《明清高利贷资本》第三章第一节，社会科学文献出版社 2000 年版。

续表 1

| 编号 | 金融行为 | 资料摘要及考证 | 出处 |
| --- | --- | --- | --- |
| 2 | 锡山托人带银来存款 | “所收银两不日即会付贰百银两与 * 夫带上。余者日后之银，不知要弟上中路否？如要弟上中路，此银亦不能存去；或将银存去，以作哥存，恳祈即回示知。” | 前 4 |
| 3 | 和州银钱兑换 | “今和州现换宝银（二〇三），存花庄钱（二〇六）百之普。” | 前 4 |
| 4 | 芜湖银钱兑换、存银 | “刻芜宝银（百九九），洋斢宝银（七钱三），洋易钱（一千四五）。和州现换宝银（二〇三），存花庄钱（二〇六）。” | 前 5 |
| 5 | 托人带银，和州存银 | “兹托付△兄带来宝银△大定，共计曹平△佰两正，望照数查收。其银相恳△△过和存银，烦鼎代弟带存出，祈拣妥主为美为要。其项扣来，本欲付回，缘系经理若莫堪言，是以将此暂托存息，聊补少损之意。” | 前 13 |
| 6 | 托人带银，和州存银 | “弟所言付银回归，据云吾县银价不高，摸算受亏不少，弟只得将扣来银，今遇△兄过芜，托伊带过，转托△△存和州云，其此处银价存花庄钱（二百一四五），弟摸算较比此处受亏不少，至今亦未付回。缘系经理若莫堪言，是将此暂托存息，聊补少损之意。” | 前 14 |
| 7 | 托人带银，和州存银 | “弟所言付银回归，摸算付回受亏不少，缘系经理若莫堪言。是以只得将扣来银于前月廿五日遇△兄过芜，托伊带过宝银△佰两，转托△存和州。其此处银价存花庄钱（二百一四五），是以只得将此暂托存息，聊补少损之意。” | 前 15。按：与前 14 封信相同 |
| 8 | 和州存银 | “弟不知至和州中路买花否，如至和州，弟以好将所收洋换银，遇相契带芜存和。” | 前 17 |

续表 2

| 编号 | 金融行为 | 资料摘要及考证 | 出处 |
|---|---|---|---|
| 9 | 和州存银 | “弟不知至和州中路买花否，如至和州，以好将所收洋换银，遇相契带芜存和，望即祈回示。” | 前 18 |
| 10 | 和州存银 | “但弟手之项，除换银存和州，仍存洋壹千之普。其洋听哥来溧收用。” | 前 26 |
| 11 | ？处存银生息 | “所付上之银，因跌价亏本，未曾售出，只得代扯移银付归，以好再行生息，免得搁存。” | 前 48 |
| 12 | 和州存银 | “付△手带上银两，弟往和州，在乌江存△两，价钱□；存和州△两，价钱△……近和州现换宝银价△，存不愿受，难加甚息。” | 后 3 |
| 13 | 芜湖存款，和州兑换 | “但弟布项，日前已存△号△两，花庄钱价△。和州现换宝银价△。” | 后 4 |
| 14 | 锡地、长安铺等地带银、寄银 | “兹者弟于七月十四日锡地动身，往中路办花。△伙七月底八月初动身至芜。弟八月初五日到长安铺，今得店来音，只会带银回归。△老寄银贰百两，委弟办花，即观市办回。△△只会齐数办完，带银坐头船归长安铺。” | 后 6 |
| 15 | 和州存银 | “但△手前付△兄带上宝银六定，其银日前付便友带往和州，寄付朱益和家，存去花庄钱文，尚未回信，谅价拟在（二百一三）之普。”① | 后 14 |

## 第三节　江西商人的赊购赊销与商业信用

商业信用是中国古代行商坐贾应用很广的解决资金问题的重要方式之一，其具体做法便是采用赊购赊销的办法完成商品交易。随着牙行在贩运贸易中作用的加强，这种方式也越来越重要，明中叶以后这种商业信用的

① 表中“（）”之内的汉字数字乃根据原文的苏州码转写，括号为笔者所加。

票据化趋势也越来越明显。[①] 从江右商人研究角度看，方志远先生主要使用方志等材料，对江右商人如何以集资经营的方式解决开办资金的问题，以及用合伙的办法扩大经营，暨资本规模等进行了很好的研究。这里关注的是江西商人是如何通过商业信用的办法来解决资金问题，以持续经营的。[②]

《信范》中常有的内容是：向总店或者同行、同一东家的店报告布的销售情况，其中就包括通过商业信用销售夏布，这种内容常与物价及银钱价的报告联系在一起，如前第 5 封信言："前男哥代带之布，起去廿子，郭老绳处售出十柒卷，绸尖价银（一七），天尖（一四），（九七五）扣宝银，现兑。"这里报告了溧阳店布的销售情况及价格，并且说"绸尖""天尖"两种布都是按九七五比例扣除行用，并且是"现兑"，即一手交钱，一手交货。

有"现兑"便有期兑，即先拿货，再交钱，如前第 38 封信言："弟手之布于初贰日做定盘……均是（九七）扣到。其洋概是本月中兑清。"这是讲运商定好价格之后，其价洋要到本月中才能给清。前第 42 封信言："内布几卷，去洋△元。所□布之项，收存现洋壹千贰三佰，余者概要到八月中兑付。"这里则是讲收到部分价洋，但有一部分要到八月中才能兑付。依信末言此是七月二十五发出，说明此次赊销的期限是二十天左右。前第 22 封信言："弟手之项，现和州花苗受伤，不若上中路采买。不日△兄亦会上中路，弟想托伊带银贰百两，交△兄手办，头船回归。弟恐放此时帐不能清结，又怕路上丹延日期，赶头船不上。弟日后收清银两即上。"这里是讲，这位伙计本想至中路买花，但又想去收夏布的价银，因为"放此时账不能清结"，便将银托给别人去购棉，而自己则去收账，以免耽延日期。

除夏布之外，纸张、棉花两类商品也常采取商业信用的办法予以销售，如前第 8 封信言："溧地近日（七五）表芯售一月之期，实洋（二三〇），共存货四百余，亦不销。"此处是指表芯纸按一个月的期限售出。前第 49 封信言："昨日△兄售出三百石，价洋（二元三七），（九七）扣洋，其洋八月底期，其纸中等之货。"此处讲的都是纸张的价洋及价洋期兑的期限。

既然有期账，便需常去收取货价银，此引前第 22 封信已经言及此点，实际上，后第 3 封信所言收账之事正与前第 22 封信所言是同类的事："但弟手布贱，芜余△两未收。次初谅得收清，仍有姥下布钱△之普，后八月往

① 刘秋根、谢秀丽：《明清民间商业信用票据化的初步发展》，《中国钱币》2006 年第 1 期。

② 当然主要是江西商人作为贩运商人提供给零售商铺以商业信用。

和办花，带收无误。”这就是说，还有些布账银未清，等八月份时去和州办花时顺便收清。另外，前第 6 封信言：“今遇△兄顺利荣回，便禀，男手布钱概已收清。”这是向总店报告布钱已经收清的情况。

商业信用的开展有些是通过江西商人熟悉的“行家”“主家”来进行的。如前第 17 封信言：“刻溧并瑞州、新昌共存布九百卷之普，今此业大乱之致，纷纷减下，较开盘跌五厘、五厘半、六厘不等。弟之布本意欲想不跌，无奈时节已到，只得自经理。蒙相契指引，至本街妥主铺家，售出锦十五子，价洋（一九二），实到。其洋均是本月兑清，亦是卜卢△，已每卷行用贰角，余者于昨日程△已概行售出，锦尖价洋（一九），实到；绸尖（二一五），（九七）扣。”此处虽然看出销售是通过“妥主铺家”，但是否必然要通过“妥主铺家进行”，则不能肯定。而从前第 23 封信所言则可明显看出销售是要通过“主家”来结账的，不论是现价销售还赊卖。信言：“不料五月廿九行主身故，须有一子，亦是无用之人，口叫账未经理，共该万帮洋一千贰百〇。”还有委托别人收取某行布钱之事，如前第 40 封信言：“据云委弟收方滕昌行布洋钱一事，今收到洋钱五拾贰元五角，弟手之项收存现洋壹千贰叁佰，余者概要到月底转初兑付。”看来，此书是采取商业信用的办法，由方滕昌行来卖出的，价钱未清，被委托者也仅收到一千二三百元，其余要到月底付清。此信写于七月十二，至月底是半个月多一点。

最后还应该指出的是：是采取“现兑”还是“期兑”，既有节省资本，加快销售的考虑，也有利润的考虑。如后第 4 封信言：“但弟随带趸夏布△卷，至△日概起栈内，旋描别布定盘。弟手正号一千，曹银△，次△，尽△月内期兑。如即现兑，每卷让价五钱，握算成本，利息甚微。此原盘售结，恐银约松，犹难全璧。致今共出△卷，现不消行，皆因春花年歉，兼银价甚高。而且我等陈本增昂，以致两不合算，故耳减销。”此是根据别帮之布定价，议定数月后“期兑”，如果给现银，则对方要求每卷让价五钱，以致利润变小，可见运用商业信用也是为了维持利润。后第 12 封信言：“正号开尖做盘规银（一钱八八），贡尖（一五八），次号二宗（一钱四三）（一钱三八）。此均七月兑付之期，如即兑者，正号少文七八钱一卷，中次之布少银五六两钱不一，期现听买主两便。”可见，这封信也透露了“现兑”价钱稍低这一规则，而且有了这一规则，是“期”还是“现”听买主选择。

现将上引有关材料做表如下：

表六　江西商人商业信用情况表

| 编号 | 金融行为 | 资料摘要及考证 | 出处 |
|---|---|---|---|
| 1 | 芜湖商业信用 | “前男哥代带之布，起去廿子，郭老绳处售出十柒卷，绸尖价银（一七），天尖（一四），（九七五）扣宝银，现兑。”按：有“现兑”便有“期兑”。 | 前5 |
| 2 | 中路商业信用：收账 | “今遇△兄顺利荣回，便禀，男手布钱概已收清。” | 前6 |
| 3 | 溧阳商业信用 | “溧地近日（七五）表芯售一月之期，实洋（三三〇），共存货四百余，亦不销。” | 前8 |
| 4 | 溧阳商业信用 | “刻溧并瑞州、新昌共存布九百卷之普，今此业大乱之致，纷纷减下，较开盘跌五厘、五厘半、六厘不等。弟之布本意欲想不跌，无奈时节已到，只得自经理。蒙相契指引，至本街妥主铺家，售出锦十五子，价洋（一九二）。实到，其洋均是本月兑清，亦是卜卢△，已每卷行用贰角，余者于昨日程△已概行售出，锦尖价洋（一九），实到；绸尖（二一五），（九七）扣。” | 前17 |
| 5 | 溧阳商业信用 | “不料五月廿九行主身故，须有一子，亦是无用之人，口叫账未经理，共该万帮洋一千贰百〇。” | 前23 |
| 6 | 溧阳商业信用：不但布，棉花似也通过商业信用 | “得接△△本月廿四日来音，云伊手之布尚存未卖，正号△卷。此布日前已大亏，血本九折，外贴缴费，概作与湾沚允大、茂盛二行代卖，有剩包退。如后天晴，谅可全完。……弟手之项，现和州花苗受伤，不若上中路采买。不日△兄亦会上中路，弟想托伊带银贰百两，交△兄手办，头船回归。弟恐放此时帐不能清结，又怕路上丹延日期，赶头船不上。弟日后收清银两即上。” | 前22 |
| 7 | 溧阳商业信用 | “得接来示，均已知悉，所代△兄买来物件，照札收入。其洋弟概收清，得接△兄六月廿一来信，云南地布情……伊前到之时，吴星记行，起去布十八卷，售出十三卷，不料五月廿九行主身故，须有一子，亦是无用之人，口叫账未经理，共该万帮洋一千贰百〇。此账受亏亦不轻。” | 前23 |

续表

| 编号 | 金融行为 | 资料摘要及考证 | 出处 |
|---|---|---|---|
| 8 | 溧阳商业信用 | “弟手之布于初贰日做定盘……均是（九七）扣到。其洋概是本月中兑清。” | 前 38 |
| 9 | 溧阳商业信用 | “据云委弟收方滕昌行布洋钱一事，今收到洋钱五拾贰元五角，弟手之项收存现洋壹千贰叁佰，余者概要到月底转初兑付。” | 前 40 |
| 10 | 溧阳商业信用 | “内布几卷，去洋△元。所□布之项，收存现洋壹千贰三佰，余者概要到八月中兑付。” | 前 42 |
| 11 | ？处商业信用 | “今付李乘时＊送上宝银贰大定，计重曹平（百〇一五五），至祈查收回示，＊力弟手付讫，酒资照例给，所付上之银与荣记进卅两；连记廿两，修＊十两。余者之银或店进，或与各记，望店调理可也。” | 前 48 |
| 12 | 溧阳商业信用 | “昨日△兄售出三百石，价洋（二元三七），（九七）扣洋，其洋八月底期，其纸中等之货。” | 前 49 |
| 13 | ？处托带银两、商业信用 | “今付李乘时＊送上宝银十六大定，共计重曹平八百十二两七钱九分正。到日望祈查收回示。＊力弟手付讫，酒资照例给。所付上之银与△记进△△，△记△，余者之银店进。” | 前 50 |
| 14 | 溧阳商业信用 | “弟手所带之布，于前月念边概行售脱，正号拉盘（廿〇五），副号（一四二），荣记赛尖（一四四），又连记开尖（一四二），成记、修记贡尖（一四二），殖记〇尖（一六），茂记锦尖（一四四），以上具系实到洋。其洋现收壹千贰百元，余者之洋约在月底转初方能收清。” | 前 50 |
| 15 | 芜湖商业信用 | “但弟手布贱，芜余△两未收。次初谅得收清，仍有姥下布钱△之普，后八月往和办花，带收无误。” | 后 3 |
| 16 | 芜湖商业信用 | “但弟随带趸夏布△卷，至△日概起栈内，旋描别布定盘。弟手正号一千，曹银△，次△，尽△月内期兑。如即现兑，每卷让价五钱，握算成本，利息甚微。此原盘售结，恐银约松，犹难全璧。致今共出△卷，现不消行，皆因春花年歉，兼银价甚高。而且我等陈本增昂，以致两不合算，故耳减销。” | 后 4 |

# 余　话

总的说来，江西商人比较频繁地运用了当时所能运用的几种重要的金融手段，如银钱兑换（包括银洋兑换）、存钱、商业信用等，这对他们的商品运销是有利的。根据笔者对清代资金发展水平的了解，我觉得由《信范》所发现的江西商人对当时金融信用手段的运用有着较高的水平。这首先表现在商业信用的普遍运用，这种运用已经成为当时商人的一般的、常见的行为，不但为江西商人，也为那些在江西商人那里进货的店铺零售商人节省了资金。这也是15—19世纪中国商业规模扩大的主要原因之一。其次则表现在与商人交易相关的存款手段的普遍运用。如为了购回货——棉花，江西商人主要在离江西较近的安徽和州、芜湖等地的店铺中契款，以致这种存款也与钱银兑换市场价格变化密切相关。

当然，《信范》对于江西商人货币金融信用行为的记载，也有不少让人疑惑之处。这表现在：第一，《信范》中比较频繁地写到了江西商人对各种金融手段的运用，却未提到江西商人是否与任何当时的金融机构打交道，如典当、钱铺、银号等，① 这是让人感到奇怪的。第二，《信范》虽然提到钱银、洋银之间的兑换，却未明显地提到他们在商品交易中是否使用钱票、银票。而且至少自清代乾隆中期以后，江南地区已经较普遍地使用钱票。② 第三，清代商业信用票据化得到相当发展，在与大额商品交易相关的资金调拨中普遍地使用会票、期票等信用工具。③ 但这在《信范》中亦未有确实记载，相反许多时候还总是托人带银，如前第50封信言："今付李乘时帆送上宝银十六大定（锭），共计重曹平八百十二两七钱九分正。到日望祈查收回示。帆力弟手付讫，酒资照例给。所付上之银与△记进△△，△记△，余者之银店进。"这就是说，让李乘时送上宝银八百多两，以便偿还两家账

---

① 当然依一般情况，所说兑换当有可能与钱铺、钱庄打交道。

② 清代道光时人许楣认为：用钱票比用铜钱方便，"然今江浙盛行洋钱之处，即不用钱票，以票虚而洋钱实也"。他将不用钱票的原因归之于民众习用，而且洋钱"实"而钱票"虚"。可备一说，但似乎还是不能解释江浙地区钱票普遍使用的现实。

③ 参见上引刘秋根、谢秀丽《明清民间商业信用票据化的初步发展》，《中国钱币》2006年第1期。

项，其余银两则放于本店。后第 3 封信言："付△手带上银两，弟往和州，在乌江存△两，价钱□；存和州△两，价钱△。该地花苗，若观苗稼十足之处，未卜后手收天定局。"这就是说托人带着银两，本人亲自去往乌江、和州，将银两存在这两处，并报告了存款的价钱。① 显然这还是不太安全、速度不够快捷的办法，对于长途贩运是不利的。这可能与《信范》所涉均贩运商人，而贩运商人行踪不定，不易进行货币的汇兑有关。当然，详情究竟如何，还有待于我们发现更多的新材料，对其细节做更多的发掘。

① 关于存银的"价钱"之含义，目前尚不能解释清楚。

# 附 录

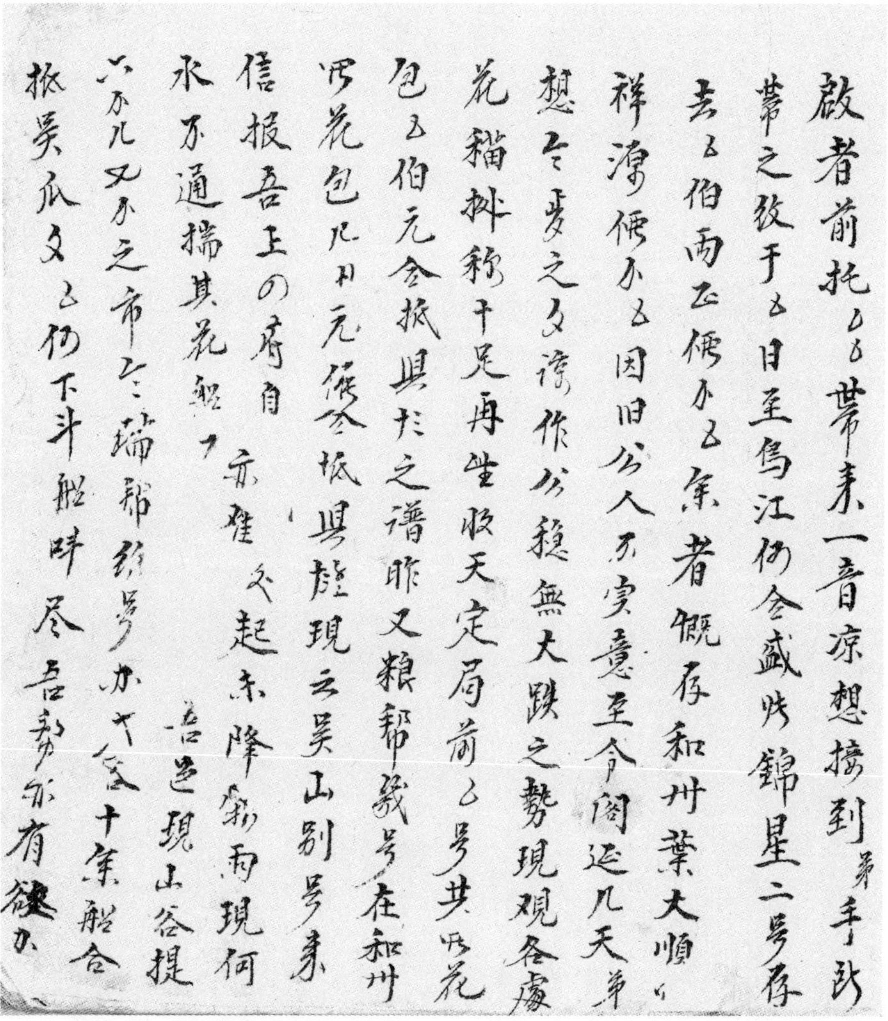

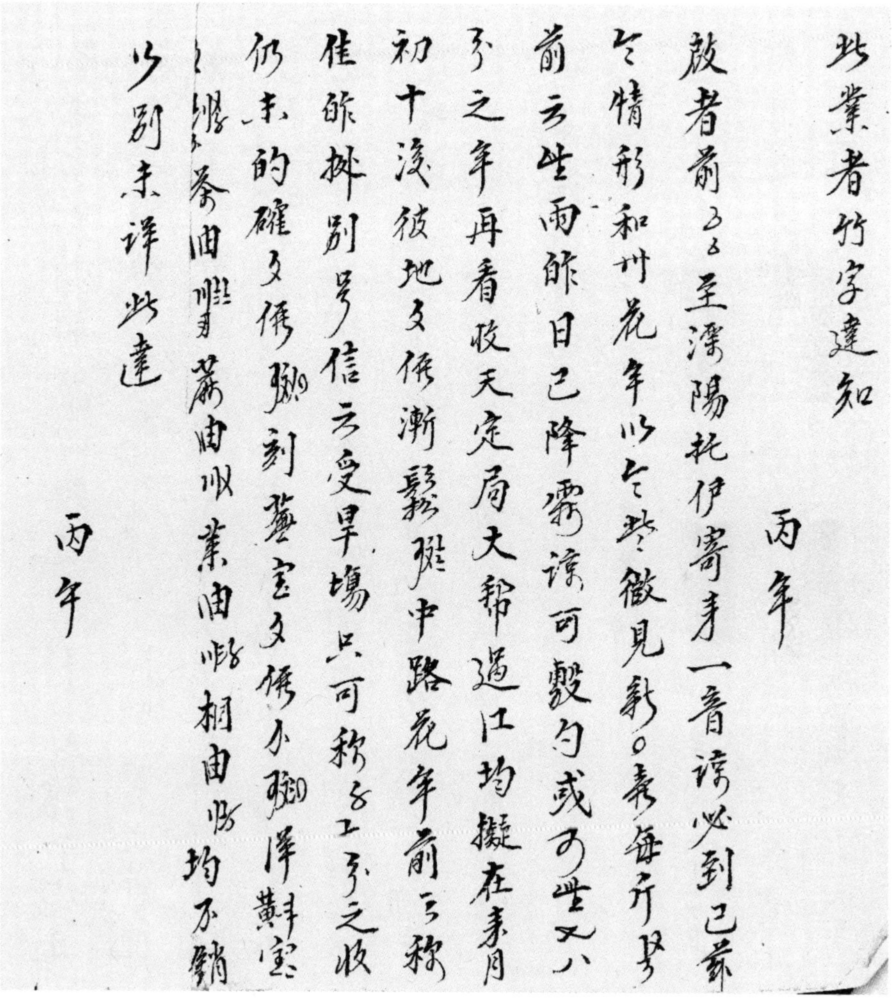

北業者竹字達知

丙年

啟者前〻至溧陽托伊寄來一音諒必到已蘇
〻情形和州花年以〻點徽見新。表每斤另
前云坐雨昨日已降霧諒可穀勻或可豐又八
分之年再看收天定局大都通江均擬在來月
初十後彼地又係漸鬆疏中路花年前云稱
佳昨桃別另信云受旱塲只可稱〻工分之收
仍未的確又係瑯刻藝宝又係小瑯澤對寔
〻繆〻茶油䠷蔴油收葉油收桐油收均不銷
以別未詳此達

丙年

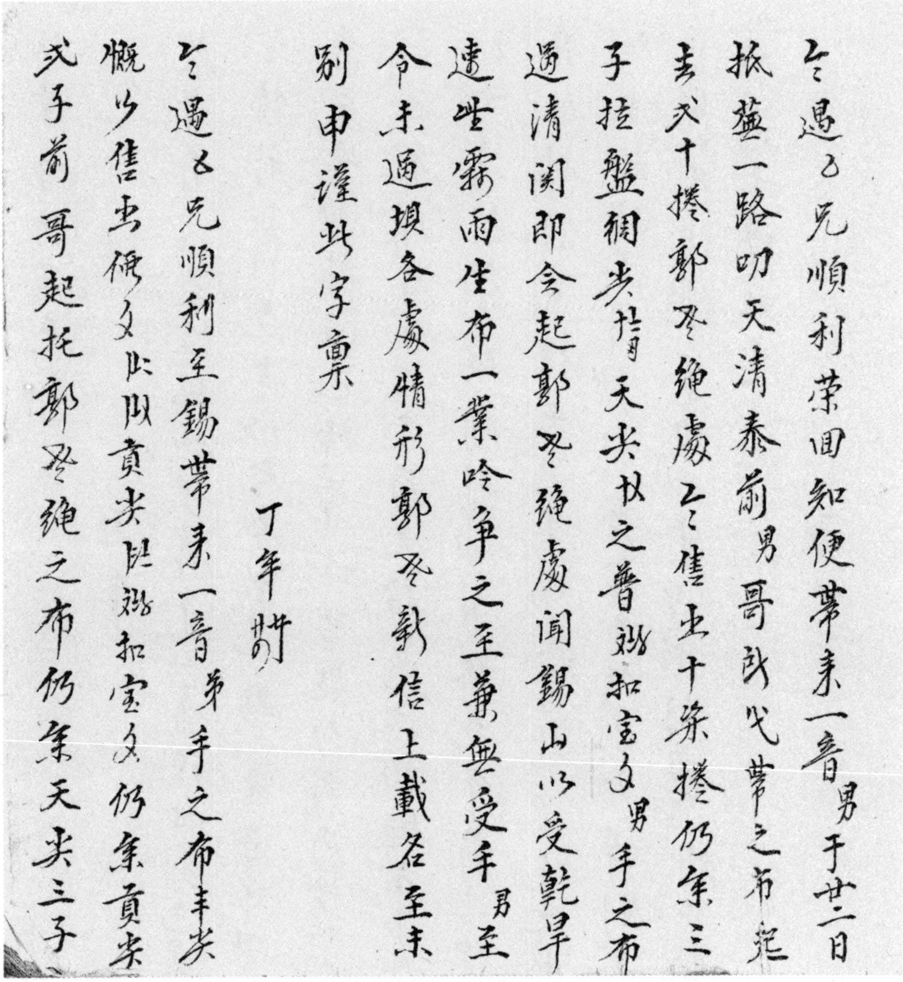

亡遇乙兄順利荣回知便帯来一音男于廿二日
抵蕪一路叨天清泰前男哥所代帯之布起
去弍十捲鄭癸绝處亡亡售出十条捲仍余三
子拉盤稠尖指天尖扒之普雅和宝文男手之布
遇清関即会起鄭癸绝處闻锡山以受乾旱
遠些霧雨生布一葉吟争之至兼無受手男至
令未遇埧各處情形鄭癸新信上載各至未
別申謹此字禀
丁年卅
亡遇乙兄順利至锡帯来一音弟手之布丰尖
概少售出俟夂此以貢尖與雅和宝夂仍余貢尖
弍子前哥起托鄭癸绝之布仍余天尖三子

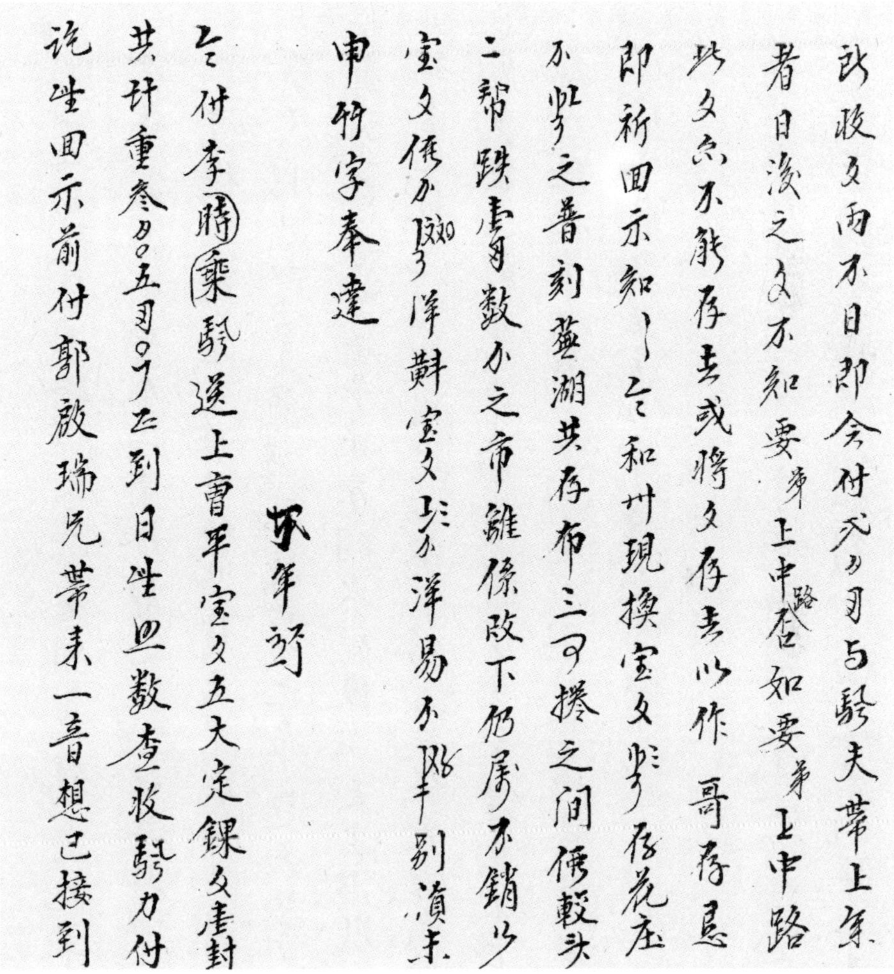
前收又两不日即令付弍月与驳夫带上宁
者日后之文不知要弟上中路否如要弟上中路
此文亦不能存去或将文存去以作　哥存息
即祈回示知了乞和卅现换宝文比存花庄
亦比之普刻葛湖共存布三可揆之间俾较头
二帮跌壹数分之市虽系改下仍属不销以
宝文俵分比洋蚪宝文分洋易不比别演未
申竹字奉达
琢年顿
乞付李（時乘）驳送上曹平宝文五大定錁文壹封
共计重叁另五月〇了正到日望照数查收驳力付
讫望回示前付郭啟瑞先带来一音想已接到

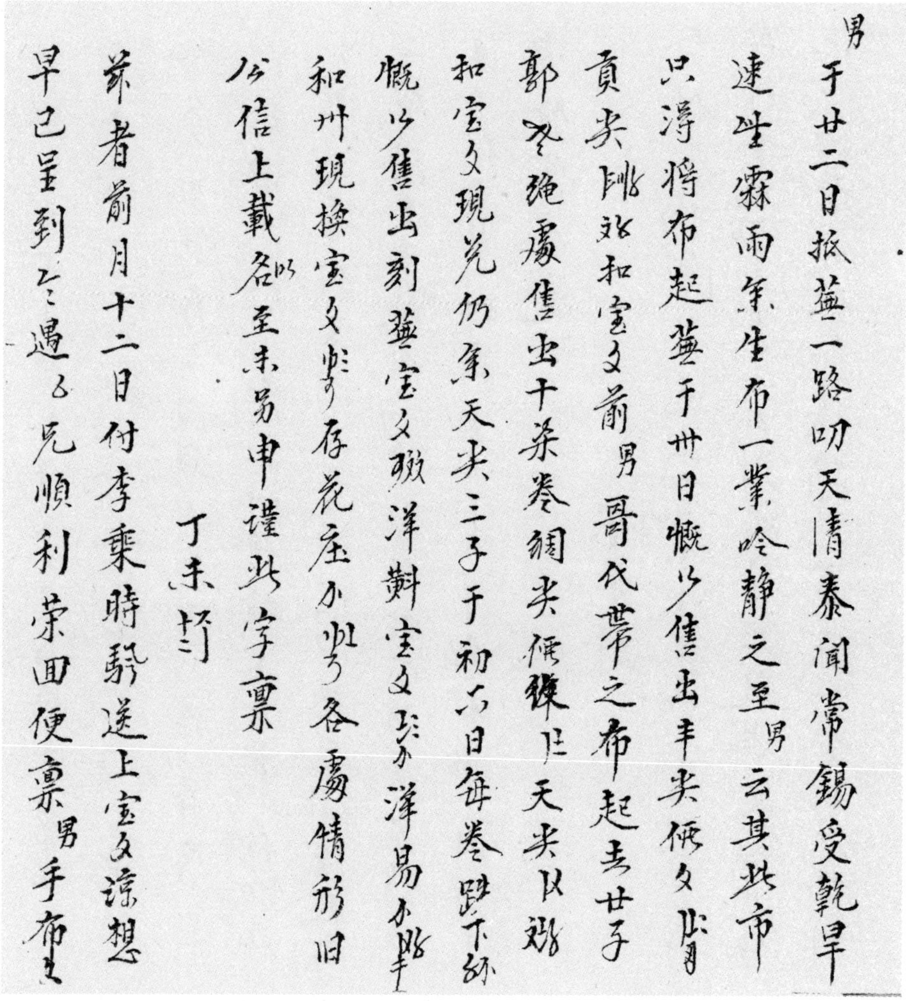

男
于廿二日抵燕一路叨天清泰闻常锡受乾旱
连坐霖雨焉生布一业吟静之至男云其此市
只得将布起燕于卅日概少售出丰尖俩文作
贡尖眺张和宝文前男哥代带之布起去廿子
郭冬绳处售出十朵卷绸尖俩线尺天尖以张
和宝文现先仍系天尖三子于初六日每卷跌下亦
概少售出刻燕宝文瑕洋对宝文张洋易尖
和州现换宝文忙存花庄各处情形旧
函信上载名以至未另申谨此字禀
丁未
前者前月十二日付李乘时顺送上宝文谅想
早已呈到遇兄顺利荣回便禀男手布之

慨少收清幸意欲想上中路照而亡亡多人上中
路過多得聞男哥不日亦今回蕪湖哥相商定
及刻蕪宜夕便不敢洋對宜夕到不洋易不叫
和州花苗目亡亡十分不知後手脫天而何別價
未敘容後再禀

丁年

稟者無別　弟于廿四日抵溧陽一路叨天清吉于
廿八日得接乙兄來音云常州前乙號改到之
布仍亦未銷動做盤較旧藏一厘不一而又到乙
號廿不日定係正副號廿來子聞係極賤售
脫來價未動仍盡陳布閒摒伊價較新賤
多兼存價又尚多豈能銷新布又聞無錫

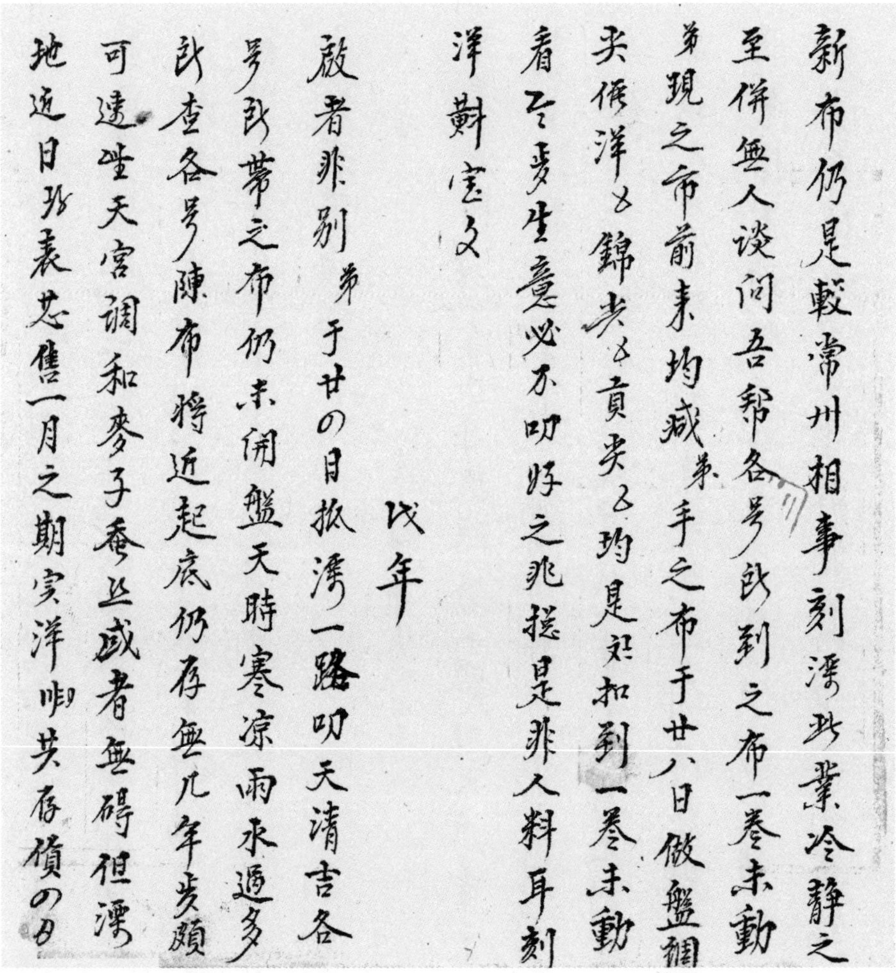

新布仍是較常州相事刻滬此葉冷靜之
至併無人談問吾郡各号之到之布一卷未動
弟現之布前来均藏 弟手之布于廿八日做盤調
矣係洋々錦类々貢类々均是起扣到一卷未動
看乞多生意必不叨好之兆總是非人料耳刻
洋對宝文
戊年
啟者非別 弟于廿の日抵滬一路叨天清吉各
号之帯之布仍未開盤天時寒涼雨水過多
之查各号之陳布将近起底仍存無几年歩頗
可遠些天宫調和麥子番以盛者無碍但滬
地近日北表芯售一月之期实洋𠰌共存債の口

茶亦不銷以前各兄在溧戈少售紙二万石宝文
攸处知用净針头工边絨光不少皮曲絨洋斛宝文
珧洋易足天不照年恐未能次絨光別價未申特字
奉達

戊年

啓者弟自店登舟以來於前月廿四日抵溧陽
一路叨天清吉所帶之布均起程允升少延于初
二日始曾開盤綢貨俱洋叫錦貨叫貴貨朗
均是处知到此發出不過十數子而已吾邦之
布俱須正号々中号々副号々前後共到布
唐千有多發出不外可算為章均層呆局
不少之至緣奈旧載屯在甚足兼售公道以

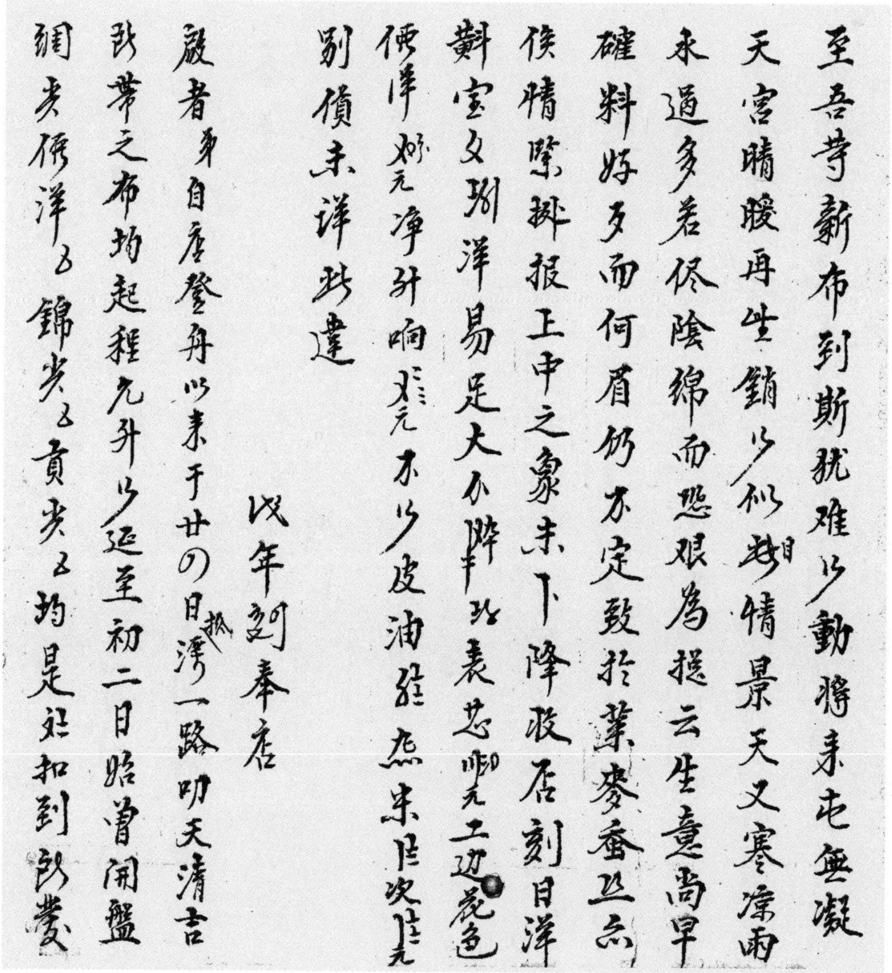
至吾等新布到斯犹难少動將来屯無凝
天宫晴暖再生銷少似此情景天又寒凉雨
水過多若係陰綿而恐艰為提云生意尚早
確料好歹而何眉仍不定致於葉麥蚕丝点
候情際拟報上中之象未卜降跌店刻日洋
對室久刣洋易足大小降表忠元工边花邑
便洋净升响不少皮油忠米次
別債未详此達
戊年刻奉店
啟者多自店登舟以来于廿四日抵一路叨天清吉
所帶之布均起程九升少運至初二日始曾開盤
洞尖洋錦尖貢尖均是到所发

玉不過十數擔而已吾幫之布係頂正号々次正
中号々副号々前後共到布壹千有餘匹處出不
過可餘子均虧累局不少之至緣因旧歲陳布
甚足兼售極賤豈能銷吾新布將來屯積無
凝天宮晴暖再生銷少似目情景天又寒涼雨
水過多若依陰綿而恐損為搖云生意尚早確
料好歹而何眉仍不定至於葉麥蚕亦候晴
緊拚報上中之象未卜降收在刻日洋藩定
又渊洋易足大办牌

戊年月奉金駿

蘇者前々号々足田帶來一音諒必呈到及弟之
布綢光係洋々錦光々貢光々均是姓加到雖

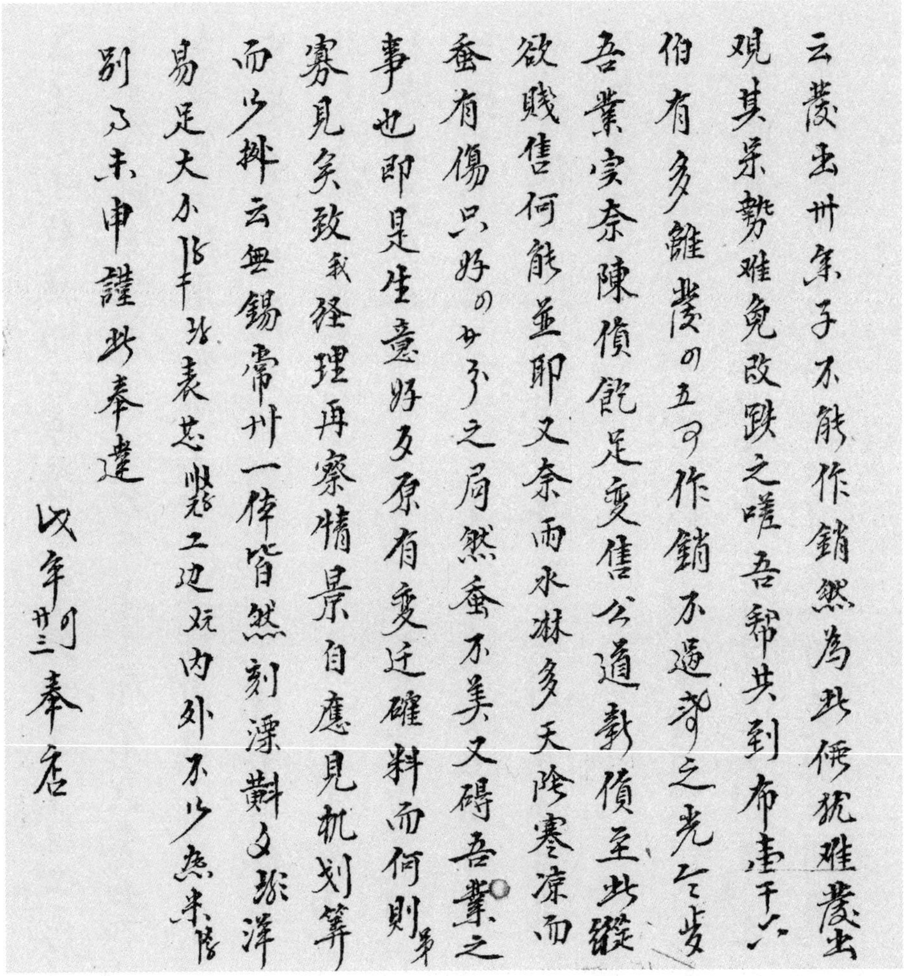
云茧出卅余子不能作銷然為此便犹难茧出
观其呆势难免改跌之嗟吾帮共到布壹千六
佰有多雖茧の五可作銷不過考之光亡步
吾業实奈陳貨飽足变售公道新貨至此縱
欲賤售何能並即又奈雨水淋多天陰寒凉而
蚕有傷只好の廿了之局然蚕不美又碍吾業之
事也即是生意好歹原有变迁碓料而何则弟
寡見矣致我经理再察情景自應見机划算
而少拚云無錫常州一件皆然刻漂斢文张洋
易足大小〤十张表忠〤元工边兑内外不少恐未倍
别乃未申謹此奉達
收年廿三可奉启

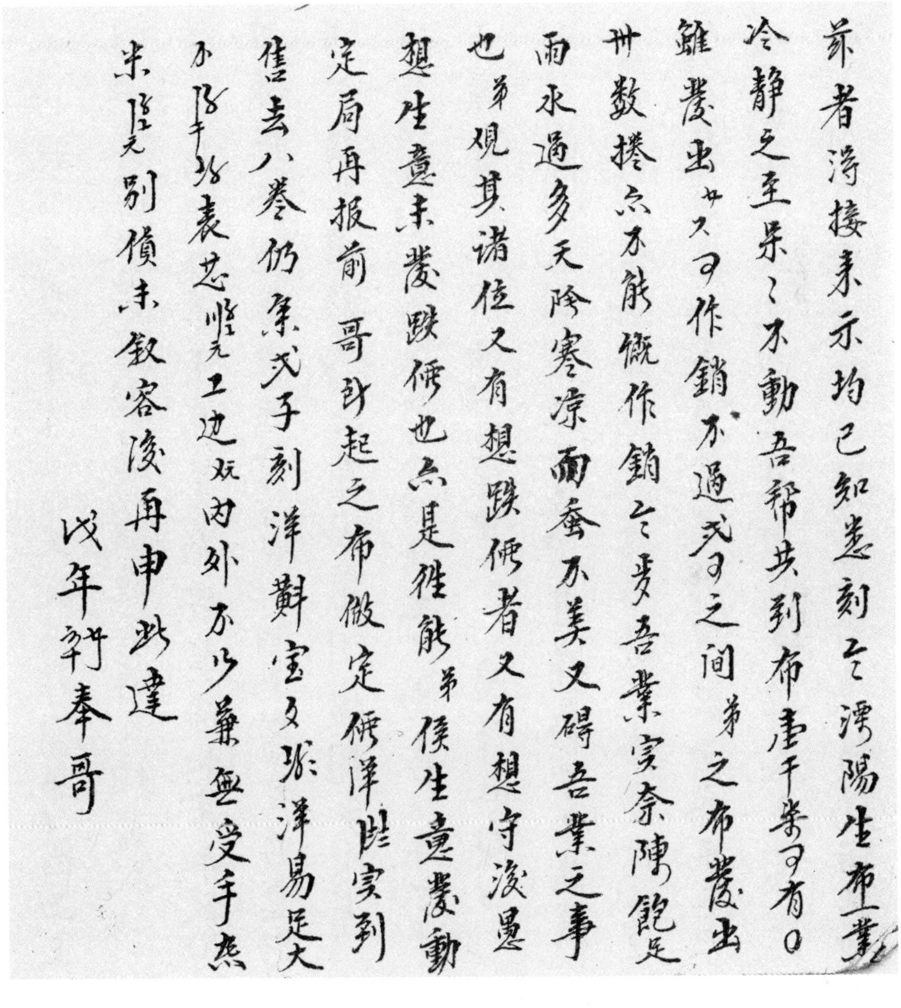
前者得接来示均已知悉刻之溧阳生布一业
冷静之至呆呆不动吾帮共到布庄千数可有○
虽发出廿又可作销不过弍可之间弟之布发出
卅数搭点不能倘作销之步吾业实奈陈钝足
雨水过多天降寒凉而蚕不美又碍吾业之事
也弟观其诸位又有想跌俩者又有想守后愚
想生意未发跌俩也点是难能弟俟生意发动
定局再报前哥到起之布做定俩洋照实到
售去八拳仍系弍手刻洋对宝又涨洋易足大
不限半拾表志惟元工边坑内外亦少兼无受手者
米价元别债未叙容后再申此达
戊年廿奉哥

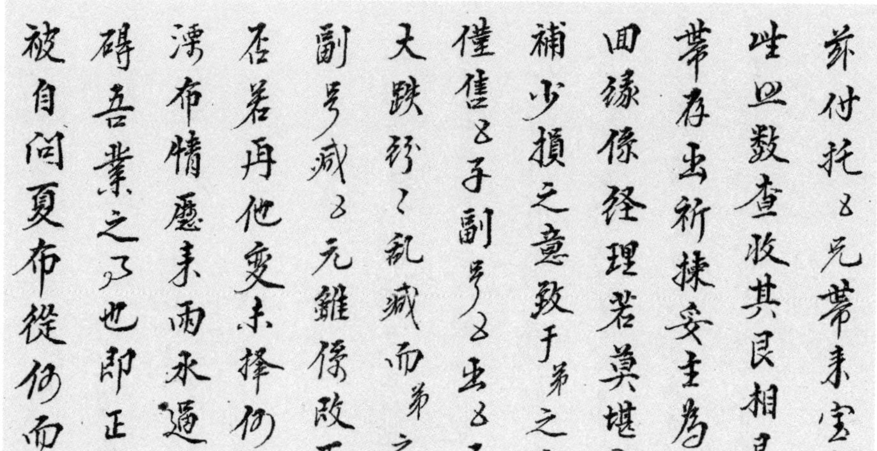
兹付托々兄帶来宝文々大定共计曹平々伯両正
些些数查收其艮相悬々々過和存々須鼎代弟
帶存出祈捒妥主為美為要其項扣来本欲付
回缘條经理若莫堪言是以將此暫托存息耶
補少損之意致于弟之布以前開盤綢共價洋々
僅售々子副号々出々子垛出之下尚存々子二三千
大跌紛々亂藏而弟之正中只得隨伴以跌々元
副号藏々元雖條改下五内甚痛仍未下能出
否若再他變未擇何折還此勢下條抵挽抵但
漂布情歷来雨水過多天時寒涼而蚕不美又
碍吾業之乃也即正夏届日穿棉衣夜盖絮
被自問夏布從何而銷加之前後併瑞州敷昌

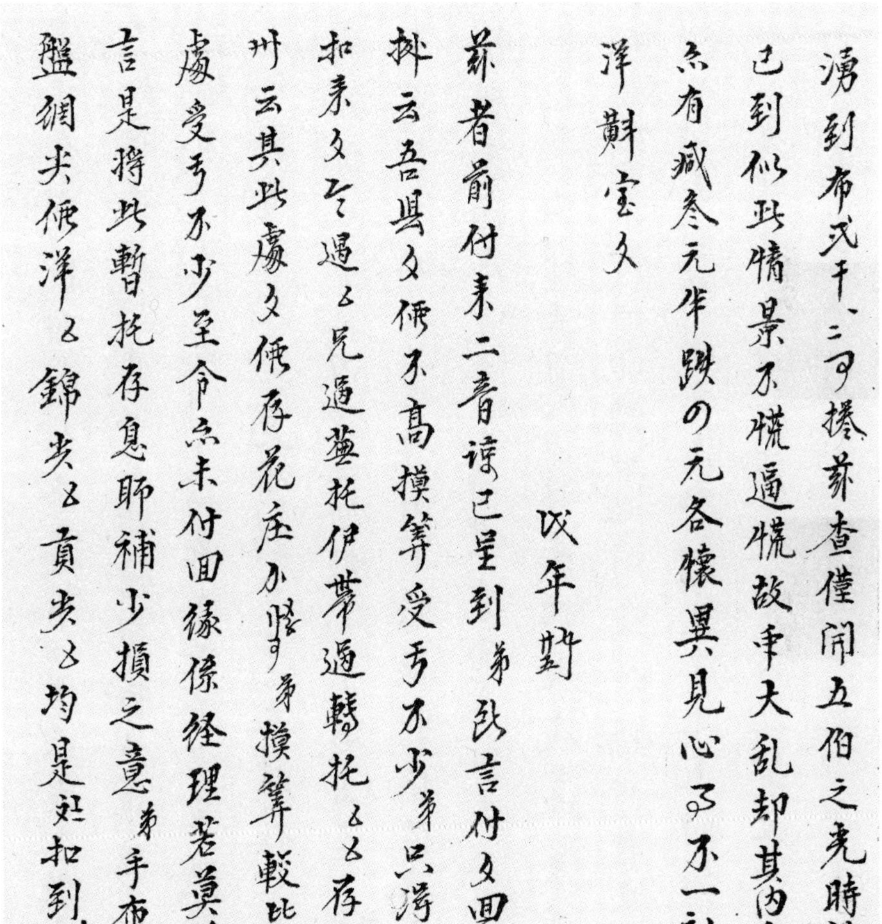

湧到布弍千、二万摻蘇查僅開五佰之先時節
已到似此情景不慌過慌故爭大乱却其内中
亦有藏叁元半跌の元各懐異見心了不一刻
洋對宝久
戊年對
蘇者前付来二音諒已呈到 弟民言付夂四日
抑云吾县夂俩不高摸算受亏不少 弟只得將
扣来夂乞過夂兄過藝托伊帯過轄托夂夂存和
州云其此處夂俩存花庄办賬 弟摸算較比此
處受亏不少至今亦未付回緣係経理若莫堪
言是將此暫扺存息聊補少損之意 弟手布開
盤綢尖俩洋夂錦尖夂貢尖夂均是紅扣到 弟

早日本意欲想放無奈發出〤〤十卷在各鎮市
不知折去若干是以只得將布概少吊轉銷
玉綢尖〤子貢尖〤子仍存之下正中号放跌
〤元副号〤元仍是听銷乙〻年大跌行〻乱
藏雖係跌下五內甚痛仍未下能出店若再
他变未擇何折遇此勢下慘極愧極但漂布
情歷来雨水過多天時寒凉而蚕不美又碍吾
業之事也即正夏届日穿棉衣夜盖絮被
自問夏布從何而銷加之前後併瑞州欽昌湯
到布弍千〻〻伯子蘇查僅開五月之光時節已
到似此情景不慌遍慌故年大乱却其內中
亦有藏三元半跌の元各懷異見心事不一

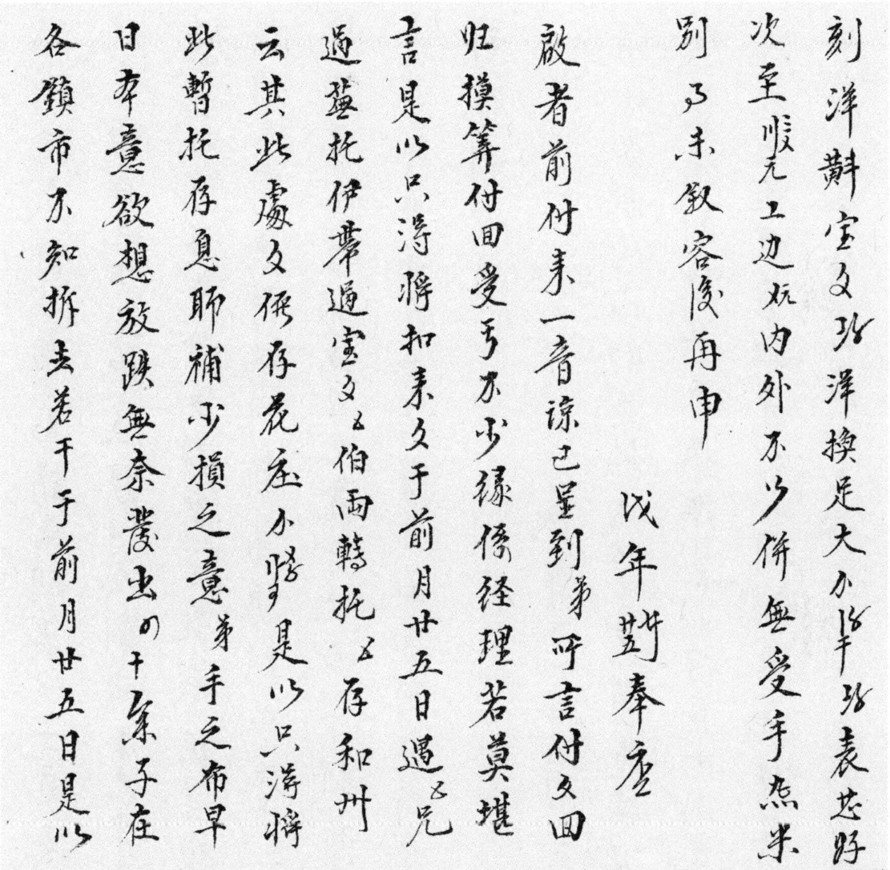
刻洋對宝文北洋换足大小北洋北表茫好債吡
次至假元工边坑内外不少併無受手焦米乍元
别乃未叙容後再申
戊年廿對奉唐
啟者前付来一音諒已呈到弟所言付文回
歸模算付回愛手不少緣係經理若莫堪
言是以只得將和来文于前月廿五日還々兄
遁藝托伊帶遁宝文々伯西轉托々存和州
云其此處文係存花庄小號是以只得將
此暫托存息聊補少損之意弟手之布早
日本意欲想放跌無奈裝出四十條子在
各鎮市不知拆去若干于前月廿五日是以

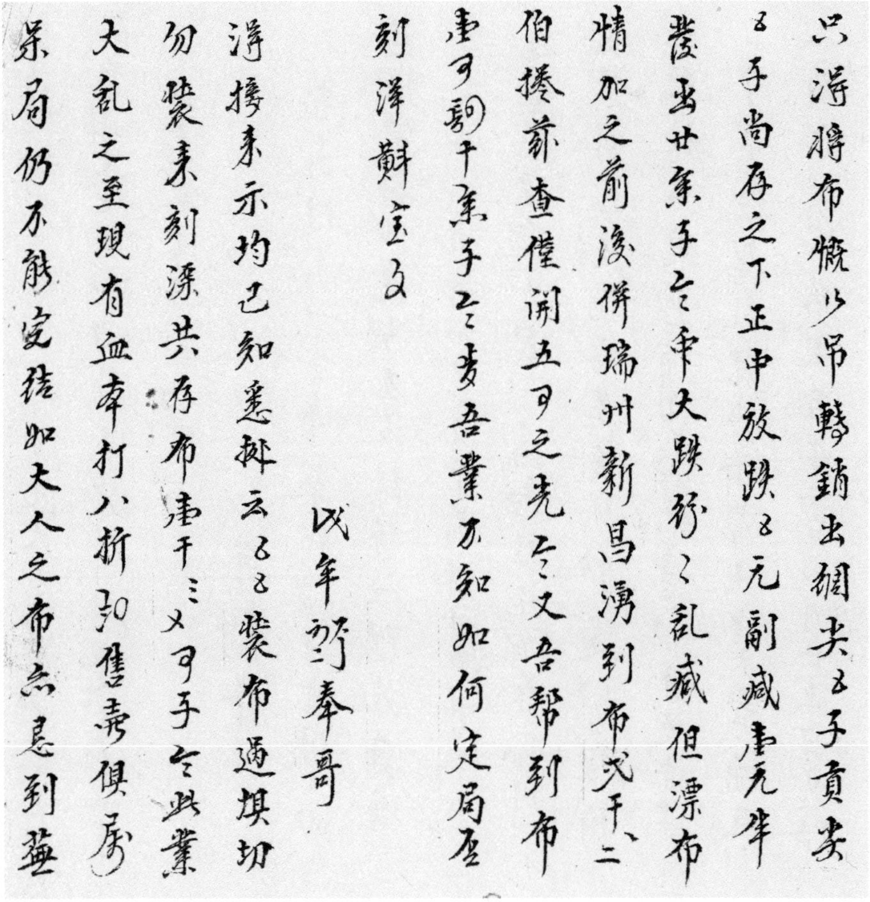
只得將布概少吊轉銷出閩矣五子貢矣
五子尚存之下正中放跌五元副藏庄元半
發出廿余手〻半大跌紛〻乱藏但漂布
情加之前後併瑞州新昌湧到布弍千〻二
伯搀爺查僅開五可之光〻文吾帮到布
庄可駒千余手〻步吾業不知如何定局否
刻洋斟宜又
戊年於奉哥
得搀來亦均已知悉擬云五五裝布過期切
勿裝來刻漂共存布庄千三又可手〻此業
大乱之至現有血本打八折知售毒俱房
呆局仍不能定結如大人之布亦悬到藝

放俾售脱便美晚想裳来一尔是好事否晚
手布放盤之後發去廿余子仍是听鋪不能
全作出尚存之布晚想不能与列位全跌無法
只得之之將布与少裝往各鎮見机看可能售
脱否如不能售脱一不知何辦定局别債未申
以前相事謹此奉達

戊年舒奉賡伯公

啟者前初三日奉來一音諒已呈到刻溧併
瑞州新昌共存布九佰卷之普之此業大亂
之致跌之減下較開盤跌五厘五厘半八厘
不等弟之布本意欲想不跌無奈時節已到
只得自經理蒙相契指引至本街安主鋪家

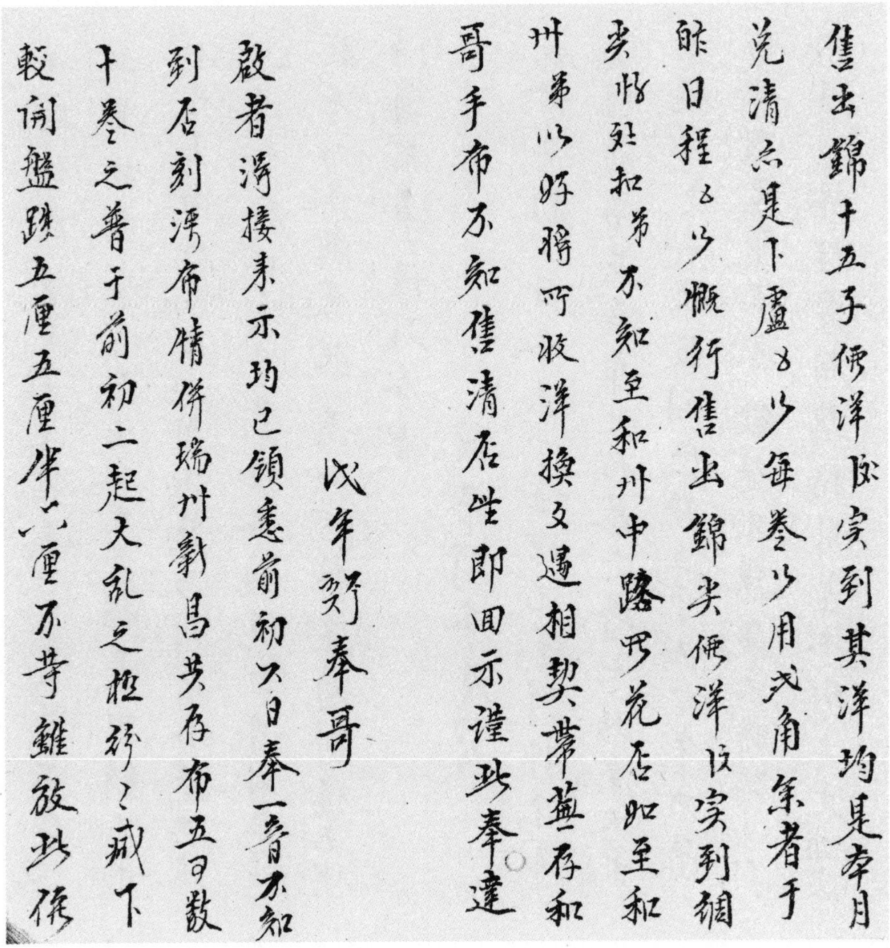

售出錦十五子便洋以实到其洋均是本月
兑清亦是下盧々少每巻少用弍角条者于
昨日程々少概行售出錦共便洋以实到詢
共收殆和弟不知至和州中路所花否如至和
州弟以好将所收洋换又遇相契帶並存和
哥手布不知售清否望即回示謹此奉達
戊年頓奉哥
啟者潯接来示均已領悉前初八日奉一音不知
到否刻潯布情併瑞州剩昌共存布五百数
十巻之普于前初二起大乱之极殆々藏下
較閙盤跌五厘五厘伴六厘不等雖放此依

街上生意仍属清静弟之布本意欲想就
不能与列位並躜無奈時節已到兼天寒凉
雨水又霖霖無法只得自徑理蒙指引至本街
妥至舖售出錦貨十五手價洋照實到其洋
均是本月先清俱是下盧己以每卷用不痛
来者于初五日程己以概以售出鋼貨收処扣
錦貨佼家到弟不知至和州中路丙花店如
至和州以好將所收洋换文遇相契帶藝店
和坐郎祈回示弟以好調理哥手之布諒必
售清乙乙洋蘇寶文欺洋易足大不能半張表
悉照工迚收至惟不以兼無受者别貨未
由以前相事此達

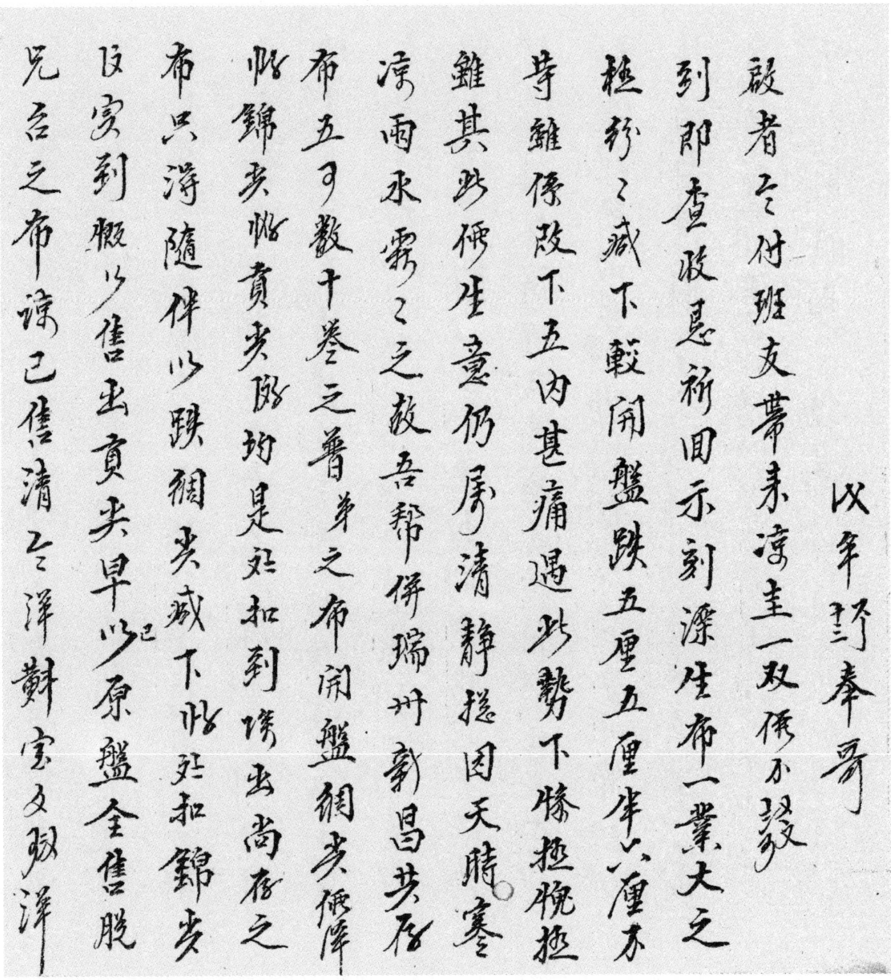

以年訏奉哥
啟者〻付班支帶來滚圭一双係分發
到即查收悉祈回示刻滚生布一業〻大之
極行〻藏下較開盤跌五厘五厘半六厘不
等雖係改下五内甚痛過此勢下條極悅極
雖其此便生意仍屬清靜拖因天晴塞
滚雨水霧〻之故吾帮併瑞州新昌共存
貨錦夾貨貴夾除均是照扣到埃出尚存之
布五寸數十卷之普弟之布開盤綢夾便庠
布只滑隨伴以跌綢夾減下貨照扣錦夾
及实到概少售出貨夾早以已原盤全售脫
兄台之布滚已售清〻洋對實文双洋

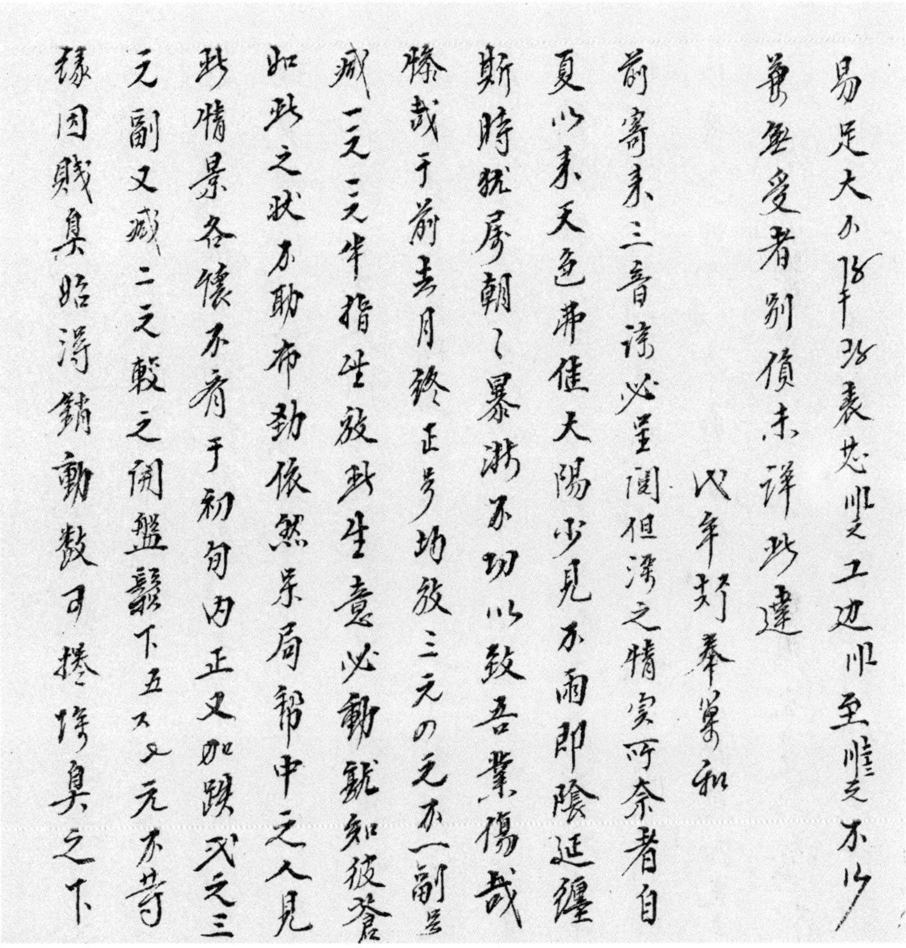

易足大小隊伍表忠忱之工邊川至惟之不少
兼垂愛者別債未詳此達
以年幷奉菓和
前寄來三音諒必呈閱但深之情實所奈者自
夏以來天色沸催大陽少見不雨即陰延纏
斯時猶屬朝朝暴漲不切以致吾業傷哉
慘哉于前去月終正號均放三元の元不一副呈
減一元二元半指望放此生意必動就知彼蒼
如此之狀不助布勁依然呆局幫中之人見
此情景各懷不育于初旬內正又加跌弍元三
元副又減二元較之開盤跌下五元又元不苛
緣因賤息始得銷動數可攬倚息之下

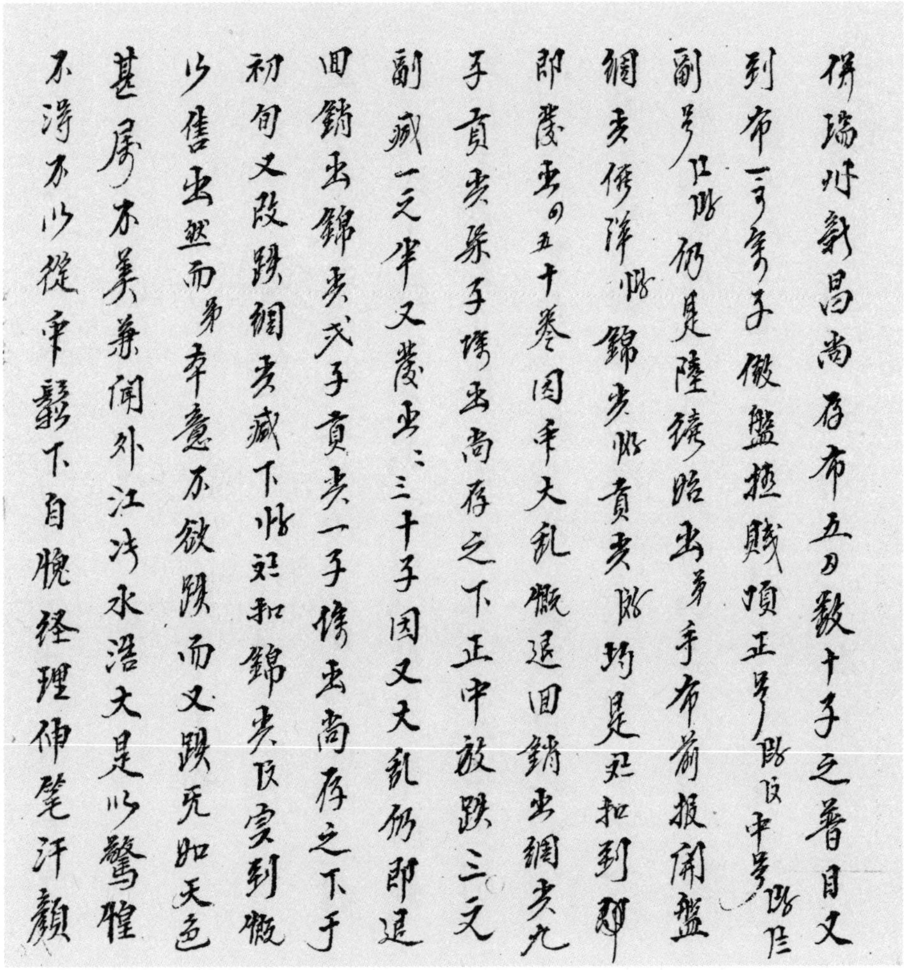
併瑞升新昌尚存布五月數十子之普自又
到布一子等手微盤撞賤頃正号路及中号路尽
副号及路仍是陸續路出号手布前服開盤
绸貨係降路錦步路貢貨路均是丑扣到郡
即發出四五十卷因年大亂慨退回銷出绸貨九
子貢貨條子條出尚存之下正中放跌三之
副藏一之半又發出三三十子因又大亂仍即退
回銷出錦貨弍子貢貨一子條出尚存之下于
初旬又段跌绸貨藏下路丑扣錦貨及實到慨
少售出然而弟本意不欲跌而又跌究如天造
甚屬不美兼閑外江汚水潞大是以驚惶
不得不以從牢鬆下自愧經理伸筆汗顏

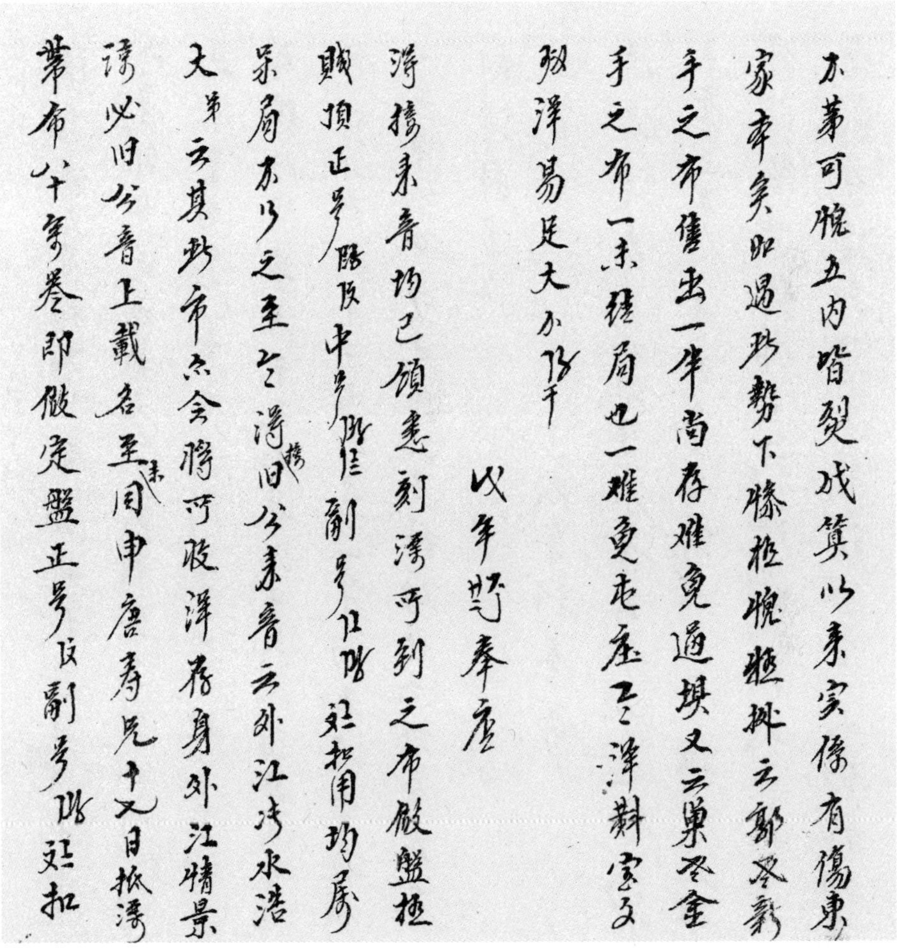

亦第可愧五内皆裂成冀以来实系有伤东
家本矣如过此势下條推愧难挪云鄙公親
手之布僅出一半尚存难免遇损又云巢公全
手之布一未经眉也一难更无虚工之洋斛实久
驳洋易足大办附平
以年懋奉虔
滬揚来音均已领悉刻沪所到之布做盘植
賤損正号（路改中号）（改作）副号（仍改）廷扣用均属
呆眉亦以之至亡滬（揚）旧公来音云外江汽水浩
大（第）云其此布亦会将所改洋存身外江情景
諒必旧公音上载名至（来）周申唐寿兄十又日抵滬
带布八千余卷即做定盘正号改副号（改）廷扣

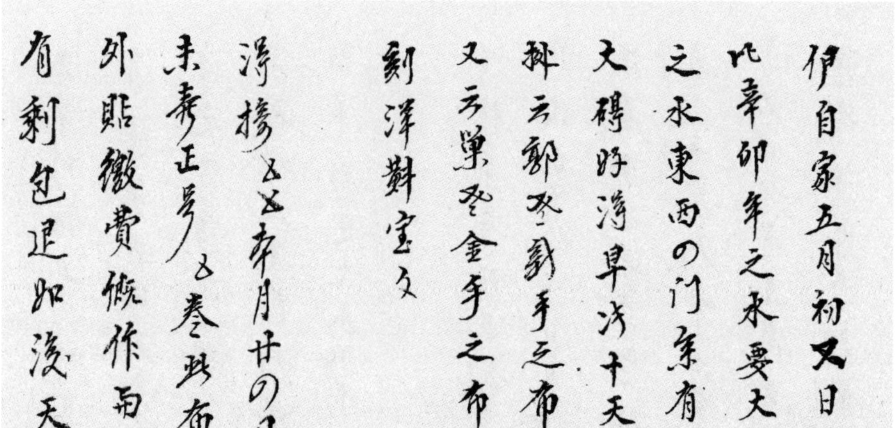

伊自家五月初又日動身搬报吾县对浒水浩大
比辛卯年之水要大三义尺我家上塘亦有八九寸
之水東西の门亦有南门受手不輕禾苗都不
大碍好湾旱浒十天如遅浒十天禾苗受手不輕
搬云郭登戴手之布售出一半尚存难免過填
又云巢登金手之布一朿佳府也亦难免疙疮
刘洋對宝文
戊年将奉哥
浮揚ㄠㄠ本月廿の日来音云伊手之布尚存
未奉正号 ㄠ叁与布日前已大手血本九折
外贴徵费低作南湾沁允大茂盛二少代奉
有剩包退如後天晴该可全完仍存细共

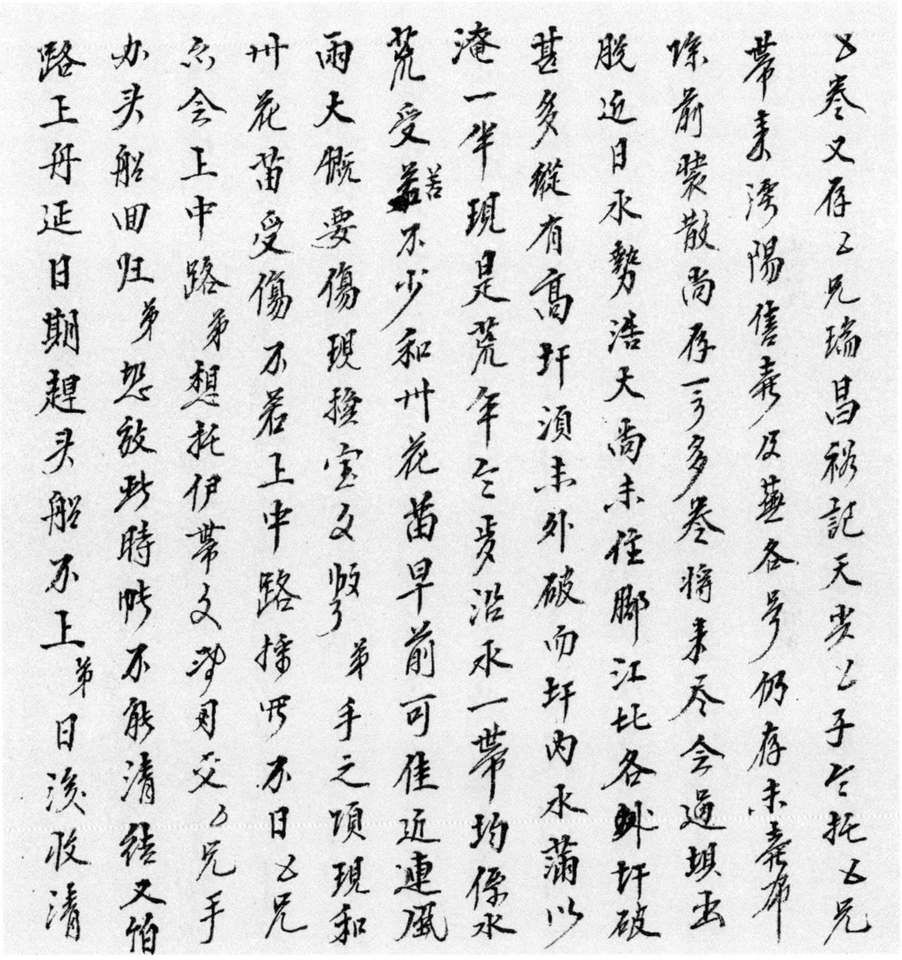
又卷又存〃兄瑞昌税記天字〃千〃托〃兄
帶來濟陽售壽〃及無各号仍存未壽布
除前裝散尚存一千多卷將來冬会通壩去
脫近日水勢浩大尚未往脚江圪各处圩破
甚多縱有高圩須未外破而圩内水滿〃以
淹一半現是荒年〃〃费沿水一帶均像水
荒受着善不少和卅花苗早前可值近連風
雨大概要傷現撞室文悞了　弟手之頃現和
卅花苗受傷不着上中路揺〃不日〃兄
〃〃会上中路　弟想托伊帯文發用交〃兄手
办头船回归　弟想放此時〃不能清结又怕
路上舟延日期趕头船不上　弟日後收清

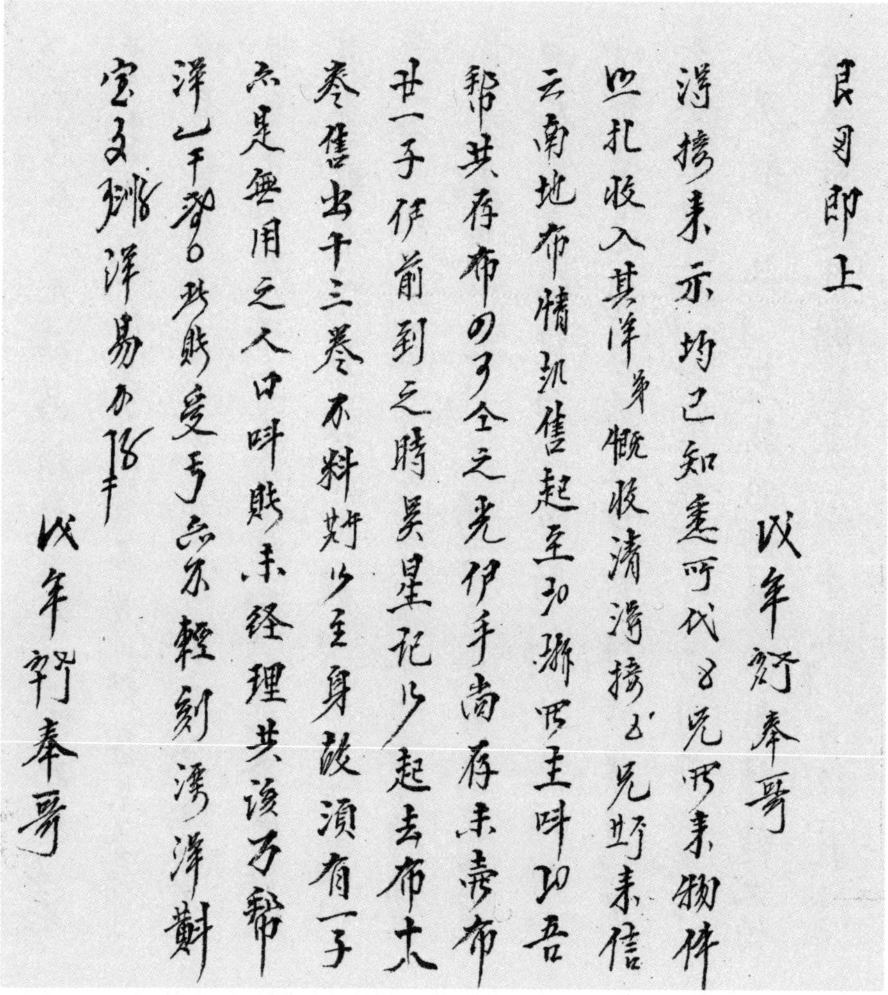

良习郎上

戊年舒奉哥

溽揆来示均已知悉所代买兄所来物件

四扎收入其洋弟概收清溽揆兄好来信

云南地布情形售起至加圳所主咁卯吾

帮共存布四千全之光伊手尚存未売布

廿一手伊前到之时吴星记少起去布太

参售出千三卷不料对少至身故须有一千

亦是无用之人口咁账未经理共该千帮

洋乚千登〇我账受乎亦不轻刻溪洋对

宝文料洋易办7千

戊年舒奉哥

啟者無别蒙寄付來物件照數收入
諸事有勞容後面謝漕弟無洲上下
水勢較大較之十、三年及廿一年頂大之
水仍高二三寸尚未住脚現弟西門
城外何衙各處水淹高低圩堤俱行
破盡可剩金寶圩未毀後來難保全
現在各處荒民極苦俟少逃去些意
均各清靜各色貨價目難動聞過
此荒年無可奈何刻無宝文辦洋
對宝文匯方和卅花畄依外假無高處
近云竟好又八分畄稼未下後來即
弟繼好然價出極遲揺難候办現接

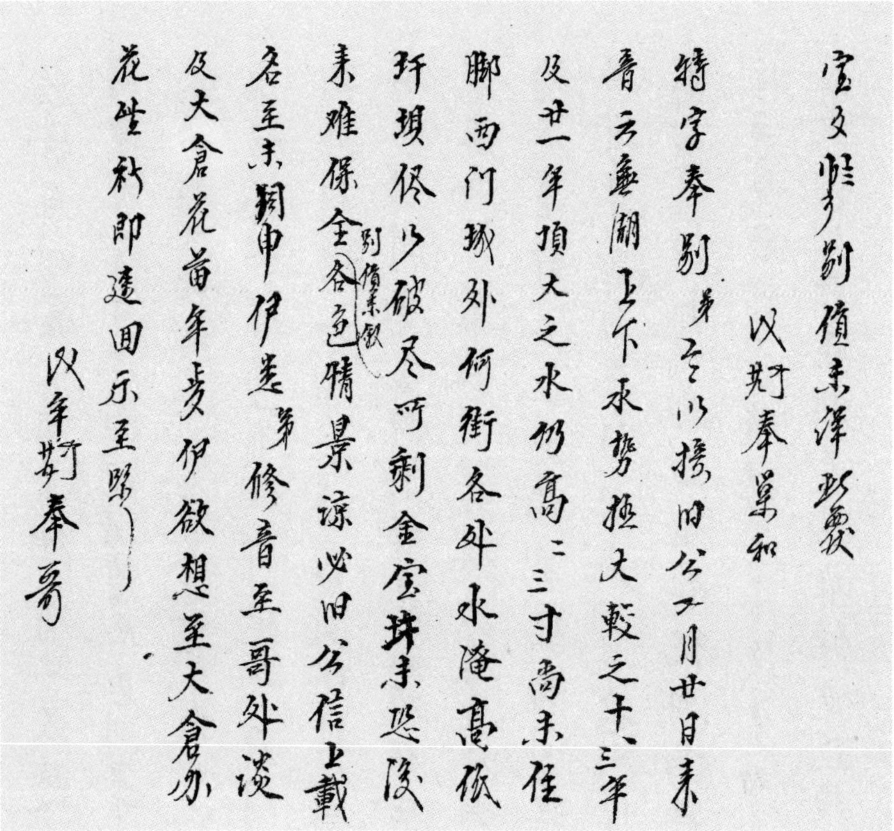

宝文贤侄刘价来洋收阅
以珩奉草和
特字奉别 弟于以接旧公五月廿日来
音云垂潮上下水势极大较之十、三年
及廿一年顶大之水仍高二三寸尚未住
脚西门城外何街各处水淹甚低
圩坝俱少破尽可剩金宝珠未恐后
未难保全各（刘价来叙）色情景谅必旧公信上载
各至未到申伊差 第 修音至哥处谈
及大仓花苗年岁伊欲想至大仓办
花坐秋即远回乐至照
以年珩奉寄

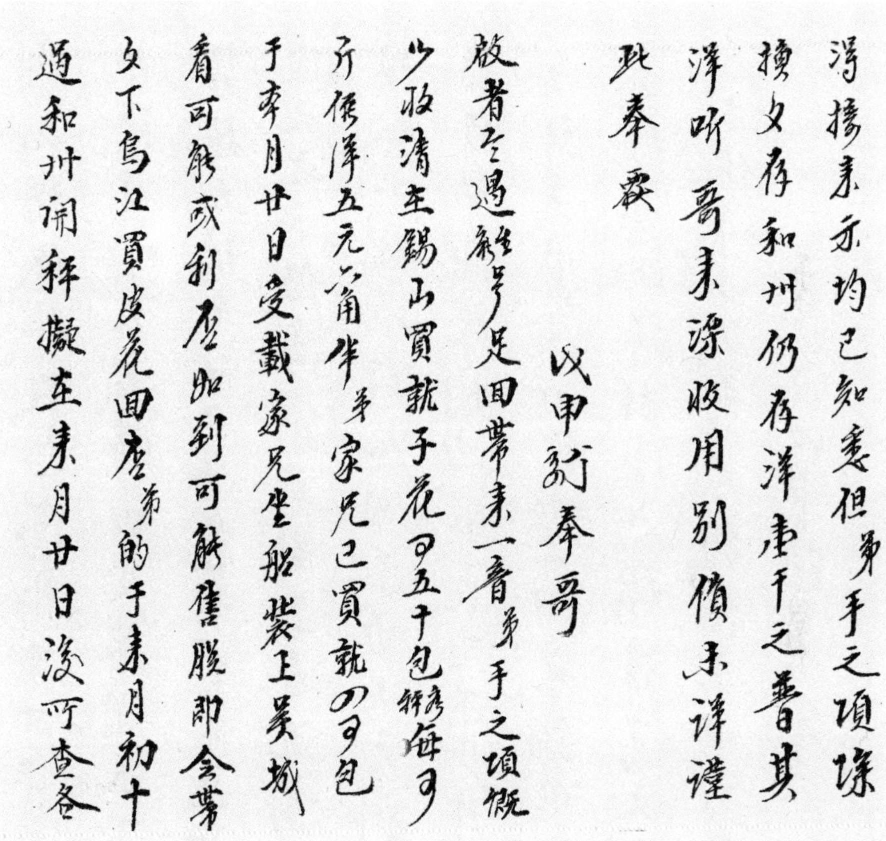
得接來示均已知悉但弟手之項條
擬欠存和州仍存洋壹千之譜其
洋所哥未源收用別債未詳謹
此奉覆
戊申新奉哥
啟者茲遇船戶足田帶來一音弟手之項慨
少收清在錫山買就手花可五千包拼存每可
斤係洋五元六角半弟家兄已買就的可包
于本月廿日交載家兄坐船裝上吳城
看可能或利否如到可能售脫即全帶
交下烏江買皮花田否弟的于本月初十
過和州閘拜擬在本月廿日後可查各

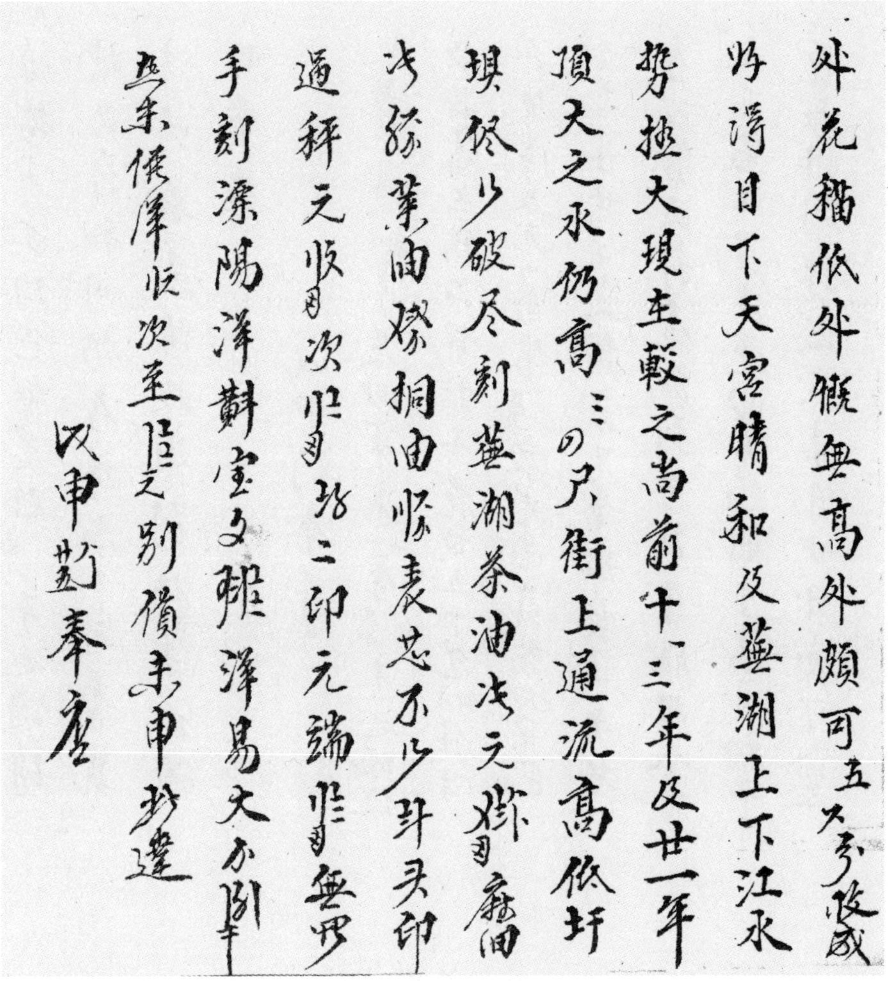

蘇者弟自啟登舟以來於前月初九日抵
溧陽一路叨天清泰所帶之布起去稱允升
少卅餘方勝昌少好開盤本處係澤作開
處小買處作惠記京莊陽均是双張和豐
澤此處出〇十餘卷仍是所銷吾幫此到
布處千餘卷之譜雖云處出〇五佰卷作銷
亦過處有數十卷而已做盤頂正莊〇作
中莊〇作五佰作副莊〇陽莊則次〇卷件就難處
至吾業實奈陽價能足豈能銷吾就價
早前年者可敘又八分之局又奈本月初〇
日微紅來依外豆餘概無高外頗可五六分
蚕已大傷只將三又分之局吾業如目下天寒

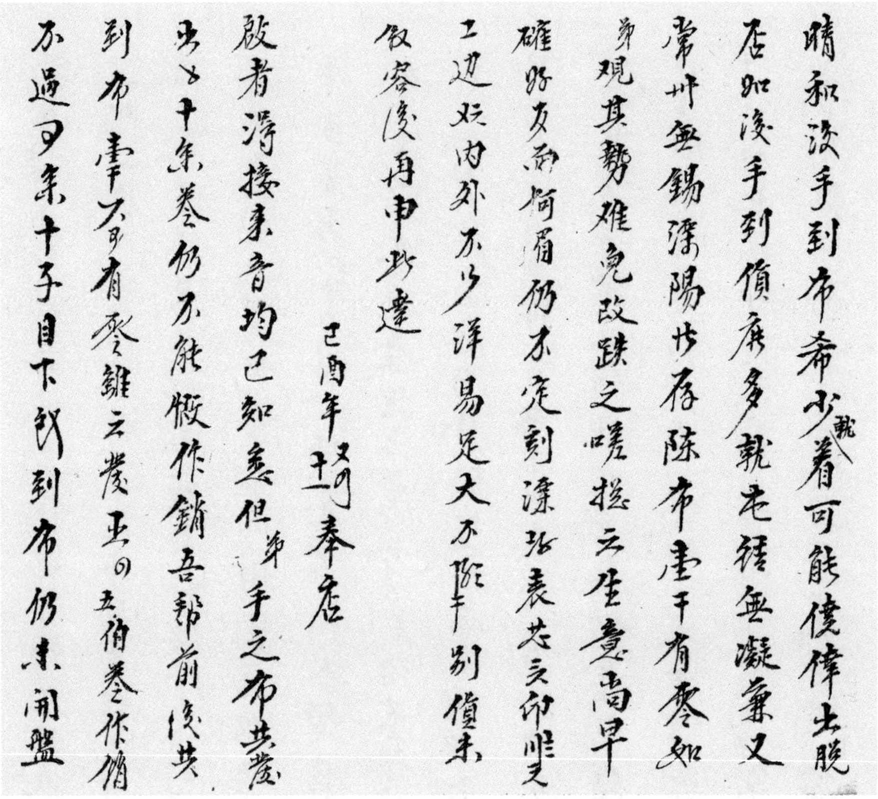
晴和後手到布希少眈着可能僕偉出脱
店如後手到貨庶多眈屯钱無凝棄又
常州無錫溧陽步存陳布盡干有參如
弟观其势难免跌之嗟揺之生意尚早
確路友而何眉仍不定刻溧北表光文印非之
工边妖内外不少洋易足大不附干别復来
叙容後再申此達
己酉年十一月奉店
啟者潯接来音均已知悉但弟手之布共發
出七十余卷仍不能做作銷吾郡前後共
到布盡有參雖云發出四五佰卷作價
不過刁来十千目下所到布仍未開盤

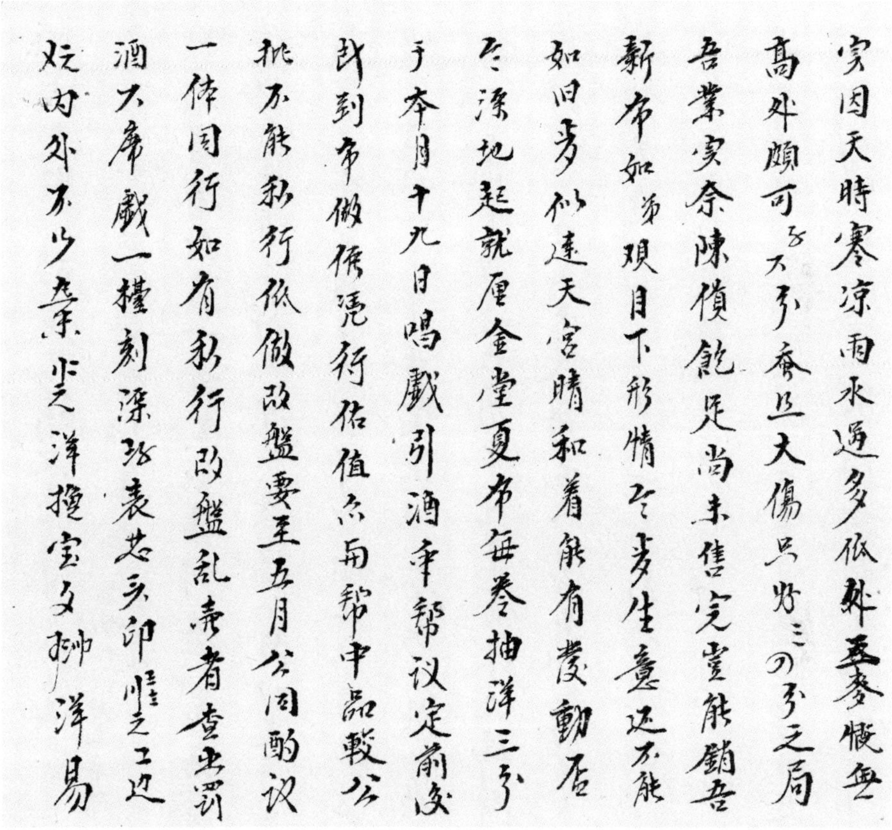
實因天時寒涼雨水過多依外丢麥帳無
高外頗可又不了春及大傷只好三分了之局
吾業實奈陳貨飽足尚未售完豈能銷吾
新布如弟艱目下形情之多生意还不能
如旧步似遠天客晴和着能有發動否
之深地起就压金堂夏布每卷抽洋三分
于本月十九日唱戲引酒幸幫议定前後
此到布做係憑行估值今由幫中品較公
批不能私行依做改盤要至五月公同酌议
一律同行如有私行改盤乱賣者查出罰
酒六席戲一檯刻深砑表忠矢印惟之工迄
好内外不少奈米之洋捷宝文抄洋易

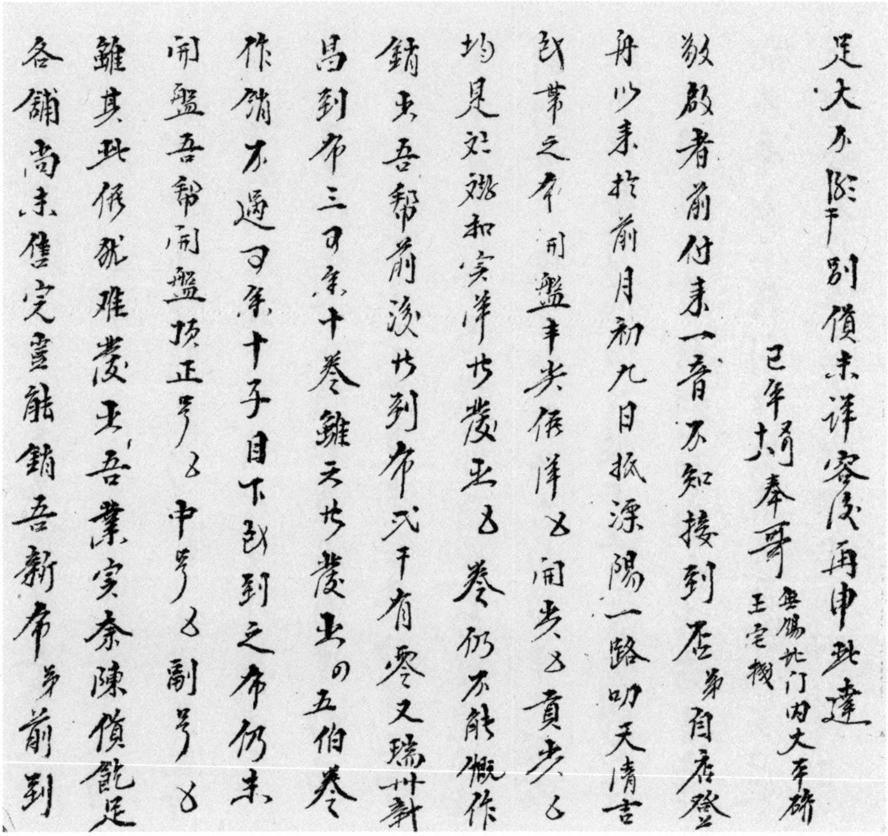
足大不敷于别價未详容後再申致達
已年靖奉哥 無錫北门内大丰號 王宅機
敬啟者前付來一音不知接到否弟自存登
舟以來於前月初九日抵溧陽一路叨天清吉
所帶之布開盤半與倸洋々開與々貢與々
均是兑洋和實洋歩發出々叁仍不能概作
銷出吾幫前後歩到布弍千有零又瑞卅斛
高到布三千余十叁雖云歩發出四五伯叁
作銷不過千余十子目下所到之布仍未
開盤吾幫開盤抄正号々中号々副号々
雖其此倸難發出吾業實奈陳價能足
各舖尚未售完豈能銷吾新布弟前到

之時年貨可稱又八分措出銷去陳布新
布必發又誰知後來雨水霖〻天時寒涼
又奈本月初四日淪水似外豆麥少遭傷價[illegible]高
外頗可至不分蠶豆大傷只好三四分之局近
來半月各少布一卷未動兼前所進之布
亦且退回街上生意冷靜之極如觀目下
情景至貨吾業生意不知如可折和結局前
年主存所言買二郡布下來要又見送下
不知何來否知何來出見着能上面好些
悉祈高財調為出脫切勿裝下至緊〻
掛云常行無償生意而深一倍皆然刻深
表其云即將之無何手工迎收內外不少洋換

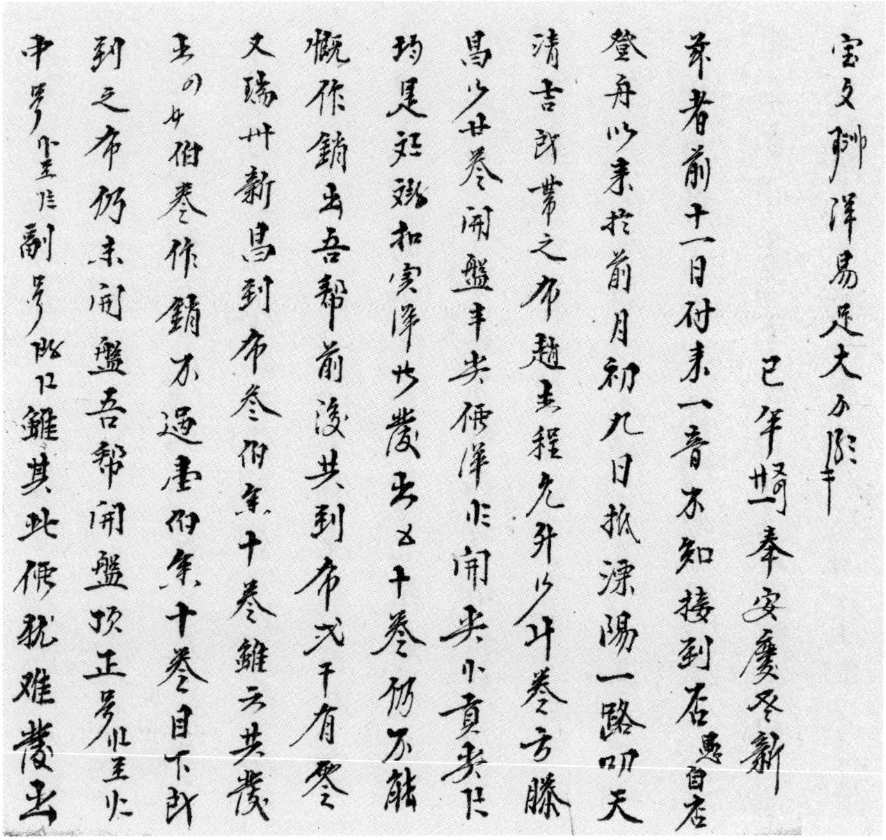

宝文[illegible]洋易足大[illegible]
巳年[illegible]奉安慶冬新
前者前十一日付來一音不知接到否愚自在
登舟以來於前月初九日抵溧陽一路叨天
清吉我帶之布趁去程九升少廿叁方滕
昌少廿叁開盤丰尖便洋作開尖小貢尖只
均是延遲和實洋兌發去五十叁仍不能
概作銷去吾幫前後共到布弍千有零
文瑞卅新昌到布叁佰余十叁雖云共發
去四五佰叁作銷不過叁佰余十叁目下我
到之布仍未開盤吾幫開盤須正月廿五
中另小盤作副另[illegible]雖其此便就難發去

吾業實奈陳貨足各鋪尚未售完豈能銷
吾新布多前到之時年歩可称又八分措
坐銷去陳布新布必費又誰知淩來雨水
霖霖天時寒涼又奈本月初九日倫水依
外豆麥概少淹傷高外頗可以大分蚕豆
大傷只好三四分之局近來半月各少布上
叁未動兼前我進之布亦且退回街上生
意冷靜之極如觀目下情景今分吾業
不知如何拆扣結局前還主店我言所
二郭布下來不知所就店如其未所莫奈知
其所就下來還早少有音向郭各新要
伊切勿下來着能安慶好些可能售脫

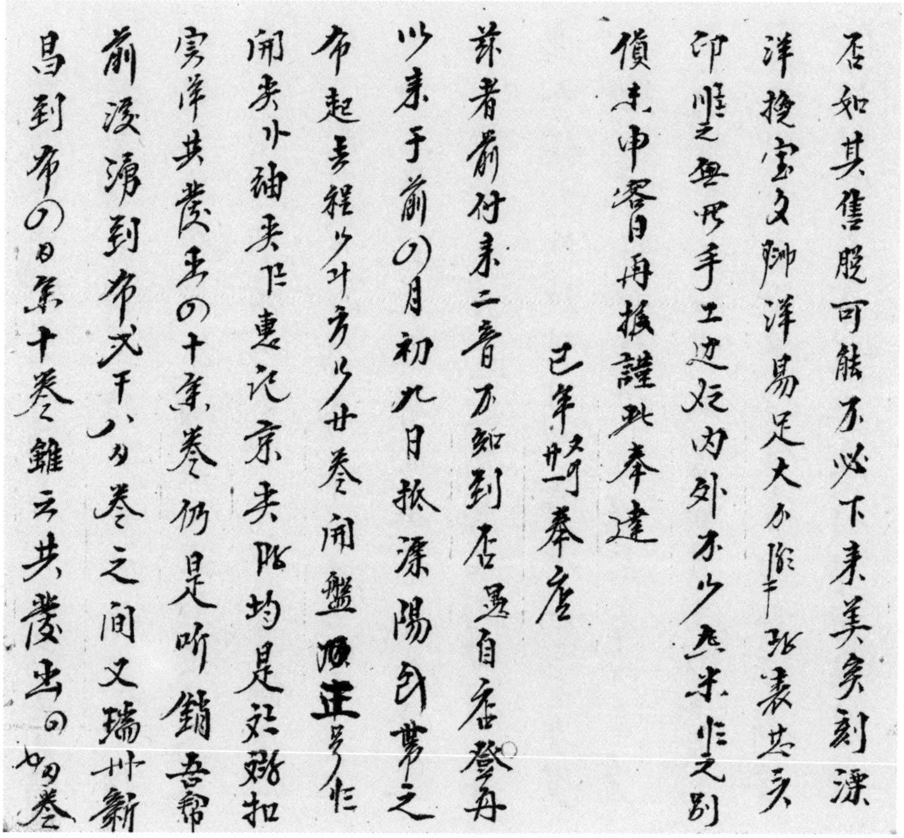

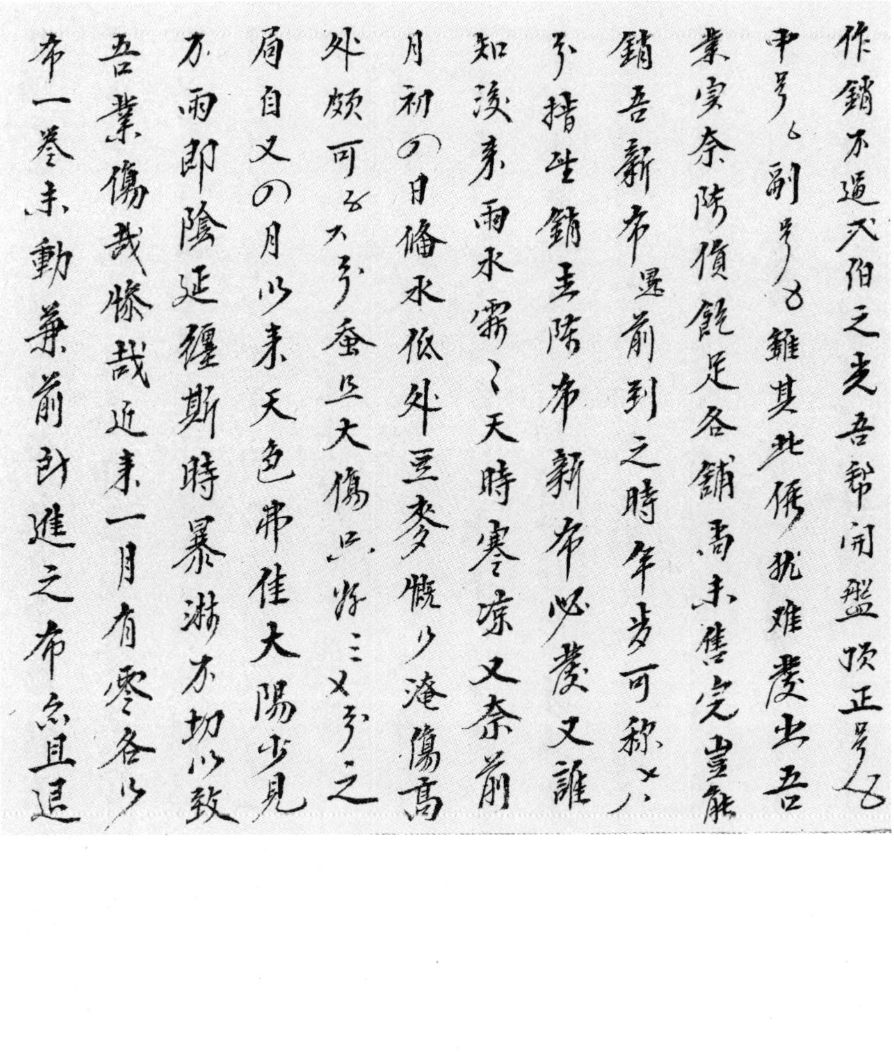

作銷不過尺佰之先吾邦開盤頭正号么
中号ゝ副号ゝ雖其此係犹难慶出吾
業实奈陸貨銳足各鋪尚未售完豈能
銷吾新布還前到之時年步可稱又入
矛措坐銷去陸布新布必慶又誰
知後來雨水霧ゝ天時寒凉又奈前
月初の日倫水低外豆麥慨少淹傷高
外頗可么大矛蚕豆大傷只将三又矛之
間自又の月以来天色弗佳大陽少見
不雨即陰延纏斯時暴漲不切以致
吾業傷哉惨哉近来一月有零各少
布一卷未動兼前所進之布亦且退

回思于廿又八日浮將布概少吊韓銷出
丰尖ㄨ卷開尖ㄨ卷細尖ㄨ卷惠記京
尖ㄨ卷涞出尚存之下正中号放跌ㄨ
副号ㄨ吾幫拔正中均放ㄨ副藏ㄨ不一
雖放取價亦無受手縱欲文錢售價
無人銷十卷八卷亦銷不過二三卷吾幫
諸位售出二三卷甚者多售出十數不過三四
家拟云無錫常州均皆一停之步吾業
不知如何拆扣結局拟云列之又之者從自
古以來乾汙水荒亦有價無之步之
勢前思左右武言買二幫布下來不
知何來否如其未買美矣倘其何來

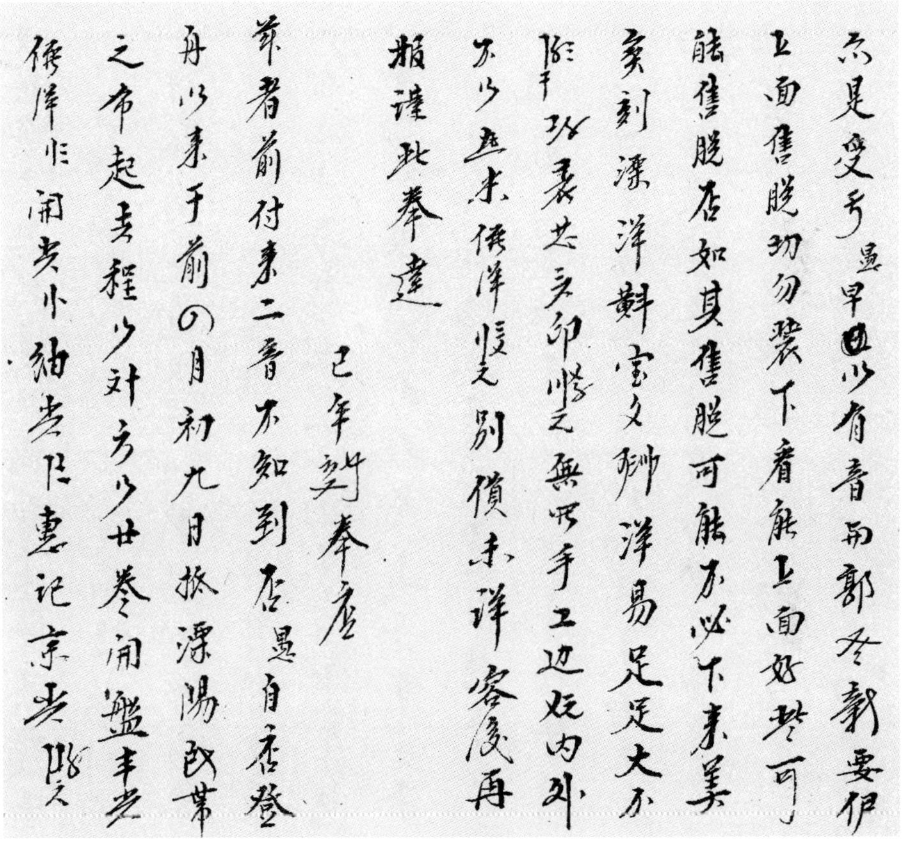

亦是要事 盖早由少有音而鄗冬新要伊
上面售脱功勿装下看能上面如此可
能售脱否如其售脱可能否必不来矣
实刻漂洋对宝文办洋易足足大不
附于此表其多印制之无限手工边沿内外
不少画来依洋悦之别价未详容后再
报谨此奉达
己年对奉启
昨者前付来二书不知到否 盖自否登
舟以来于前の月初九日抵溧阳所带
之布起去程少对方少廿卷开盘丰先
依洋作开发小结出时尽记京出账

祿記貢安[illegible]均是知派扣实洋共发出
〇千余卷仍是听销吾帮前后涉到布
式千八伯卷之间又瑞州新昌到布〇五余
十卷虽云共发出四千伯卷作销不过
式伯之.是吾帮开盘扣正[illegible]中[illegible]
副[illegible]虽其[illegible]仍[illegible]难发出吾业实奈
貨防能足各铺尚未售脱宣能销吾敝
布是前到之時年岁可称又八[illegible]措坐销
去陆貨敝布必发又谁知後来雨水雾
々天時寒凉又奈前月初の日倫水依
外豆麦俱少淹伤高外烦可[illegible]太[illegible]
蚕豆大伤只好三又[illegible]之局自又の月少

来天色弗佳大陽少見不雨即陰延纏
斯時暴漲不切少致吾業傷哉慘哉
近来一月有零各少布一疋未動兼前
所進之布亦且退回還于廿又八只湾將
布概少吊轉銷出丰尖弍子開尖妻子
細尖弍子京尖弍子貢尖九子除出尚存
之下正中号放跌弍之半副号減弍元
吾帮頂正号均放弍叁之弍元半叁元副号
減弍元弍元半不一雖放此價亦無受手
縱欲又賤售併無人销十疋八疋弍銷
不過〃三疋者吾帮諸位售出〃三疋者
多售脱十数者不過〃〃家掛云常

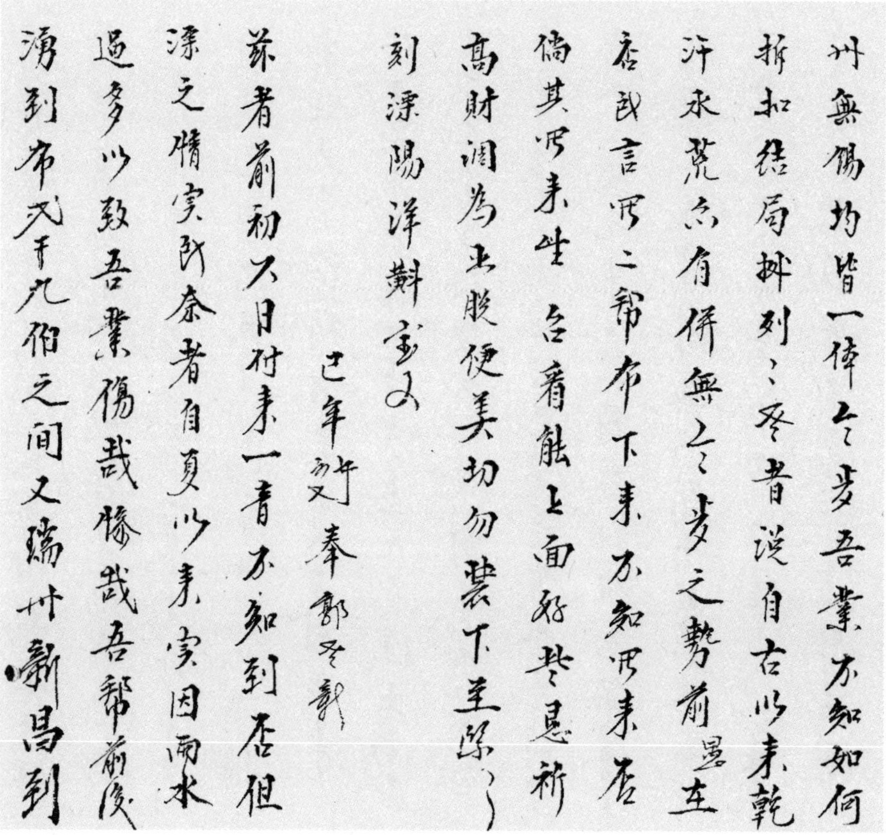

卅無傷均皆一律々步吾業不知如何
拆扣結局排列、、冬昔從自古以來乾
汗永荒亦有併無々步之勢前曇左
店所言所二帮布下来不知所來店
倘其所来坐 台看能上面好些恳祈
高財润為出股便美切勿裳下之際、、
刻溧陽洋斛宝号
己年初又奉郡冬毅
蘇者前初不日付来一青不知到店但
溧之情实所奈者自夏以来实因雨水
過多以致吾業傷哉惨哉吾帮前後
湧到布貳千九佰之间又瑞州新昌到

布〢伯余十卷并查僅開弍佰数十卷
之光吾郡諸位只々號售出柒十余卷
余者售々三卷者多售出十數者亦通
三五家近來一月有零各少布一卷未動
棄前所進之布亦且退回弟手布開盤半
吳縣洋々開吳々綢吳々惠記京炎々秘
記貢炎々步豐吳々十余卷于前月底
只得將布概少吊轉銷出半炎々卷
開炎又卷緬步々卷惠記京炎々卷秘
記貢炎々卷除出尚存之下正中號敘
群弍元半副號藏弍元秘記貢炎藏
壹元半步豐出十余卷此布一卷等

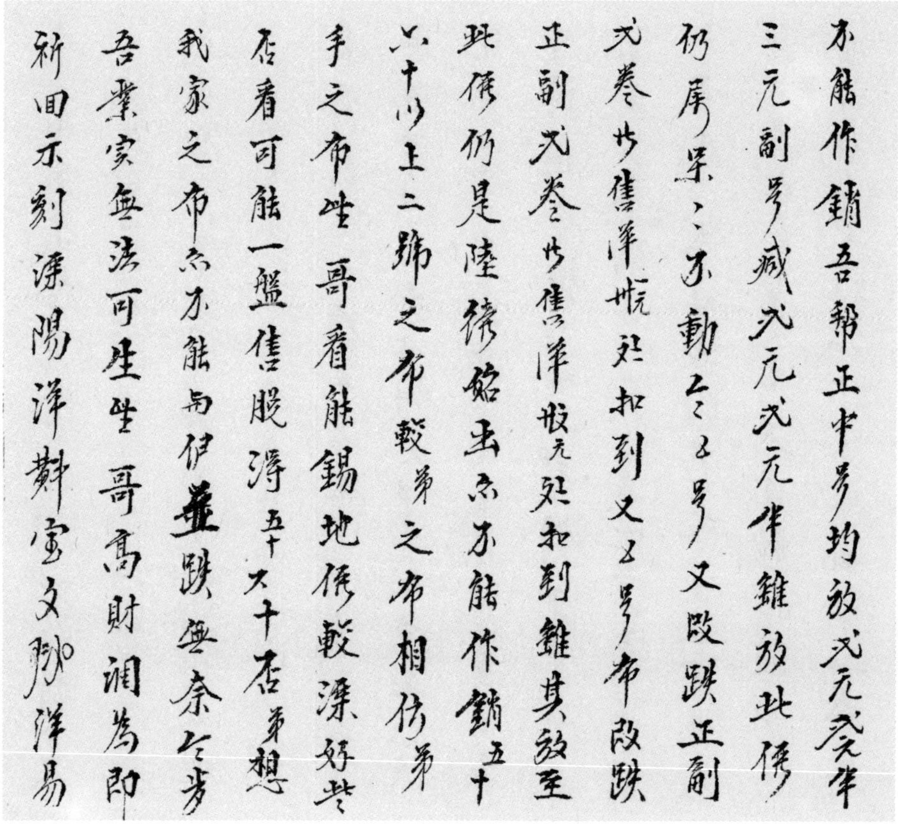
不能作銷吾帮正中号均放弍元叁角
三元副号减弍元弍元半雖放此係
仍属呆呆不動么么号又改跌正副
弍叁步售洋[illegible]元处扣到又么号布改跌
正副弍叁步售洋[illegible]元处扣到雖其跌至
此係仍是陸續銘出亦不能作銷五十
以十以上二號之布較弟之布相仿弟
手之布唑哥看能錫地係較深好些
否看可能一盤售脱淨五十六十否弟想
我家之布亦不能与伊並跌無奈么步
吾業实無法可生唑哥高財润爲即
祈回示剑深陽洋對寔文㣲洋易

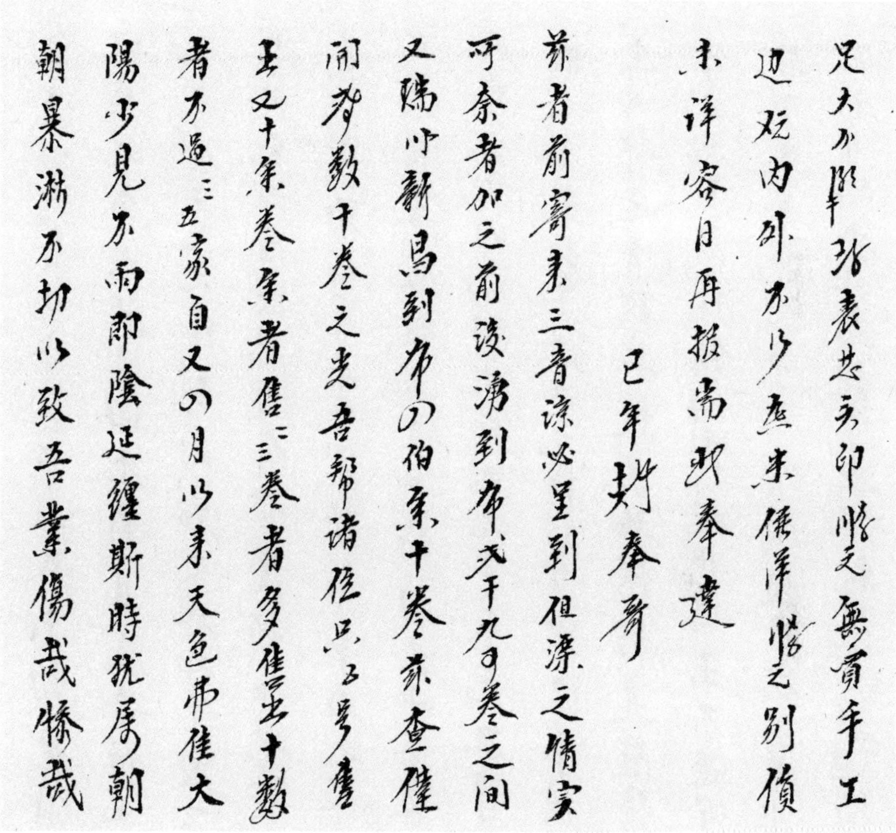

足大加照拂表志云印悦之無貴手工
邊近内外不少處来候洋悦之別須
未詳容日再按高致奉達
巳年 封奉啓
前者前寄来三音諒必呈到但滞之情実
可奈者加之前後済到本戌午九月巻之間
又臨以新島到本の伯策十巻恭查候
聞発数十巻之史吾邦諸侯以下多售
去又十余巻策者售二三巻者多售出十数
者不過二三五家自又の月以来天色弗佳大
陽少見不雨即陰延纏斯時猶居朝
朝暴淋不却以致吾業傷哉惨哉

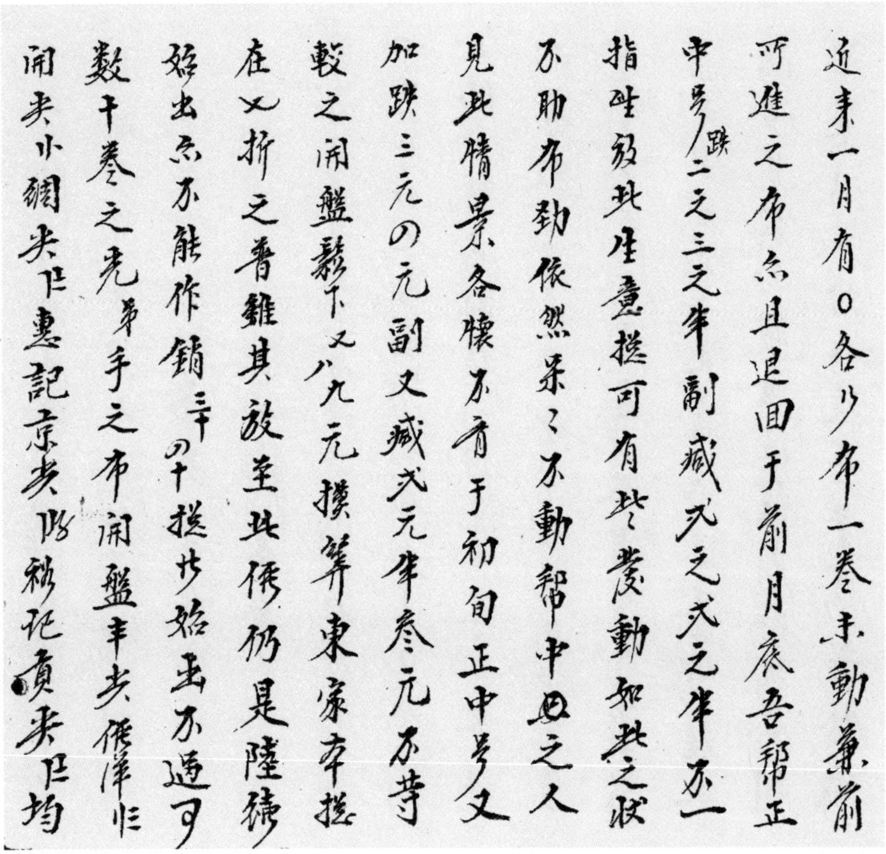
近来一月有〇各少布一卷未动兼前
所进之布亦且退回于前月底吾帮正
中号跌二之三之半副藏弍之弍之半不一
指望级此生意搃可有些发动如此之状
不助布动依然呆之不动帮中四之人
见此情景各怀不肯于初旬正中号又
加跌三元の元副又藏弍元半叁元不等
较之开盘兑下又八九元搃算东家本搃
在又折之者虽其放至此候仍是陆续
好出亦不能作销三千四千搃步始出不过了
数千卷之光弟手之布开盘半尖候洋仁
开尖小调尖卜惠记京尖似稍现贵尖卜均

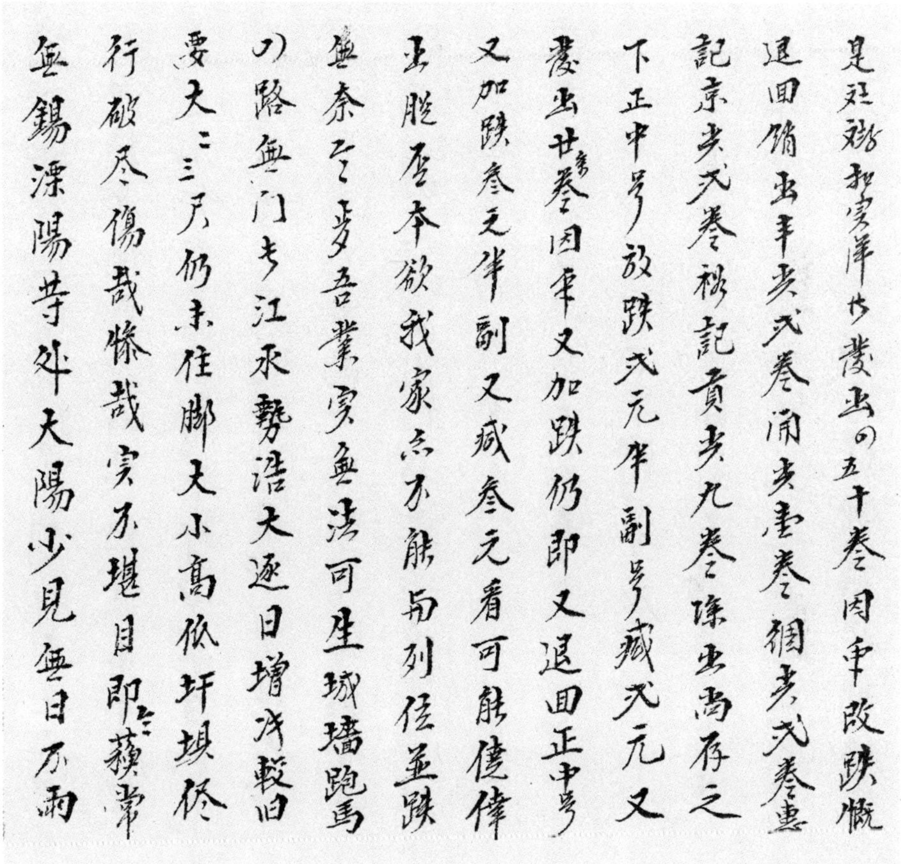
是廷務和突降步發出四五十叁因申改跌慨
退回銷出丰夾弍叁開夾患叁綢夾弍叁惠
記京夾弍叁秘記貴夾九叁〃陳出尚存之
下正中号放跌弍元半副号藏弍元又
發出廿叁〃因申又加跌仍即又退回正中号
又加跌叁元半副又藏叁元看可能健偉
出脫否本欲我家亦不能而列位並跌
無奈之至吾業實無法可生城墻跑馬
刀路無門去江水勢浩大逐日增戊較旧
要大二三尺仍未住腳天不高似圩埧低
行破尽傷哉慘哉實不堪目即〃藕帶
無錫溧陽等處天陽少見無日不雨

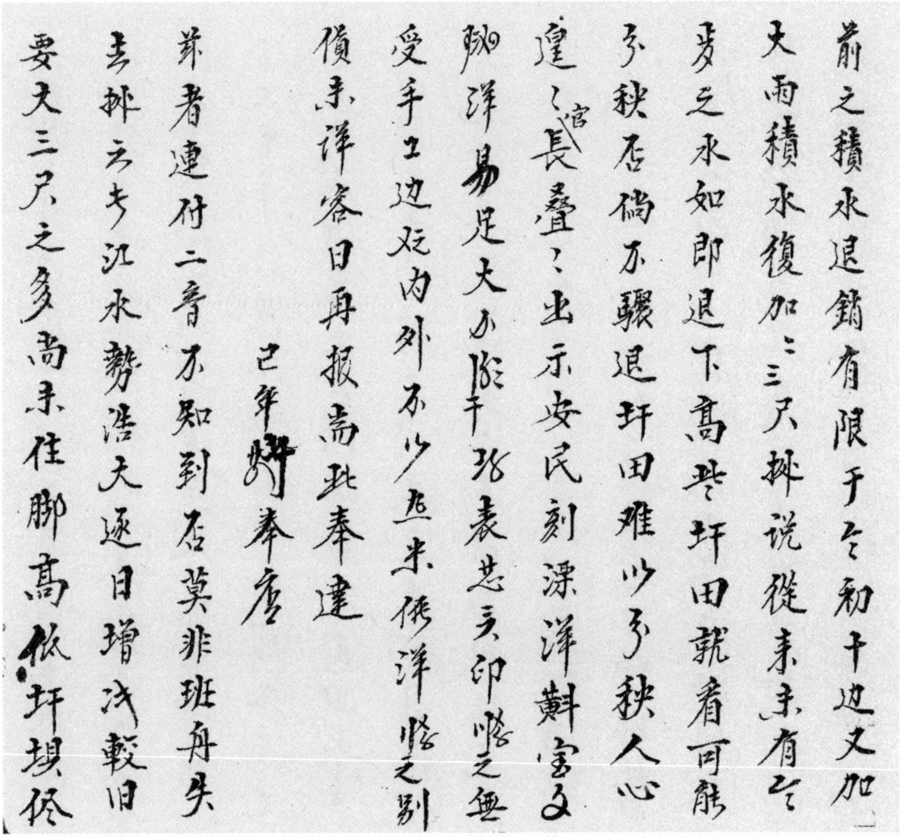

前之積水退銷有限于今初十边又加
大雨積水復加二三尺琳說從來未有今
身之水如即退下高些圩田就看可能
多秋否倘不驟退圩田难少多秩人心
遑遑官長疊疊出示安民刻渫洋斛宝丈
贼洋易足大亦從于彼表忠只印路之無
受手工边垸内外不少近来係洋路之别
價來洋容日再報高此奉達
己年　奉啟
并者連付二音不知到否莫非班舟失
去抄云专江水势浩大逐日增茂較旧
要大三尺之多高來住脚高依圩堤倦

行破尽傷哉慘哉实不堪目前之積
水退銷有限于々初十边又加大雨積
水復加三尺零拼說從来未有々步之
水如即退下高些圩田还可多秧倘不
驟退高低圩田难以多秧人心遑々官
長叠々出示安民但渫布情实可奈者
帮中之人見此情景紛々乱藏較之閙
盤鬆下〤八九元正号ノ售洋〢至以副号ノ上至埽
撲筭東家本擬在〤拆之普緣因賤臭
始濤銷動〤八刀叁衖道生意仍屡清
静弟手之布帮中跌価之後一叁未動
束手無策弟想我家点不能而列位並

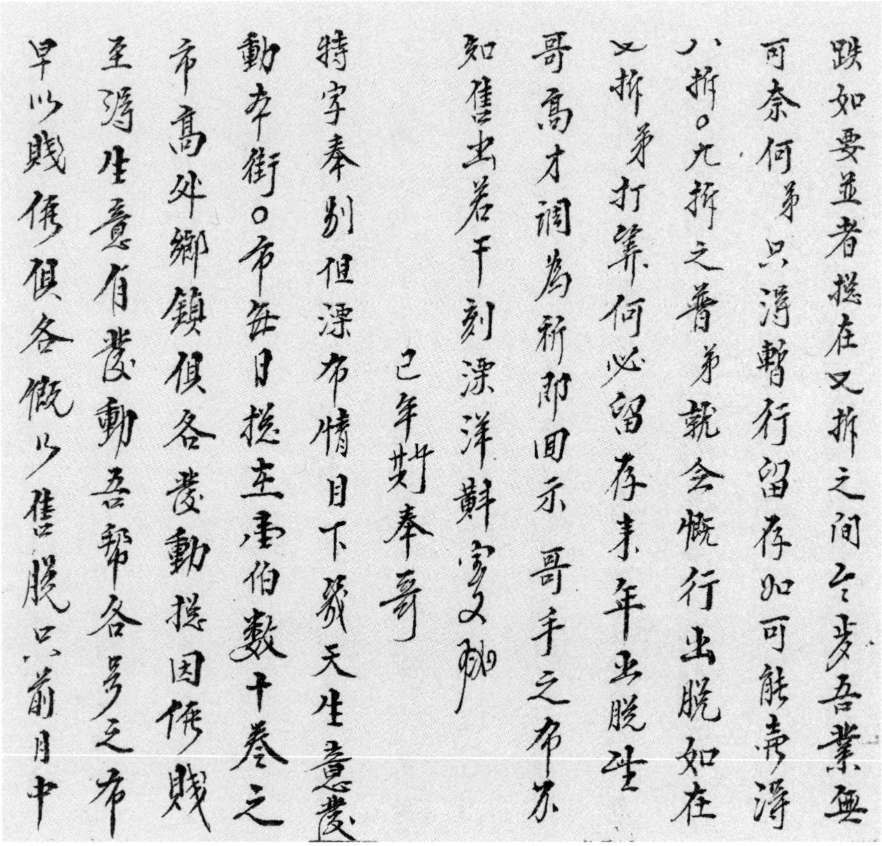
跌如要並者總在又拆之間々步吾業無
可奈何弟只得暫行留存如可能賣得
八、拆〇九拆之普弟就会慨行出脱如在
又拆弟打筭何必留存来年出脱望
哥高才詞為祈即回示 哥手之布不
知售出若干刻溧洋蘇字又[illegible]
己年對奉哥
特字奉別但溧布情目下發天生意發
動本街〇市每日總在壹伯數十卷之
市高外鄉鎮俱各發動總因係賤
至得生意有發動吾鄉各号之布
早以賤係俱各慨少售脱只前月中

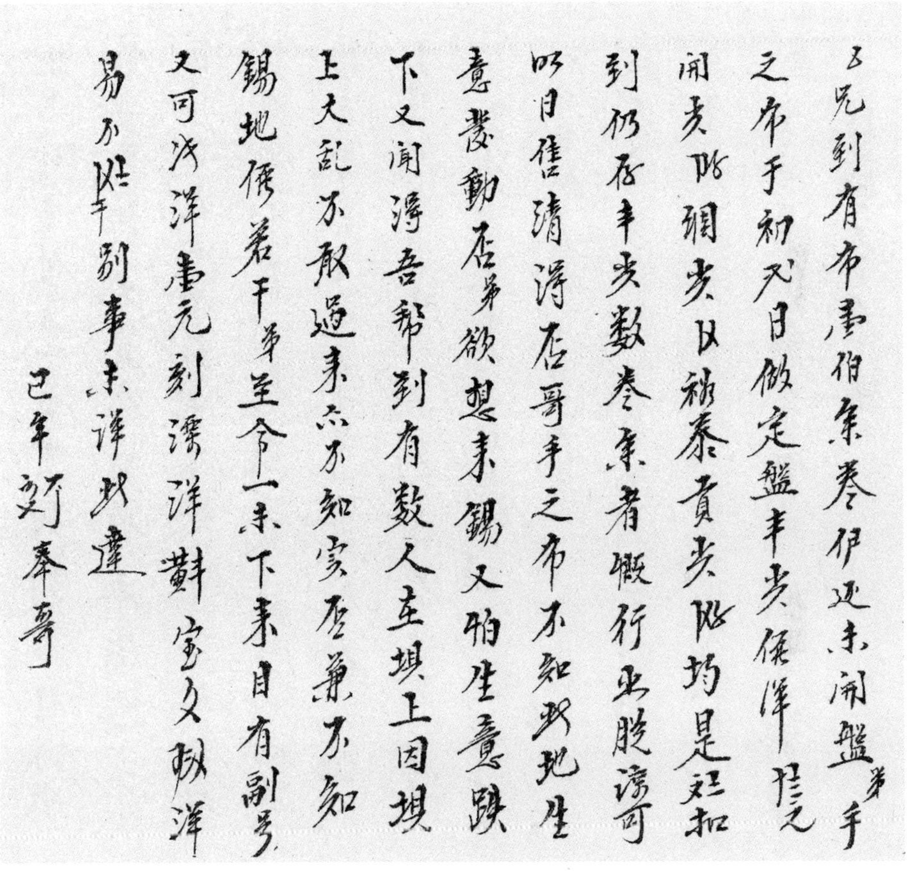

弓兄到有布書伯系卷伊还未開盤弟手
之布手初八日做定盤幷炎係洋[illegible]之
開炎附碉炎以祿泰貴炎附均是[illegible]扣
到仍存幷炎數卷來者概行照臉讓寄
昨日售請淂店哥手之布不知此地生
意發動店弟欲想來錫又怕生意跌
下又聞淂吾幫到有數人在埧上因埧
上大亂不敢過來亦不知實在兼不知
錫地係若干弟至今一未下來目有副另
又可代洋尋元刻讓洋對實又做洋
易不贅別事未詳此達
己年[illegible]劉奉寄

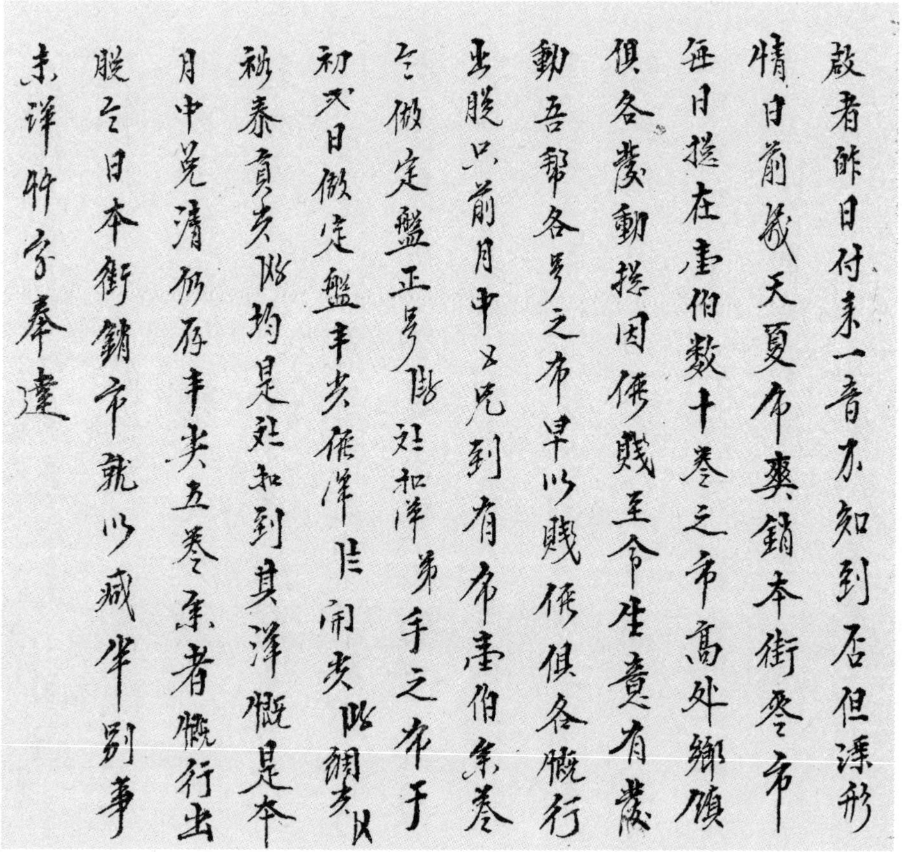
啟者昨日付来一音不知到否但係形
情日前議天夏布爽銷本街叁市
每日搖在壹伯數十卷之市高外鄉願
俱各發動搖因係賤至今生意有發
動吾幫各號之布早以賤係俱各概行
出脫只前月中又兑到有布壹伯余卷
之做定盤正號陶廷和洋弟手之布于
初六日做定盤本炎係洋是開炎陶錫炎以
裕泰貞炎陶均是廷和到其洋概是本
月中兑清仍存本炎五叁来者概行出
脫之日本街銷市就以藏半別事
未詳竹字奉達

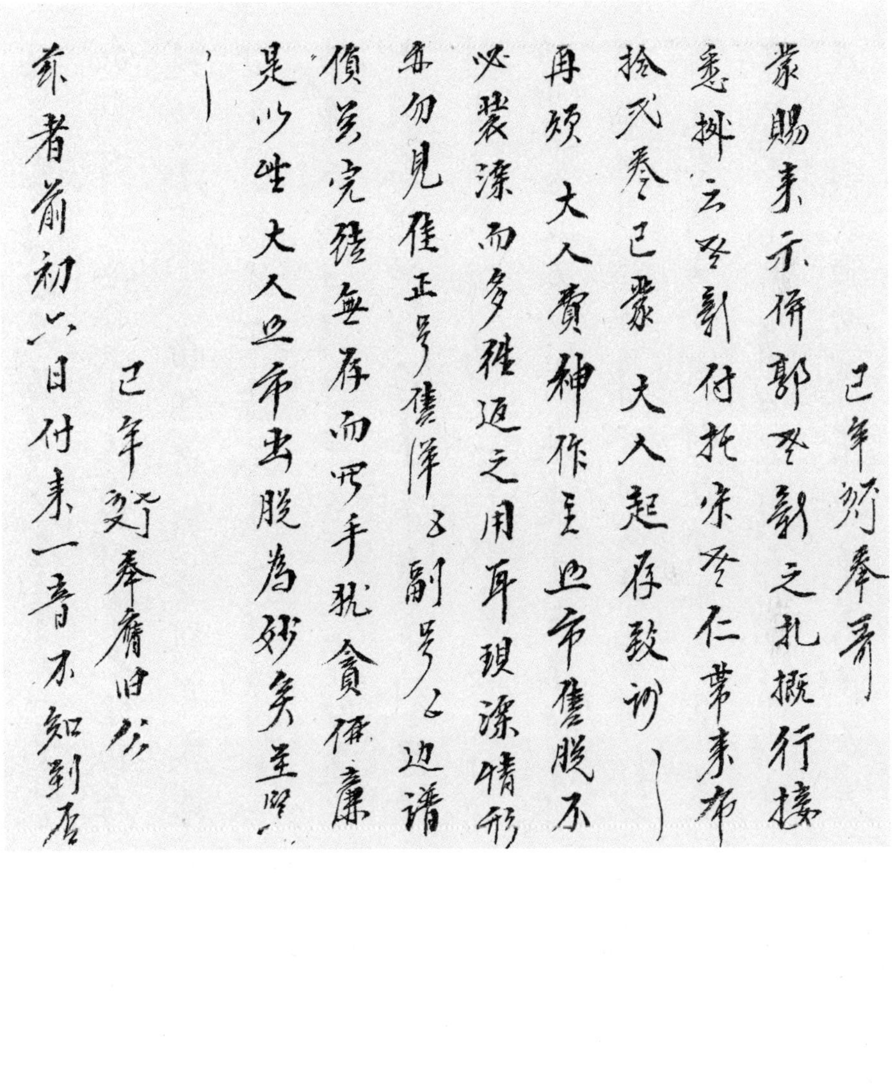
巳年附奉箸
蒙賜來示併郭登鄗之札概行接
悉擬云登鄗付托宋登仁帶來布
捻戊登已蒙　大人起存致謝
再煩　大人費神作主照市售脫不
必裝滚而多積延之用耳現滚情形
每匁見佳正号售洋〻副号〻边諳
價甚完積無存而买手就貪便廉
是以望　大人照市出脫為妙矣並賜〻
〻
巳年對奉膺田公
茲者前初六日付來一音不知到否

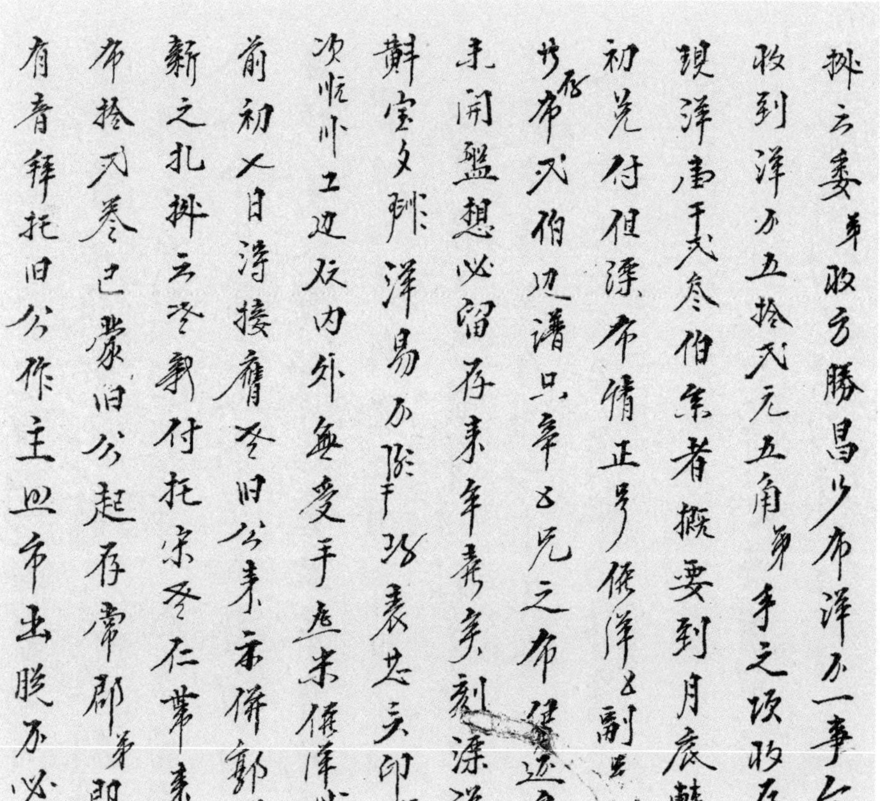
拟云委弟政方勝昌少布洋办一事乞
收到洋办五拾弍元五角弟手之项收存
现洋唐手弍叁伯余着概要到月底转
初先付但深布情正月依洋各副
外布弍伯边谱只弟各兄之布催近点
来开盘想必留存来年春实刻深洋
尉宝文所洋易办账表忠云印帐
次临州上边状内外无变手底来依洋帐
前初八日得接府冬旧公来亦併郵冬
新之扎拟云冬彩付托宗冬仁業来
布拾弍叁已蒙旧公起存常郡弟即
有青拜托旧公作主四布出脱办必

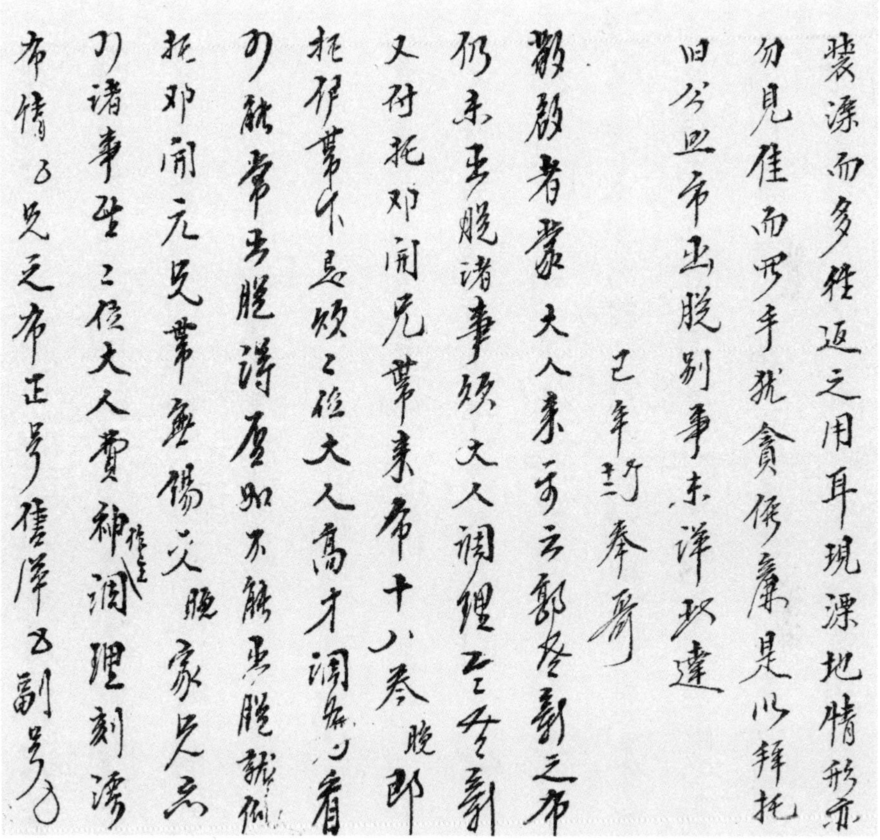

裝潦而多難返之用耳現潦地情形亦
勿見佳而野手犹貪倭廉是以拜托
旧公照市出脫別事未详玖達
巳年[illegible]奉覆
叙啟者蒙 大人來示云郭督劉之布
仍未出脫諸事煩 大人調理云云督劉
又付托邓開元兄带來布十八卷 晚郎
托伊带不是煩二位大人高才調處之有
可能當出脫請曆如不能出脫就派
托邓開元兄带無錫又 晚家兄亦
可諸事望二位大人費神調理刻濤
布情乃兄之布正号佳牌乃副号也

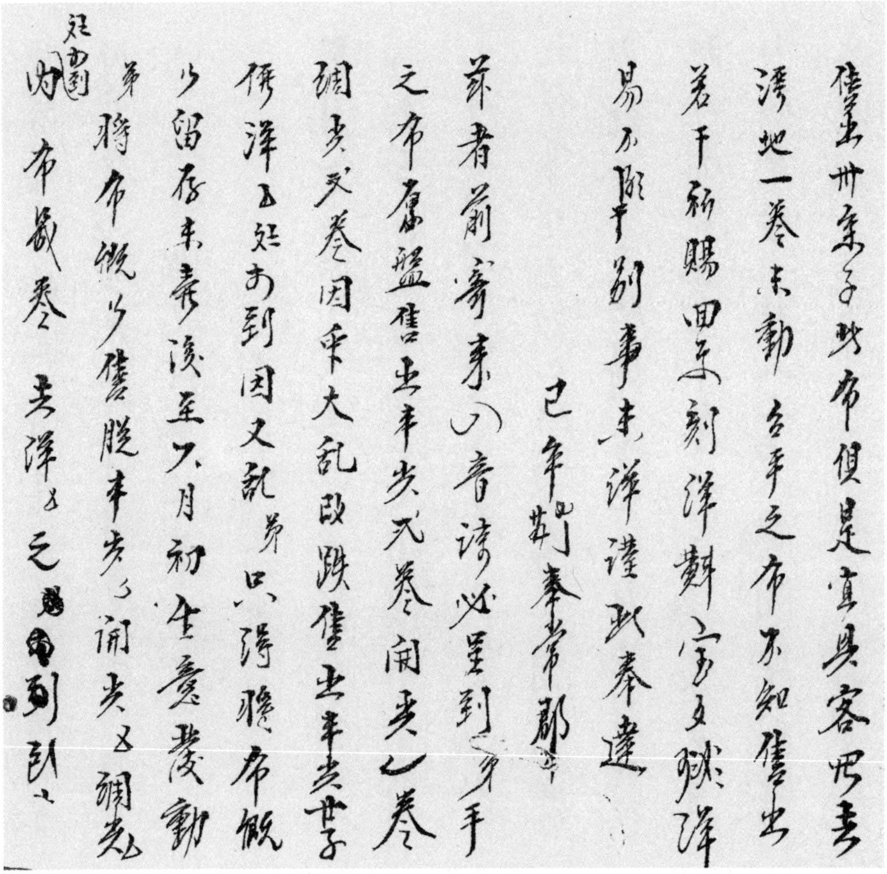

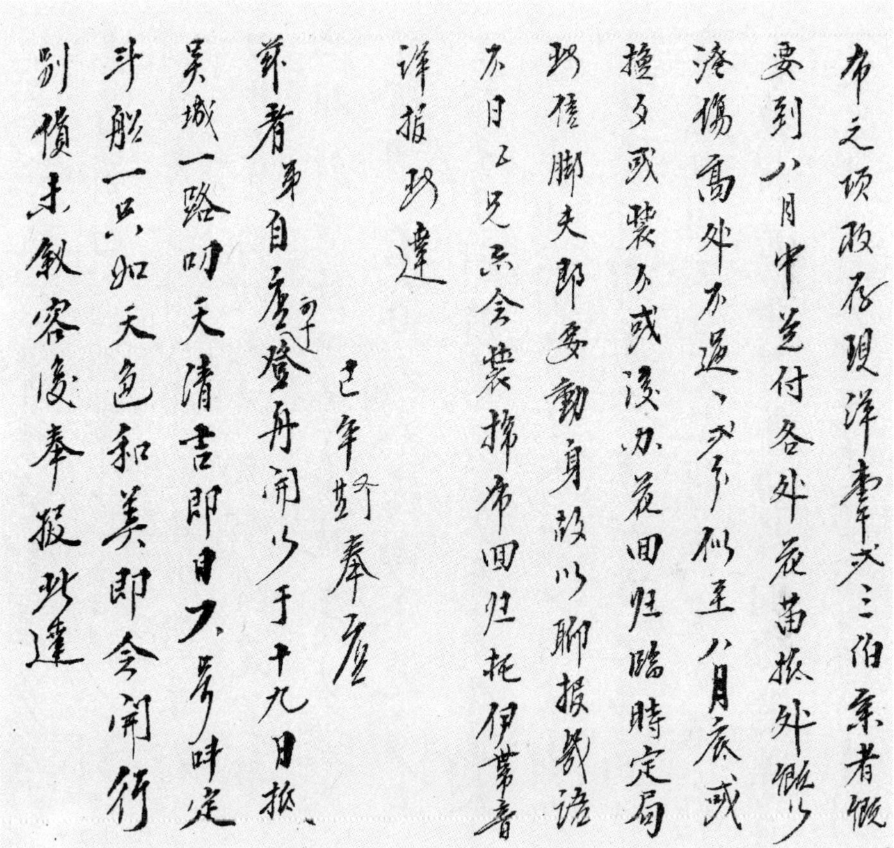
布之頃敢在現洋□□三佰余者恢
要到八月中旬付各外花苗撥外繳以
滄傷高外尚過丶或似至八月底或
撞夕或裝尚或後办花田歸臨時定局
此信脚夫即要動身故以聊報數語
尚日不見來会裝棉布回歸托伊帶音
詳報此達
己年□□奉啟
并者弟自唐登舟開行于十九日抵
吳城一路叨天清吉即日不□□定
斗船一只如天色和美即今開行
別後未叙容後奉報此達

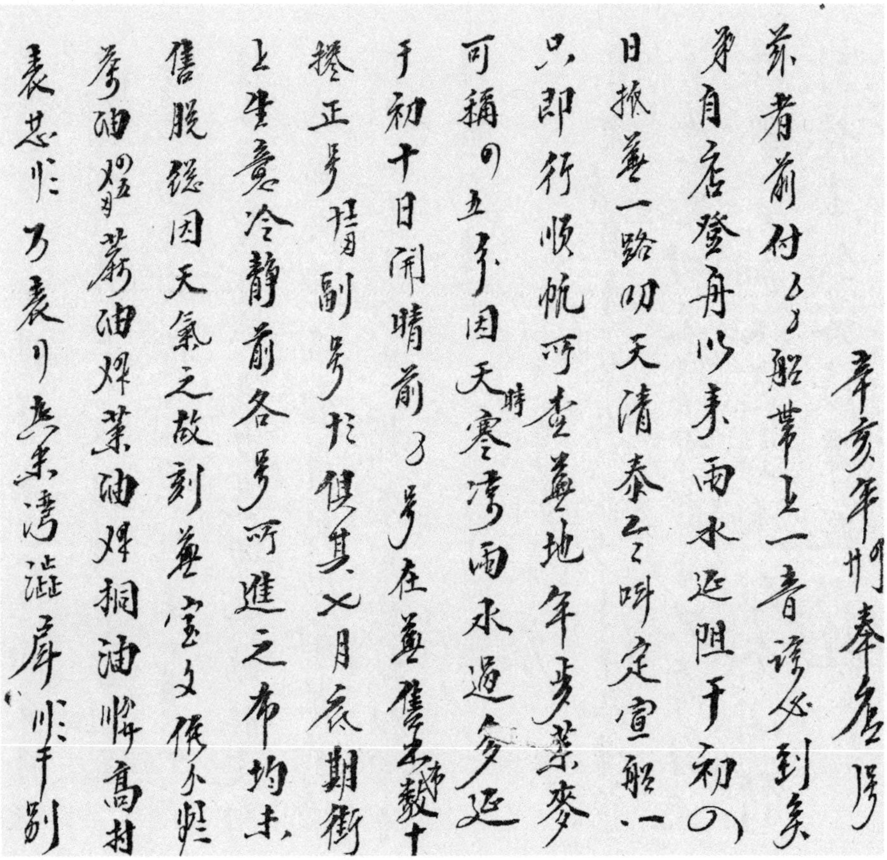
辛亥年[illegible]奉唐[illegible]
[illegible]者前付△△船帶上一音諒必到矣
弟自[illegible]登舟以来雨水延阻于初四
日抵[illegible]一路叨天清泰△△[illegible]定宣船一
只即行順帆所[illegible]地年[illegible]菜麥
可稱四五分因天時寒凄雨水過多延
于初十日開晴前△分在[illegible]售出數十
擔正分[illegible]副分於但其七月底期[illegible]
上貨意冷静前各分所進之布均未
售脱總因天氣之故刻[illegible]
[illegible]
[illegible]

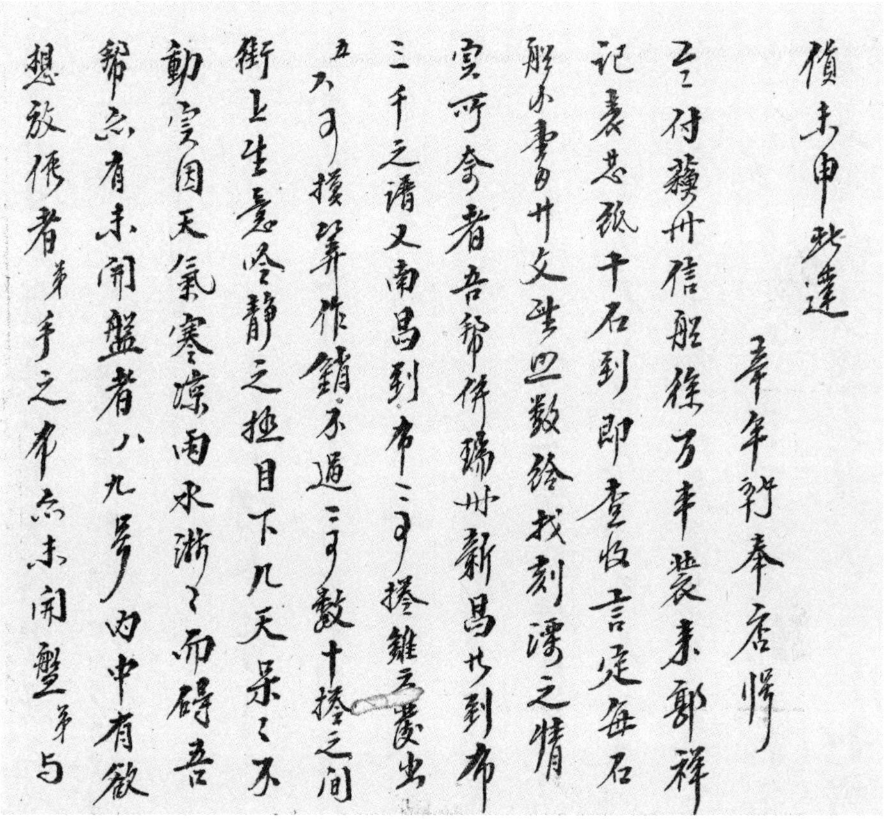
傾未申兆達
本年初奉唐悌
函付藕舟信船徐万丰裝来郭祥
記裹总張千石到即查收言定每石
脚水费洋廿文坚照数給找刻渠之情
实可念者吾帮依瑞州新昌分到布
三千之譜又南昌到布二三千捲杂之貨出
五六千捲算作销不過二三千数十捲之间
街上生意冷静之极目下几天呆呆不
动实因天氣寒凉雨水淋淋而碍吾
帮亦有未開盤者八九号内中有欲
想放价者弟手之布亦未開盤弟与

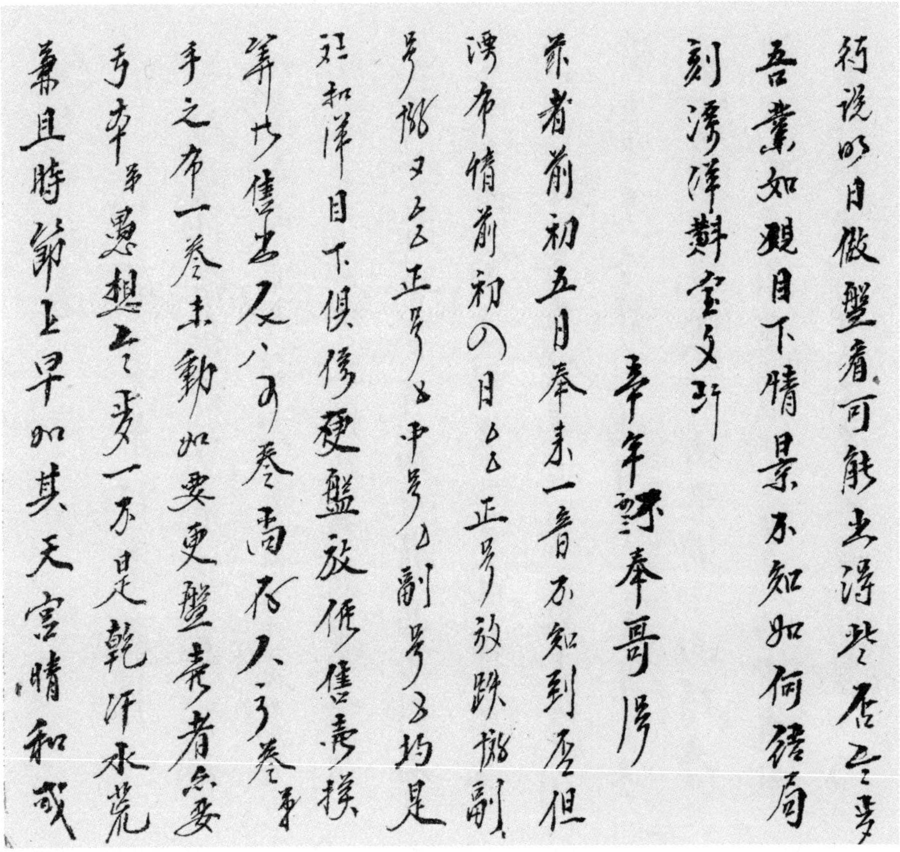

符說明日做盤看可能出得些否要
吾業如觀目下情景不知如何結局
刻滲洋對室文升
弟年弟奉哥侍
前者前初五日奉來一音不知到否但
滲布情前初四日△△正號放跌拋副
號拋又△△正號△中號△副號△均是
近和洋目下俱係硬盤放低售者模
算均售出反八兩參兩存人乃參弟
手之布一參未動如要更盤者亦要
弟來弟惠想要要一不是乾汗水荒
慕且時節上早如其天宮晴和或

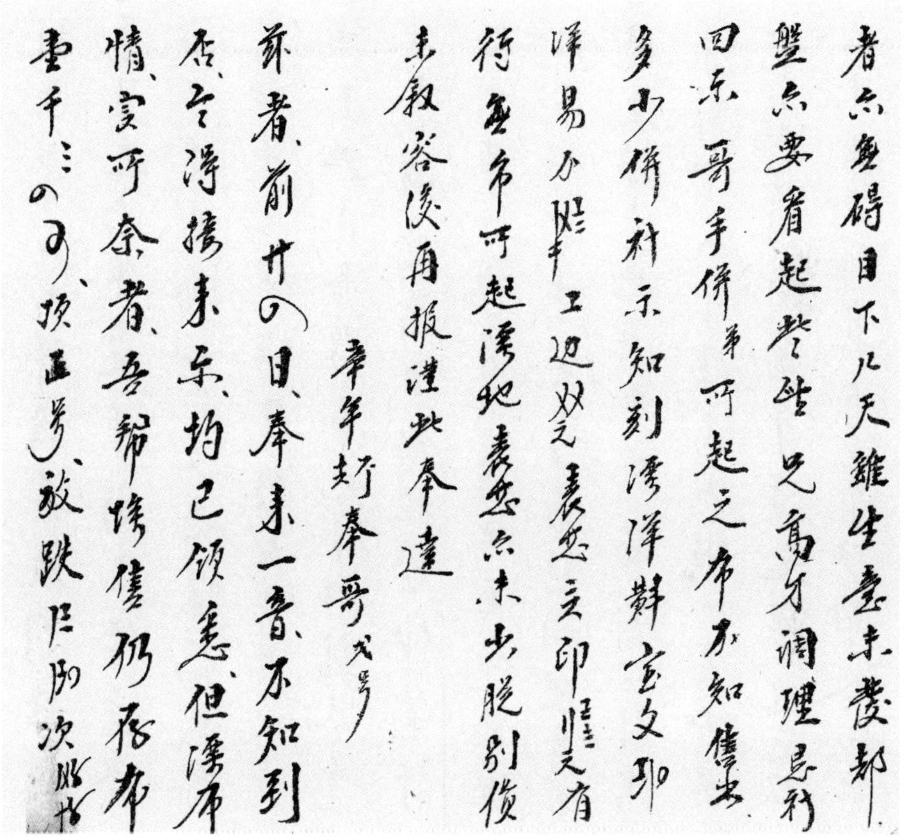
者亦無碍目下几天雖生意未發都
盤亦要看起些些兒為才調理是行
回京 哥手係弟所起之布不知售出
多少係莉亦不知刻湊洋數宜文耶
洋易不照上述以之表悉云即悟之有
符無布所起湊地表悉亦未出脫別貨
未叙容後再報謹此奉達
牽年封了奉哥戊号
蘇者前廿の日奉來一音不知到
否亦得接來示均已領悉但湊布
情實所奈者吾鄉情售仍係布
壹千三の月頂匯号敬跌尺附次服於

副号卞即现今洋雖其放到此傳
華且延亦無受手街上生意零
落落不動生意吾業傷哉慘
哉弟手之布僅售仍存本又子
貨去戊子各彩布九子弟想今竟
無毒照受者自愧經理伸筆汗
顏不第可愧前所售出之布不過
數本而矣此 大哥高財調理看可
能無傷出脫滯存新賜示知刻滯
洋疋實交那洋易於收本袁总交
印懸之件無受手可起滯地之派
亦未出脫如其有布弟即会照冇

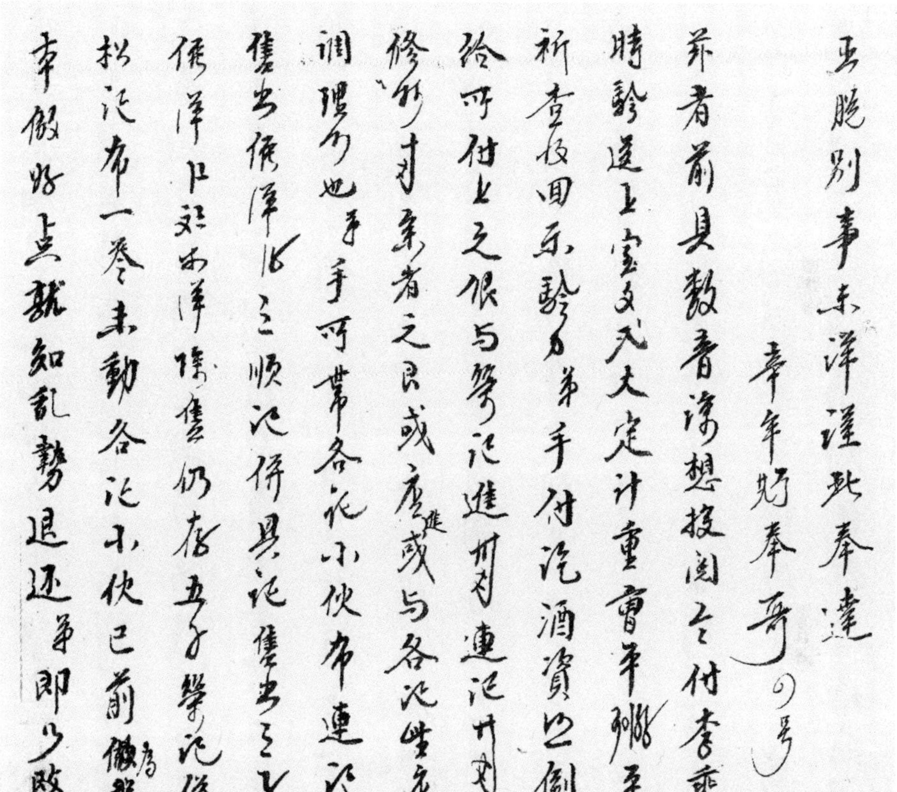
至腕别事未详谨此奉达
幸年好奉寄（四号）
弟前者前具数書谅想披阅之付李乘
时龄送上宝文戈大定计重会弟将至
祈查收回示龄为弟手付汇酒资四例
给可付上之恨与势汇进刑对连汇廿史
修行时未者之良或虑或（进）与各汇坐虑
调理何也弟手可帮各汇小伙布连汇
集出係洋比之顺汇并具汇集出之事
係洋卜亦亦洋係集仍存五子举汇并
松汇布一叁未动各汇小伙已前缴（为）望
本假好上就知乱势退还弟即少败

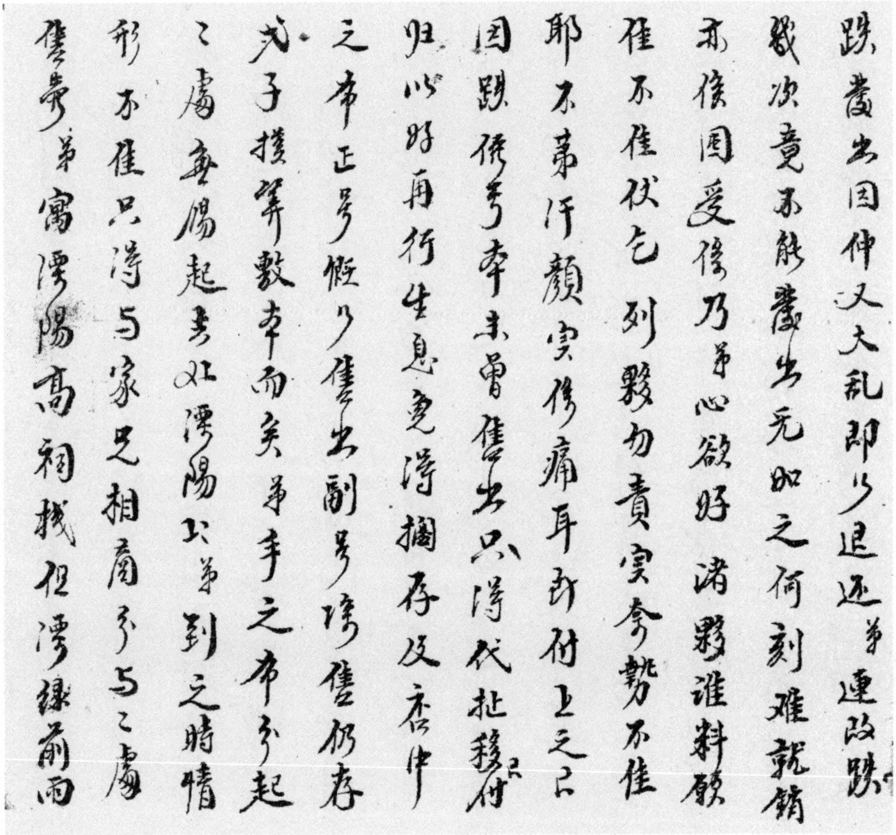
跌费出因仲又大乱即少退还弟連改跌
贱次竟不能费出无如之何刻难就销
亦係因受傷乃弟心欲好諸影誰料頗
佳不佳状乞列殺力責实奈勢不佳
耶不第仟顏实係痛耳[illegible]付上之[illegible]
因跌係弟本未曾售出只得代扯移付
归以好再行生息免得擱存及[illegible]中
之布正弟[illegible]少售出副弟[illegible]售仍存
戊子[illegible]算数布而矣弟手之布分起
之處無陽起者以漂陽上弟到之時情
形不佳只得与家兄相商分与之處
售弟寓漂陽高祠棧但漂縁前而

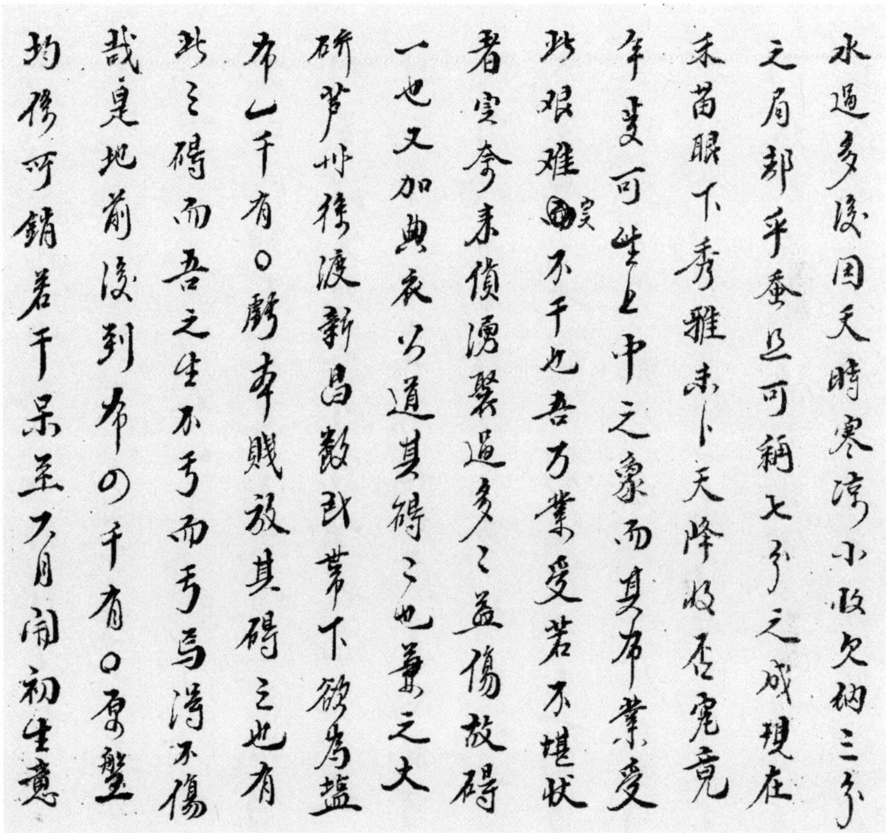

水過多後因天時寒涼小收欠納三分
之谷却平蚕豆可稱七分之成現在
禾苗眼下秀雅未卜天降收否究竟
年岁可生上中之象而其布業亦变
此艱難實不干也吾方業受若不堪狀
者實參來貨源緊逼多之益傷故碍
一也又加典衣以道其碍之也兼之大
研背州後渡新昌數改帶下欲為盐
布仍千有○斛本賤故其碍之也有
此之碍而吾之生不秀而秀為滯不傷
哉是地前後到布四千有○原盤
均傷可銷若干呆至八月間初生意

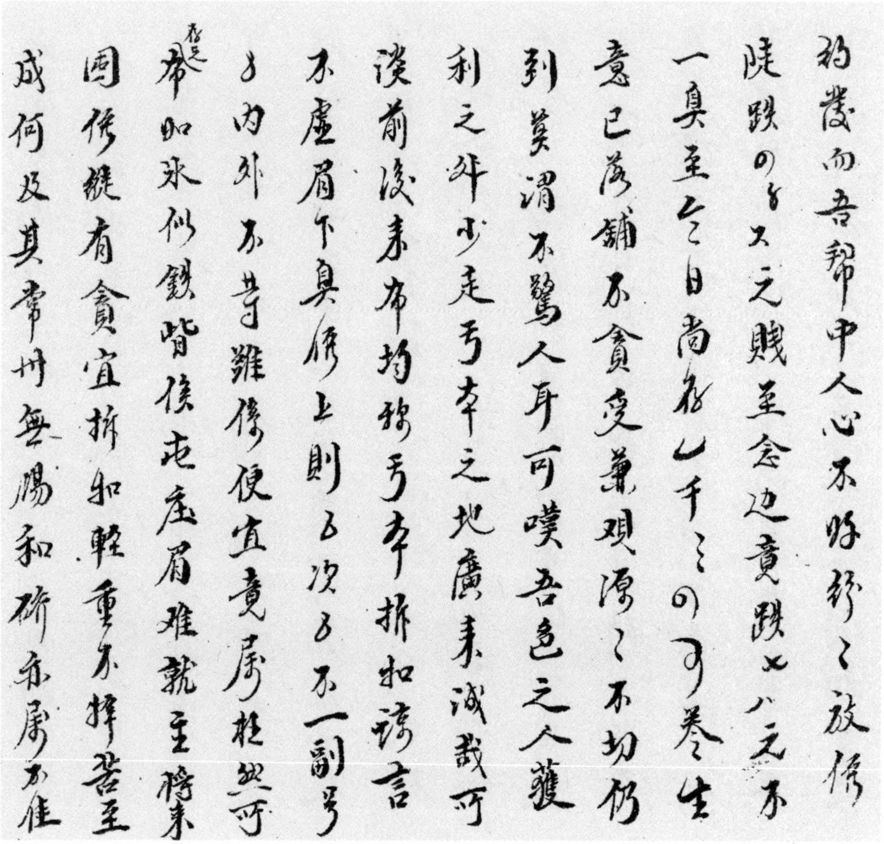
稍發而吾幫中人心不好紛紛放價
陡跌四五六之賤並念边貴跌七八元不
一具至今日尚在乙千三四百參生
意已落鋪不貪受兼艱源源不切仍
到莫謂不驚人耳可嘆吾邑之人獲
利之外步走于本之地廣東減哉可
談前後來布均稱于本排和諸言
不虛眉下其條上則五次五不一副另
五內外不等雖係使宜竟虧樁然可
看是
布如冰似鉄皆係屯庄眉難就至將來
固係縱有貪宜拆和輕重不擇若至
成何及其常州無腸和碗亦虧不住

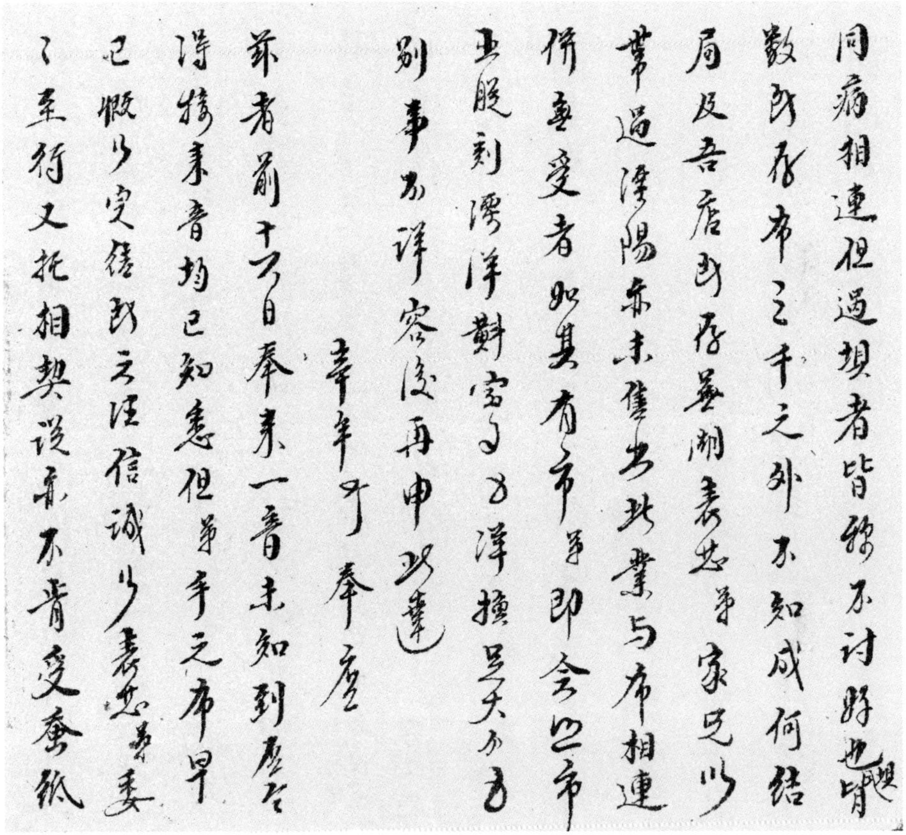
同病相連但遇壩者皆謂不討好也想
數所存布三千之外不知成何結
局及吾店所存蕪湖袁忠弟家足以
帶過溧陽亦未售出此業与布相連
併無變者如其有布弟即令四布
出脫到溧洋對窗了方洋換足大方方
別事不詳容後再申此達
弟年叩 奉屋
啟者前十六日奉來一音未知到屋否
得據來音均已知悉但弟手之布早
已脫少定結所云陸信識少表忠兄妥
了至符又托相契說亦不肯變奏紙

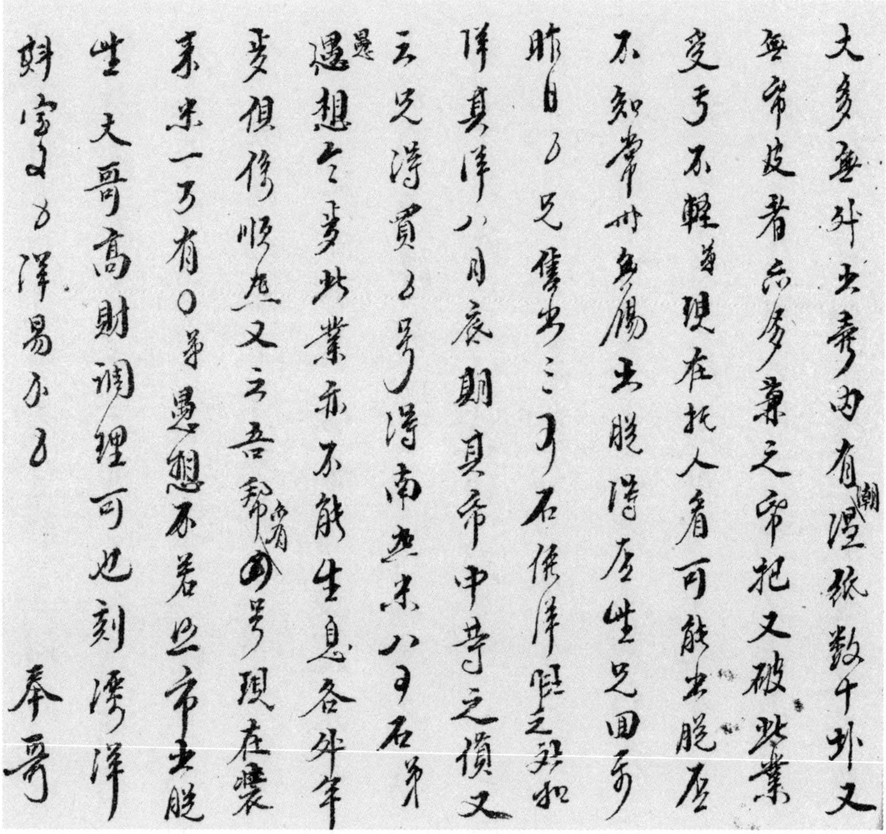

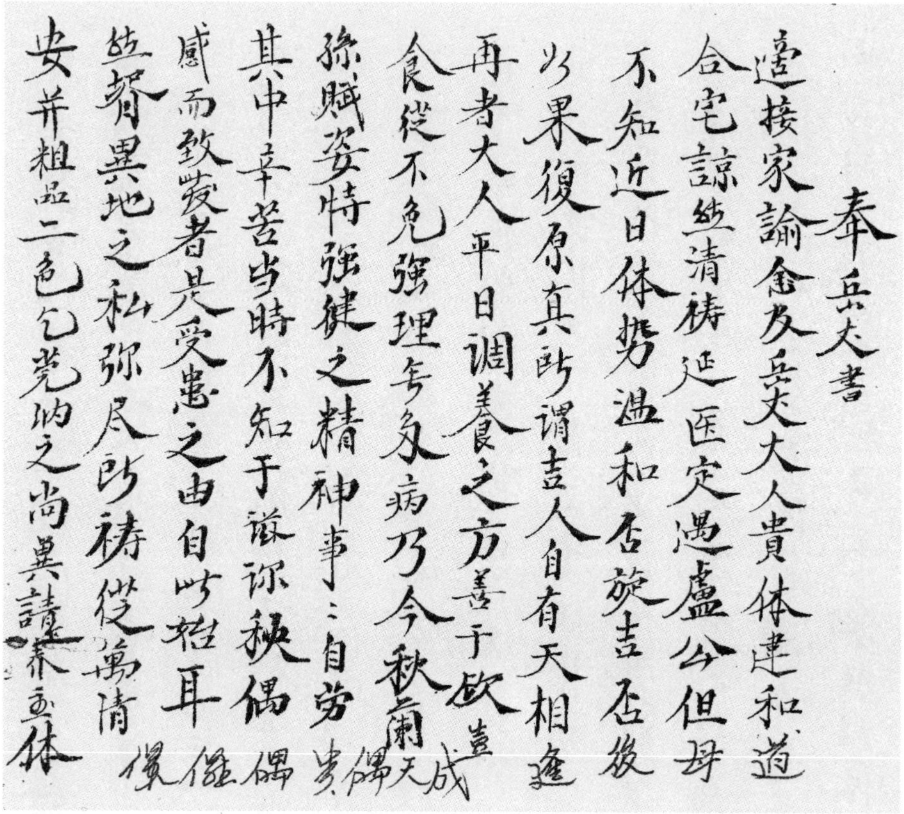

奉岳丈書

違接家諭僉及岳丈大人貴体違和道
合宅諒丝清祷延医定遇盧公但毋
不知近日体势温和否旋吉否後
以果復原真所謂吉人自有天相逢
再者大人平日调養之方善于飲豈
食從不免強理每多病乃今秋蘭
孫賦姿特強健之精神事事自勞
其中辛苦当時不知于滋弥秧偶
感而致发者是受患之由自此枯耳
茲智異地之私弥尽所祷從萬清
安并粗品二色乞笔纳之尚異請恭玉休

儇 偕 偶 贵 偶天 成

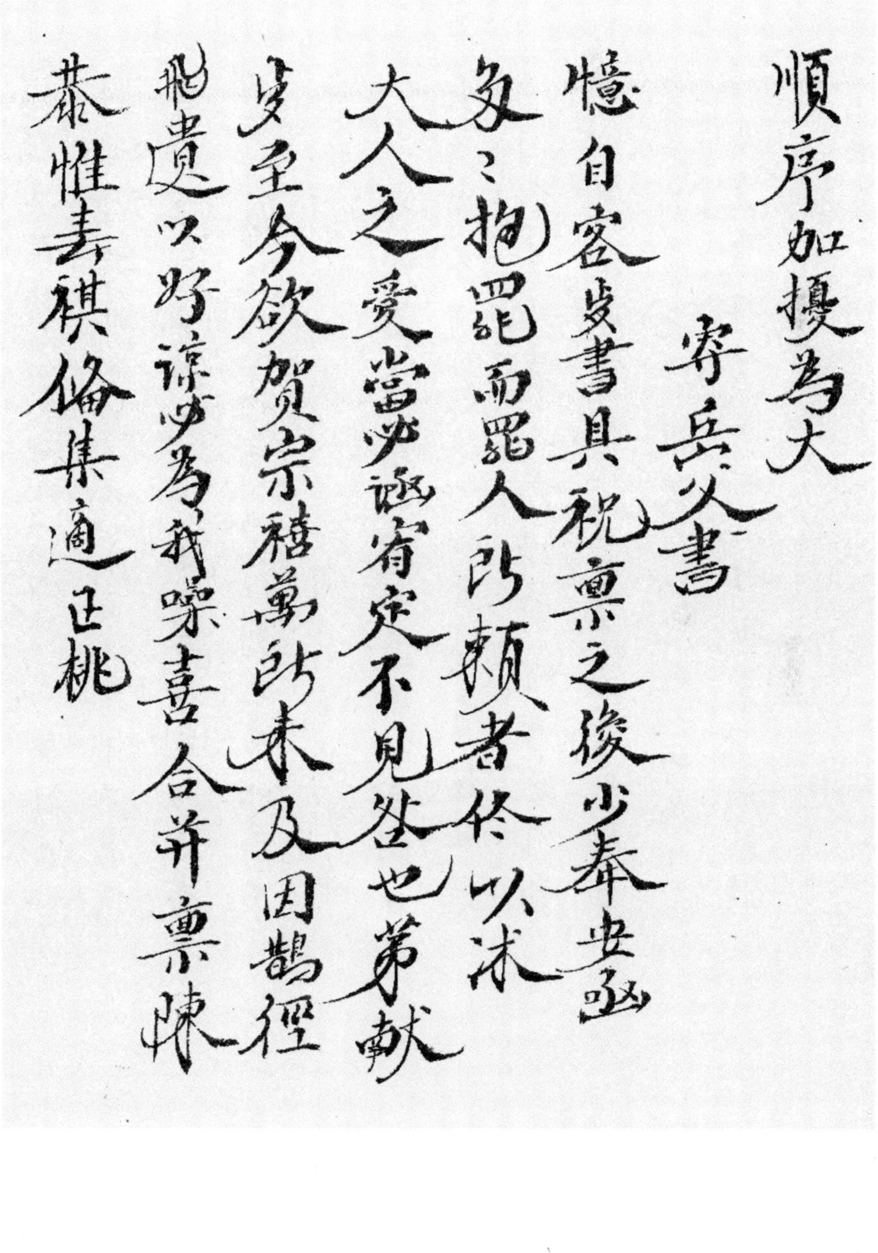

順序如擾為大
寄岳父書
憶自客歲書具稟之後少奉安函
多多抱罪而罪人所賴者終以沐
大人之愛當蒙涵宥定不見咎也第獻
歲至今欲賀宗禧萬所未及因鵲徑
飛遺以好諒少為我噗喜合并稟陳
恭惟壽祺備集適正桃

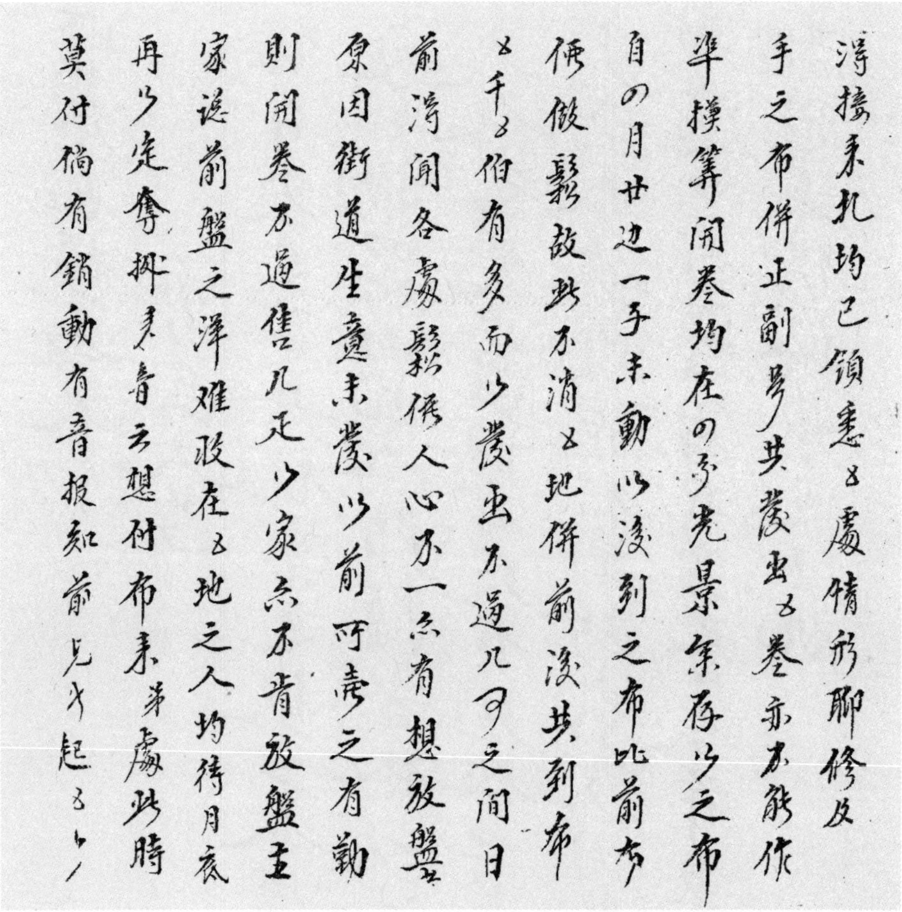

滘接来札均已領悉々處情形聊修及
手之布併正副号共發出々卷亦不能作
準摸算開卷均在の号光景条存少之布
自の月廿边一号未動以後到之布比前布
係做鬆故此不消々地併前後共到布
々千々佰有多而少發出不過几百之間日
前滘聞各處鬆係人心不一点有想放盤
原因街道生意未發以前可賣之有勤
則開卷不過售几疋少家亦不肯放盤主
家退前盤之洋难收在々地之人均待月底
再少定奪擬來音云想付布来弟處此時
莫付倘有銷動有音报知前兄々起々々

之布不知兄ㄠ尖做何便日前ㄠ兄在機說
布盤做ㄠ不知是否弟代鬆下ㄠ角刻下新
此上市每日累〻之有の五千洋之價別貨未到
〻得接來札拼云 兄台起ㄠ少之布委弟作主
代為此市出脫弟旋即至少查問可起ㄠ另
之布售出多寡拼ㄠㄠ說一卷未動伊說或便
一切仍要生意叢動方可作準刻〻ㄠ處
此少生意閑忙之致雖夏布一業清靜之極
俟後數日再少真酌待為調理但弟手之布
未增售出一卷看當濟各外來音均云布
業情形外〻蹺俟各小日岸少家遲塞天

道寒凉又兼〻農忙之際越跌越不進價 弟
看此業生意只好守候發輝之日再少灵
变偽後兄處夏布銷暢些兄台賜一信前
来〻現足歲餘乃未叙待行奉覆待後再報
並候列〻兄台未另詳候近安不一行致
附〻手帶上良月 弟往和州左烏江存〻月係不〻
存和州〻月係不〻該地花苗看觀苗稼千足
之外未下後手收天定局雨水調和稻禾高
低又有現来收割粮食遞鬆些花存價不多
仍係若干北边可丟前吾鄉發家業〻几十之
合具係〻近和州現換寶文係〻存不願受难加

甚息中路花苗近未得信不知而何只云吴
山十八日来信云皮花略價仍售々桀月底期
江西路外甚乾惟瑞袁更甚吾邑八月初五
信云自前五月半後得雨至今兩月未得雷
雨早禾五六分收成多未栽種山土全無陳
谷係々陳蒸米々又係对分々現挑分々表忠々
棉花存價亦多大倉後之花均未到具係
呼賤價々有少無市今々几多崗脚八月起身
未藝足夫云于千の五晉得大雨仍可栽種
看乾汗不碍否但弟手布賤藝餘々有未
收次初稼得收清仍有曉下布分々之晉
後八月種和办花帶收無候刻藝天道時

和年支大有禾稻將割粮食逐鬆陳米々剩
米價々宝文價々洋易宝文々
月前付々兄帶來一音想已接悉但弟隨帶
藍夏布々卷至々日假起棧內旋摺別布定
盤弟手正号仟曾文々次々終々月內期兑即
現兑無卷壞價五分握算成本利息甚微
此處盤售結恐良約鬆跳難全璧致々共出
々換現亦消少皆因春花年歉兼良價甚
高而且我等陳本增昂以致兩亦合算
故耳藏鋪自後o藍亦少故屬街市生
意清靜及弟尚存未売布々卷再看後

手里意喜色可售済店但仝帮前後來布
餘茶現存々多卷之數早已不爽均照截
秧之後若各外里意發動看可銷下多
寡若仍呆滯難勉發散亂茶原實來（頂）多來
人亦慮少數如此但弟布頃日前已存々號
々月花座亦俱々和州現換宝文俱々花苗
有里冬花時號々合到具包々蕪湖天道調
和秧首將近有粮食發鬆

蘇接初七日來音均經次第聆悉々々為兄帮
上良月於左々未曾為換因前良俱疲勢左々東
流漲灘等處提次陸號仍看喜色可囑办花

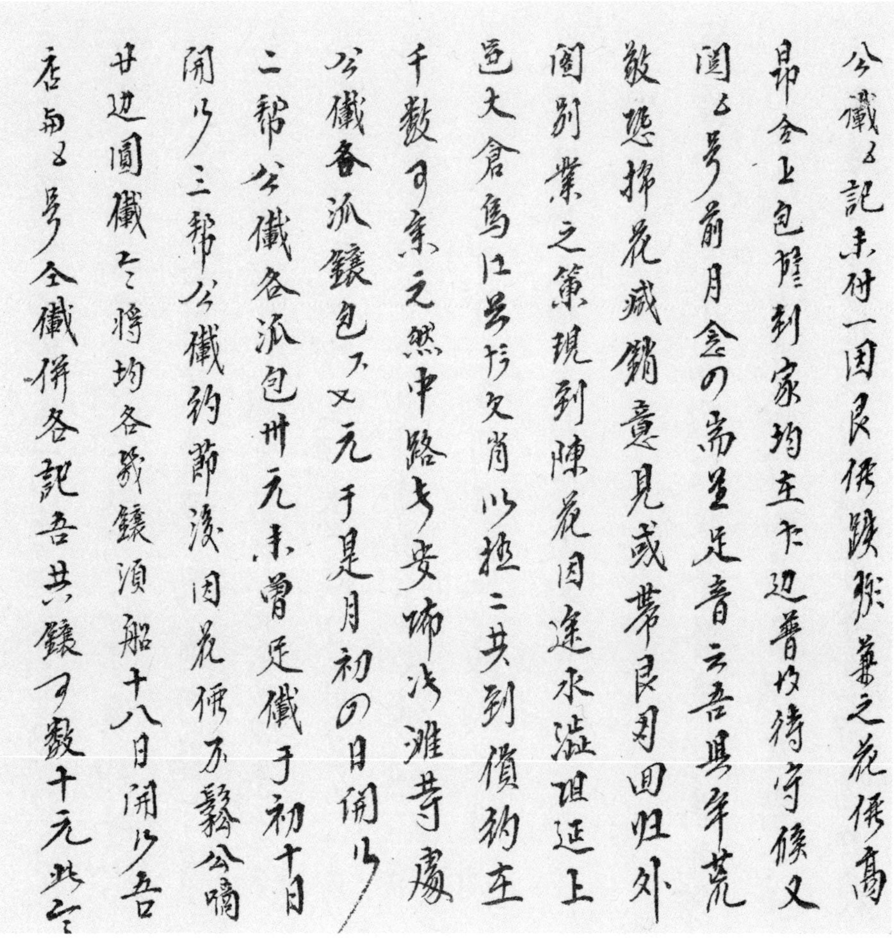
公儀之記未付一回良使殿獎之花係高
昂全上包陸到家均在下边普收待守候又
関之多前月念の常呈足青云吾县年荒
敝應排花藏銷意見或帶良有回归外
関别業之策現到陳花因途水漲阻延上
造大倉鳥江等移欠消以極二共到價約在
千数可来之然中路与安坤沙灘等處
公儀备派鑲包不又元于是月初の日開行
二帮公儀各派包卅元未曾延儀于初十日
開行三帮公儀約節後因花價太鬆公嘀
廿边圓儀亡将均各戮鑲須船十八日開行吾
店向之多全儀併各記吾共鑲可數十元此亡

吾邦共在戌千万余元全上包係办段不等開落
公平併各箴鑲之載均則作千万之價弟
等欲罗另待轉安慶集帐致乞寄掃花一
業吾邑如此情景难以作摸只好更大市
弟手乞寄坐意帐項弟每無计授何〻但
道州大倉烏江年寄读尊務之晰祈賜教
知以開弟之茅塞然中路年寄自可稍大之多
程近海客路希来致于後手凝提係若為
無碍之帶上之又三船御伊帶回但乞寄
中路花色較比上年更佳以前數日因雨連
綿價虽頓点近两天又覆佳矣弟于十二日至
屯安埠又又前月廿二日到屯安埠廿四日開

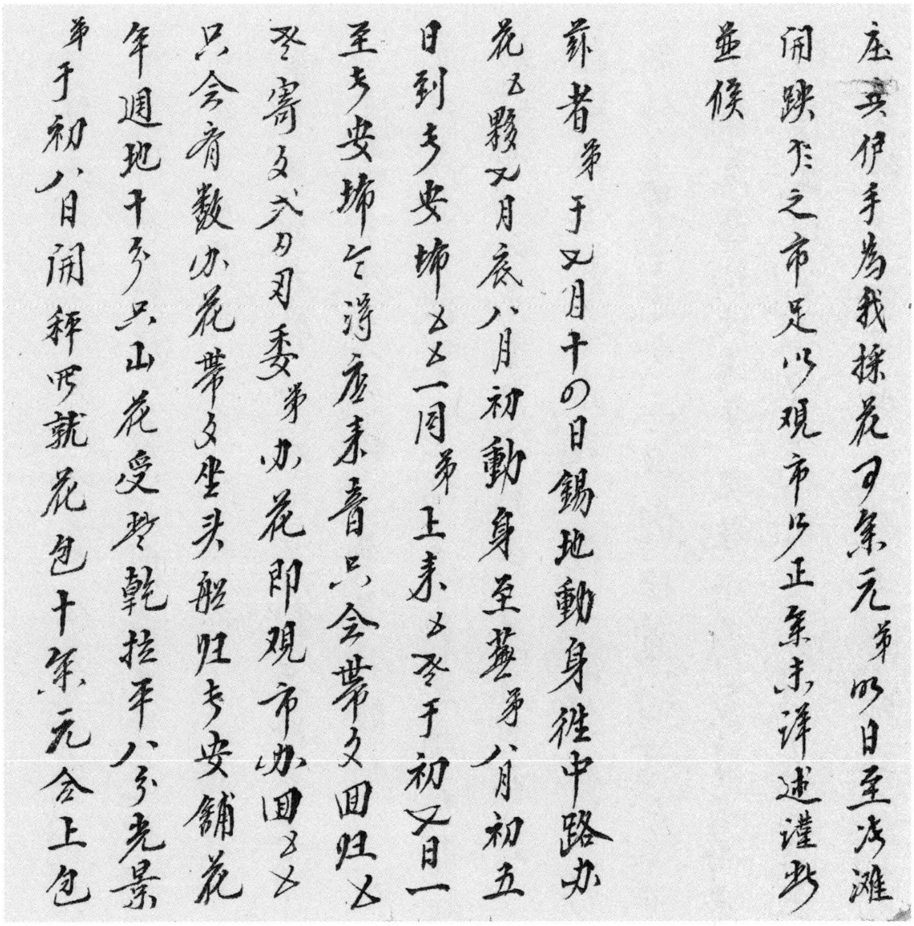
庄兵伊手为我採花可条元弟明日至浒滩
开跌之市足以观市之正气未详述谨此
並候
启者弟于又月十四日锡地动身往中路办
花五额又月底八月初动身至芜弟八月初五
日到吉安埠之一同弟上来又登于初又日一
至吉安埠之得庄来音只会带文回归又
登寄文式刀另委弟办花即观市办回之之
只会有数办花带文坐头船归吉安铺花
年週地十分只山花受乾拉平八分光景
弟于初八日开秤所就花包十条元会上包

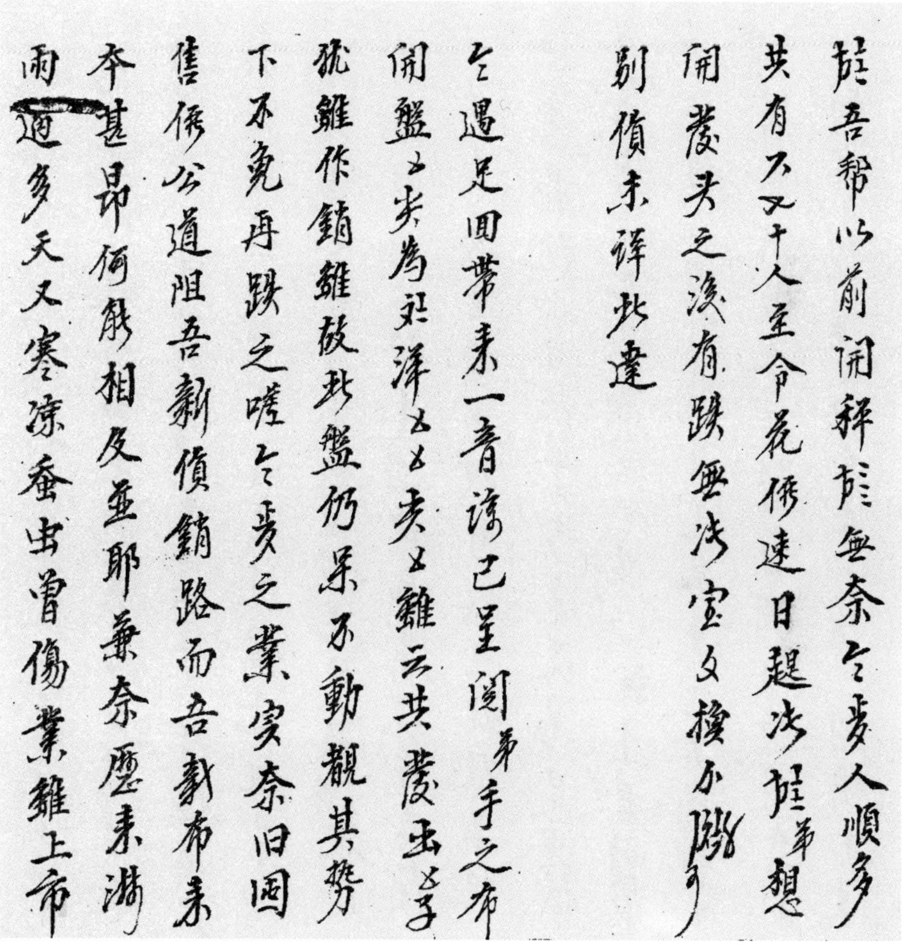

於吾幫以前開辦於無奈々步人順多
共有不及十人至今花係速日趕往弟想
開發其之後有跡無法寔在擬办附
別價未詳此達
々遇足圓帶來一音該已呈閱弟手之布
開盤々矣為社洋々々矣々雖云共發出々多
號雖作銷雖破此盤仍呆不動觀其勢力
下不免再跌之嘆々々喪之業實奈旧國
售係公道阻吾新價銷路而吾新布來
本甚昂何能相及並耶兼奈歷來滿
雨過多天又寒涼蚕虫曾傷業雖上市

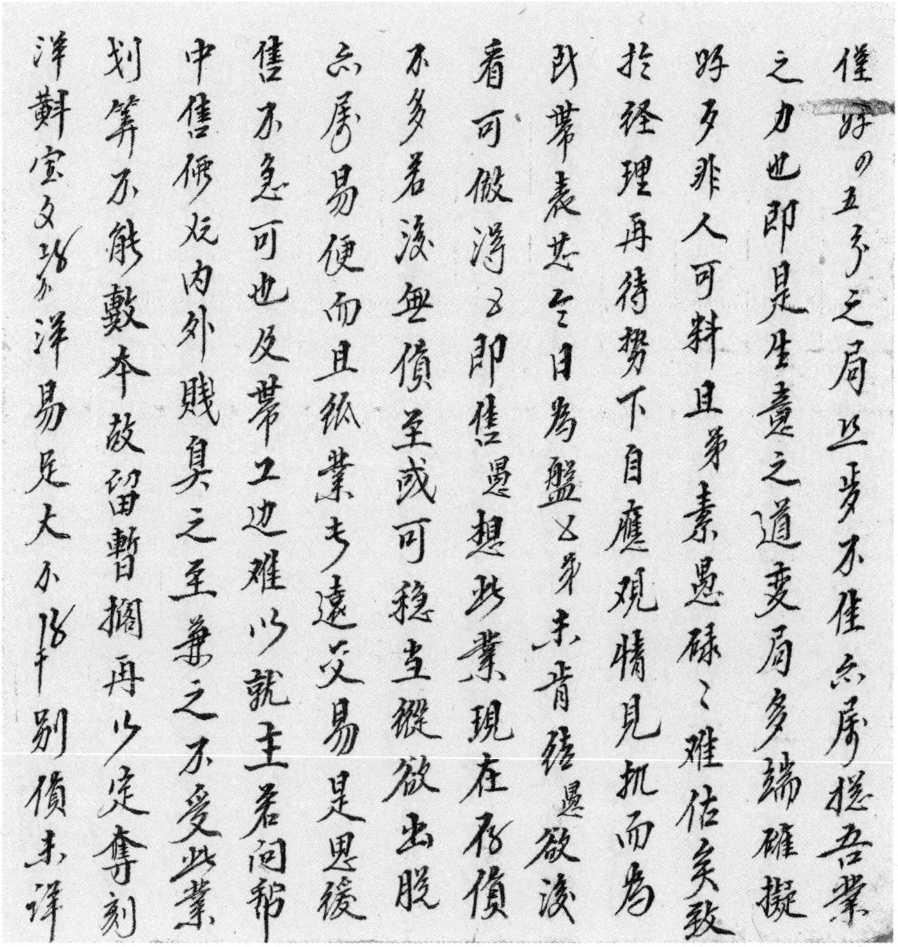

僅好四五分之局 此步不佳 亦屬搓吾業
之力也 即是生意之道 変局多端 確擬
好歹非人可料 且弟素愚碌々難估矣 致
於經理再待 勢下自應觀情見机而為
此帮表甚亡 自為盤々 弟未肯結 還欲後
看可做得々 即售還想此業 現在存價
不多 若後無價 至或可穩當 繼欲出脫
亦屬易便 而且紙業去遠 交易是恩後
售不急可也 及帮工边难以就主 若问帮
中售價 炫内外賤臭之至 兼之不受此業
划算不能 數本故留暫擱 再少定奪 刻
洋蚨宜文[illegible] 洋易足大小[illegible] 別價未詳

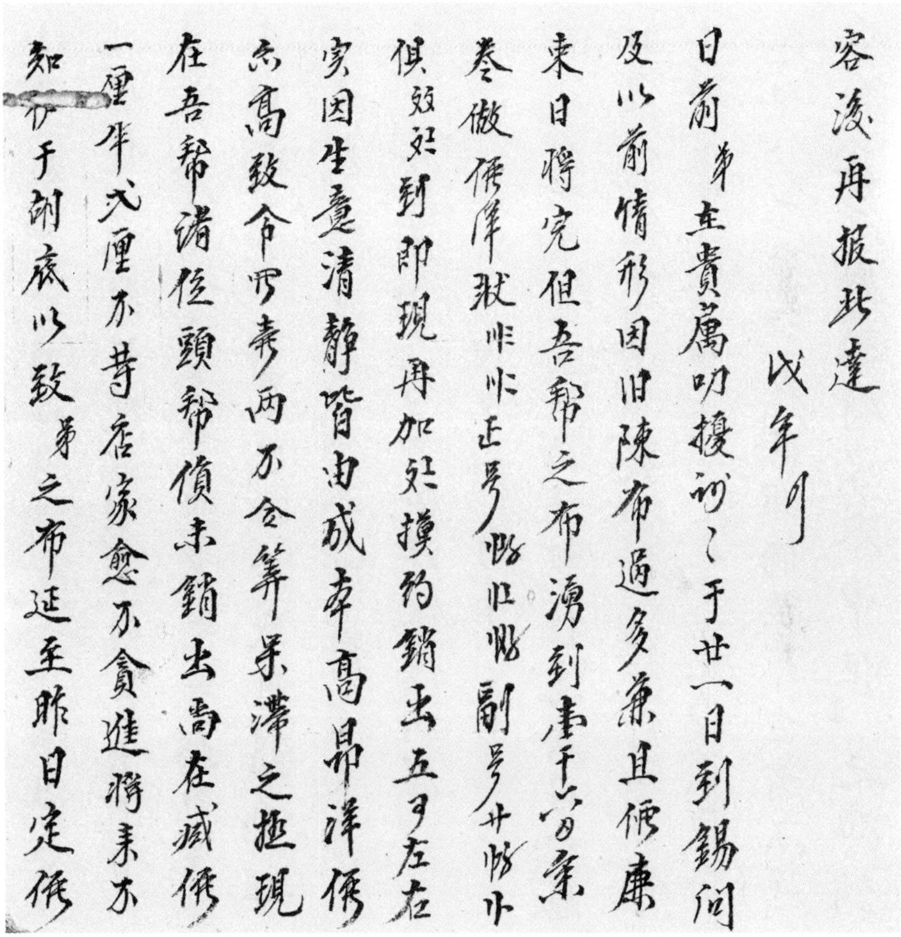

容滄再報北達

戊年 月

日前弟在貴蕩叨擾謝謝于廿一日到錫間

及以前情形因旧陳布過多兼且係康

東日將完但吾幫之布滬到壹千六百余

卷做係洋狀作作正號卅件副號廿件卜

俱頭好到即現再加好擯約銷出五百左右

實因生意清靜皆由成本高昂洋係

亦高致令所未兩不合算呆滯之植現

在吾幫諸位頭幫價未銷出尚在藏係

一厘半弍厘不等居家愈不貪進將来亦

知□于謝底以致弟之布延至昨日定係

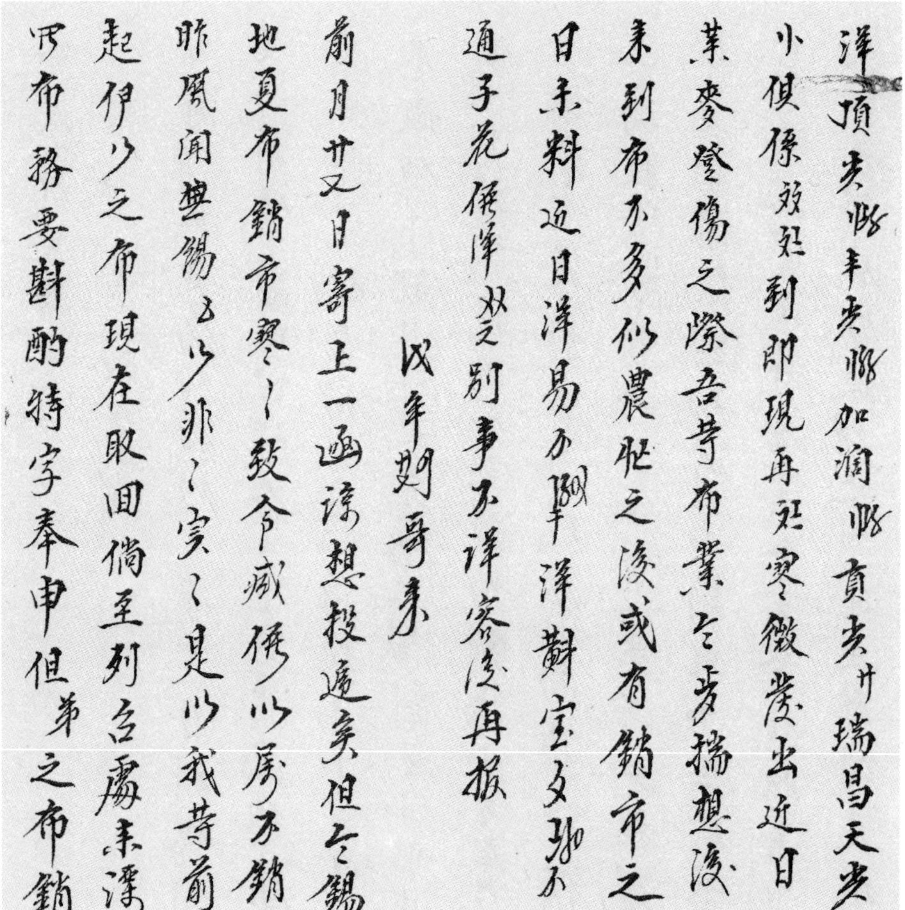
洋頂貴號丰貴號加潤號 貢貴廿 瑞昌天貴
小俱係效死到即現再死寒微發出近日
業麥登傷之際吾等布業亦步稀想後
來到布不多似農忙之後或有銷市之
日未料近日洋易不舉洋對宝支聊不
通子花係洋双之别事不詳容後再叙
戊年妈哥來
前月廿又日寄上一函諒想投遞矣但今錫
地夏布銷市寒寒致令滅係以屢不銷
亦風聞無錫亦少非非實實是以我等前
起伊少之布現在取回倘至列台處未深
丙布務要斟酌特字奉申但弟之布銷

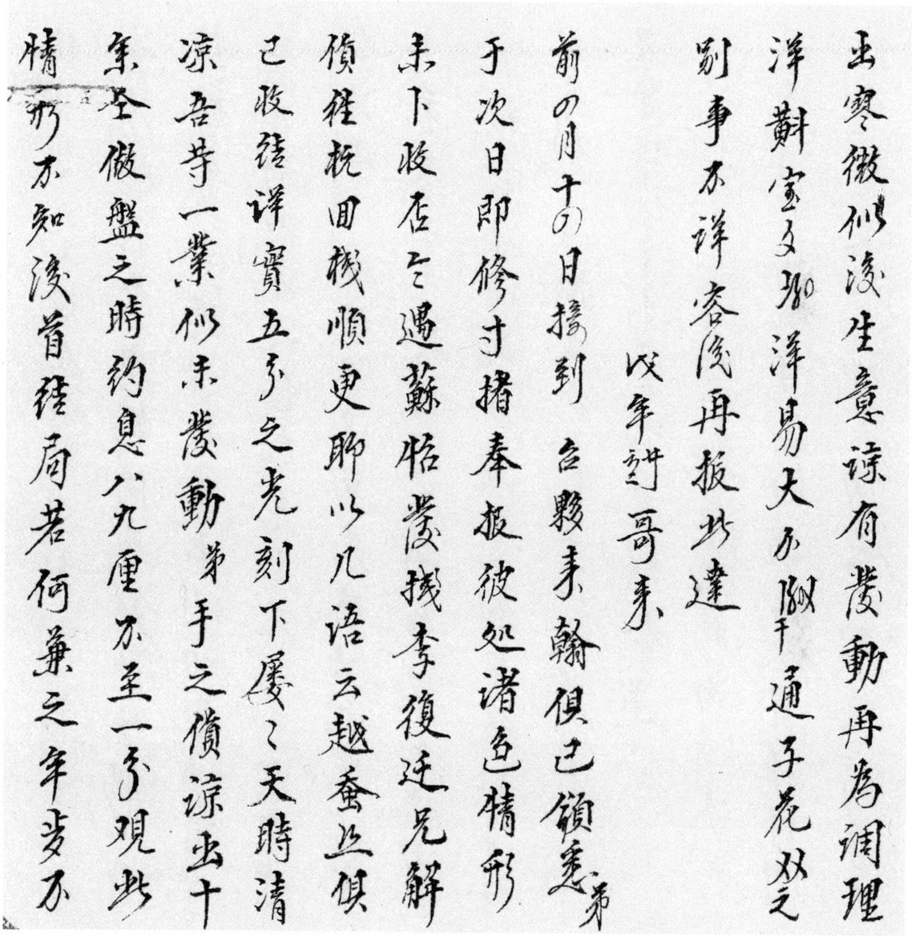

出寒微似淺生意諒有發動再為調理
洋對寔交細洋易大不懈通子花从之
別事不詳容後再報此達
叔年詳哥來
前の月十の日接到 台駁來翰俱已領悉 弟
于次日即修寸楮奉報彼処諸色情形
未卜收否〻遇蘇恰發綫李復廷兄解
價往杭回機順更聊以几語云越蚕亞俱
已收結詳實五分之光刻下屢〻天時清
涼吾等一業似未發動 弟手之價諒出十
余至徵盤之時約息八九厘不至一分觀此
情形不知後首結局若何兼之年步不

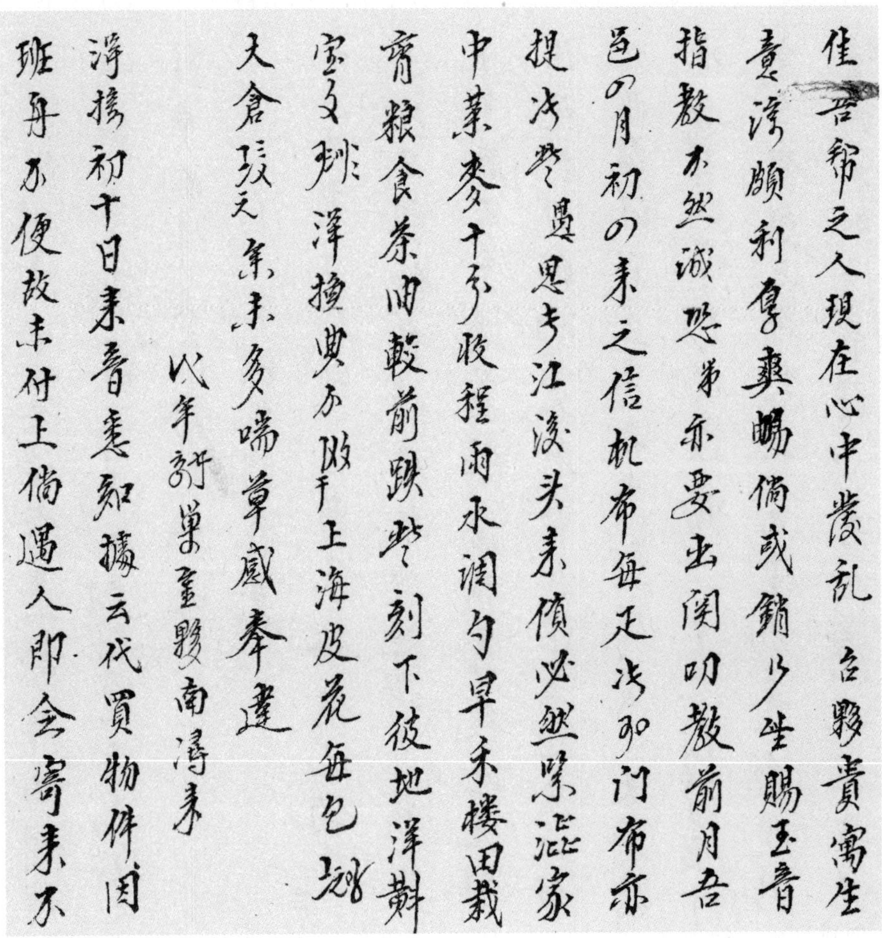
佳音邻之人现在心中发乱　台账贵寓生
意深愿利亨爽畅倘或销少生赐玉音
指教不然诚恐弟亦要出关叨教前月吾
邑の月初の来之信机布每疋洋加门布亦
提洋数　是思乞江漋头来债必然紧涨家
中叶麦十分收程雨水调匀早禾楼田栽
齐粮食茶油较前跌些刻下彼地洋斛
实文洋洋换典不做于上海皮花每包跌
大仓　余未多喘草感奉达
以年新巢宜騃南浔来
浔接初十日来音悉知据云代买物件因
班舟不便故未付上倘遇人即会寄来不

幸富元二匹杭绸一丈五尺计洋懒之又素湖多
八尺洋陆元刘寿春兄袜线一双价洋又如意
带仔一双价洋 又柏嗳是羽毛六尺洋肆元
又桑羽毛三尺洋贰又大红缎五子洋角幸富
兄印花小布一疋价洋以上照数查收备王
日前铸货如不合式即交原班带回亦
可刻下锡地夏布销市寥微副号湫
略为好售惟中平之布呆滞继然藏係
亦无受手提之生意尚未发动兼且天
道阴雨寒冻似至月底或有生动无奈
吾邮来布过多又兼成本高昂艰抵
情景定难讨好及弟之布仍剩正号又

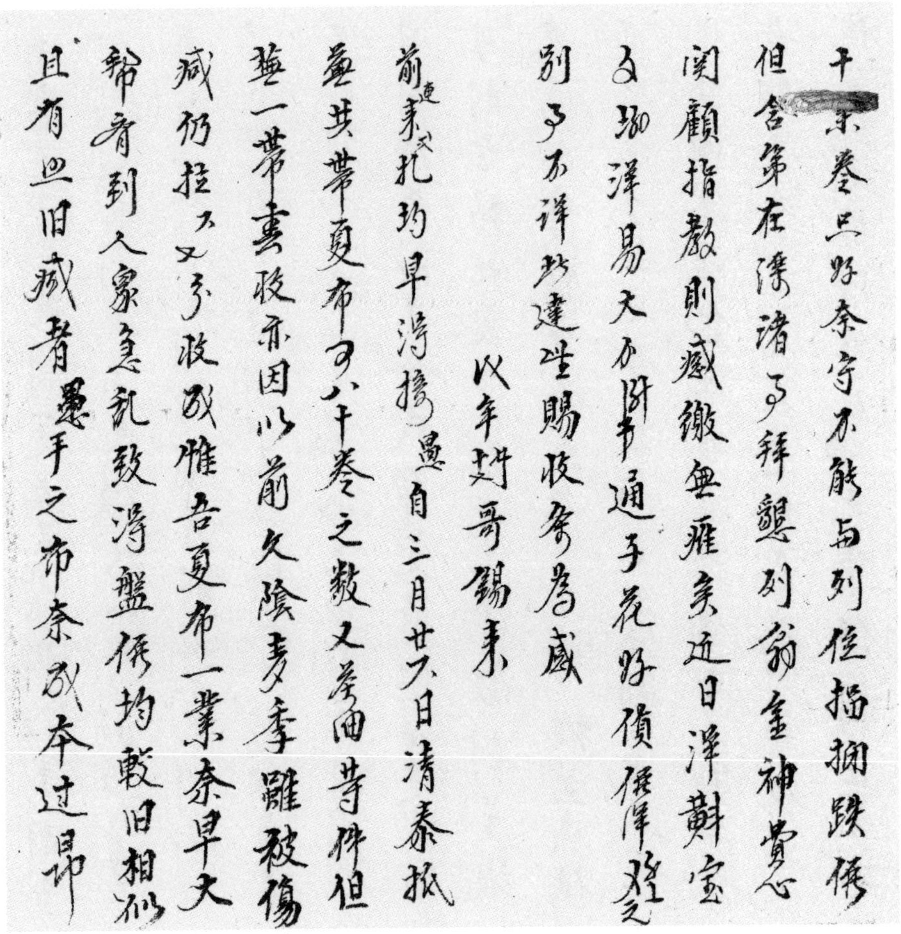
十余卷只好奈守不能与列位播掴跌价
但舍弟在滦诸事拜恳列翁重神费心
関顾指教则感激无涯矣近日洋对宝
又恐洋易大不附书通予花好价得之
别事不详此达并赐收参为感
以年封哥锡来
前连来弍扎均早得接悉自三月廿八日清泰抵
苏共带夏布可八千卷之数又差曲等件但
苏一带尽收亦因以前久阴麦季虽被伤
藏仍挂不又予收成惟吾夏布一业奈早大
乡有到人家急乱致滞盘俱均较旧相似
且有些旧藏者急手之布奈成本过昂

至之少不差又

免強較旧腳提正号開夹做盤規銀隊〻力
貢夹挨次号二宗陸陸此均又月見付之
期如那見者正号少又又八力一巻中次之布
少良五又力不一期現听買主兩便雖售此
盤核算沾潤微末〻〻戕銷布確其藏
差不少之至然甚各号早先因銷手中平
又被自己亂為開盤尚未數天即放跌三五
力不等五月以來天雨纏綿江潮浩大兼其
寒涼吞夏布愈無買手均早跌盤又八九力
一月之間〻雖天道開晴水勢亦漸退下
人心略定奈積存甚多日索漸短大都
前後共約到布弍千、弍千卷除銷存布

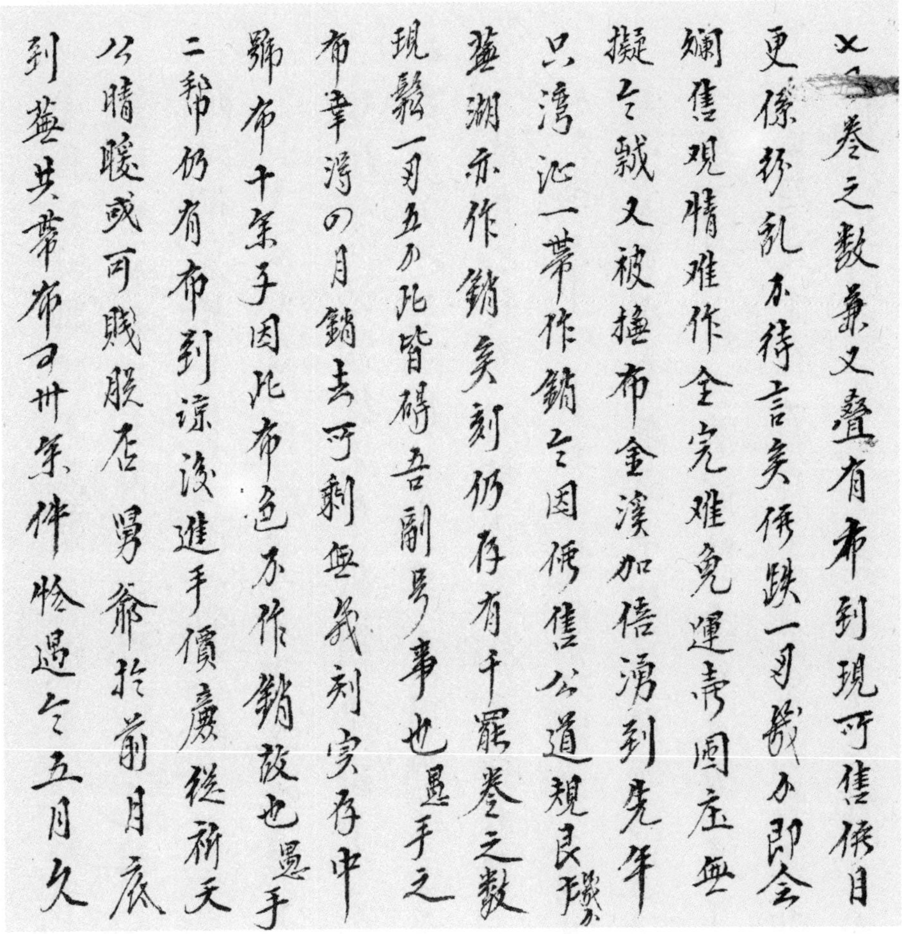

以之卷之數兼又疊有布到現可售係目
更係紛亂不待言矣係跌一月餘不即会
爛售現精難作全完難免運赤回庄無
擬之執又被撫布金溪加倍湧到先年
只湧此一帶作銷之因係售公道規良除不
並湖亦作銷矣刻仍存有千罷卷之數
現額一月五分此皆礙吾副另事也愚手之
布本湧の月銷去可剩無幾刻實存中
歸布千余子因此布色不作銷故也愚手
二帮仍有布到涼淡進手價廉従祈天
公晴暖或可賤服店 另爺於前月底
到並共帮布可卅余件 恰遇之五月久

雨不少銷去半嚴之光吾姪經手布件諒
必趣早售清之哉又易揪報均皆不少即
安省來信亦屬如此刻薤宝又很少不快
恭由咻咻表芯悵不少和州銀價現極收
存花處不大約勝〻別未多贅謹此特達
戊年對繪冬薤來

蘇啟但錫地夏布生意仍然清靜揔之天
氣寒凉棉衣尚未離身並近日到布仍存
庫干系卷遣坐炭難定有銷市之日至于
便目臭賤之極迯弟之布仍存の十卷之普
似天晴和再為調脫近日很不較前盤跌
式年半三厘不等銷布無數之步夏布

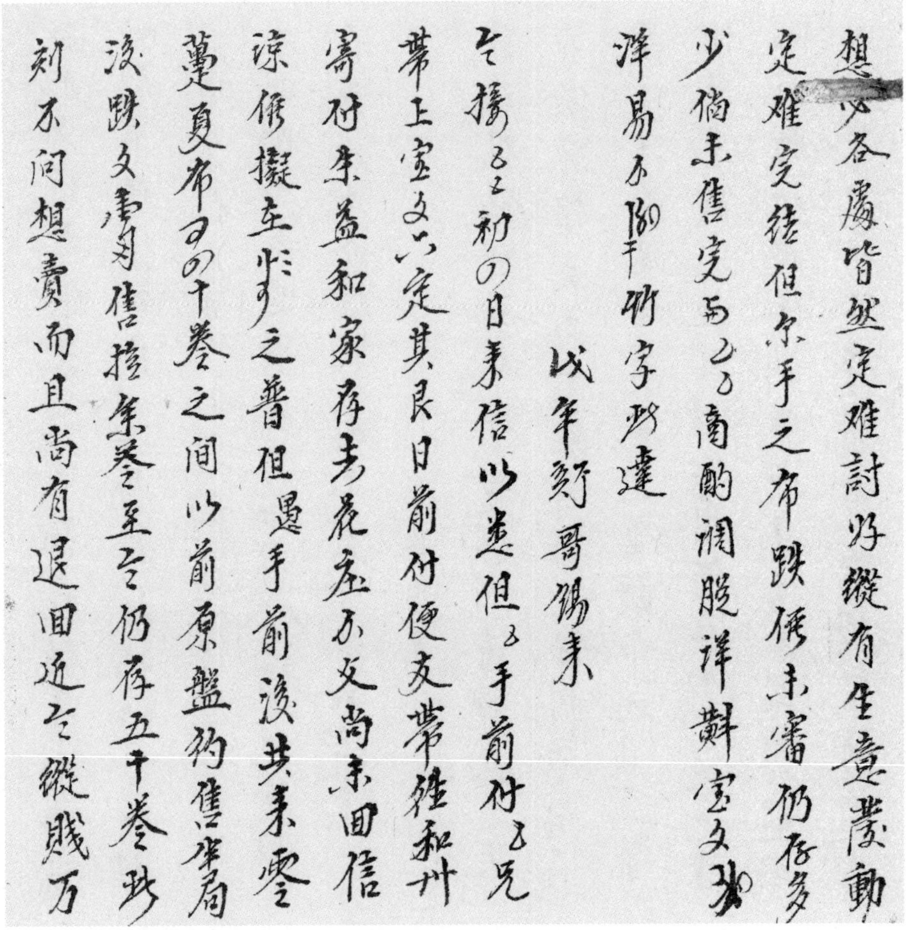
想必各處皆然定难討好縱有生意蒙動
定难完結但尔手之布跌價未審仍存多
少倘未售完而[illegible]商酌調脫詳對宝文[illegible]
洋易不附[illegible]行字些達
戊年[illegible]哥賜來
云據[illegible]初四日來信以悉但[illegible]手前付[illegible]兄
帶上宝文六定其艮日前付便友帶往和州
寄付來益和家存去花屋不文尚未回信
諒係擬在於之普但還手前後共來零
蔓夏布[illegible]千卷之間以前原盤將售半局
後跌文[illegible]售[illegible]來卷至今仍存五千卷些
刻不問想賣而且尚有退回近今縱賤万

难虽一定是屯价无法实因天时不正向来
寒凉旱前雨水过多后自五月至今未晴
十天一值阴雨连绵以至夏布不销兼且
江水过涨于今浩大现在九分之水刻日沿
江一带低圩小圩现多淹水已破不少而
各圩正经大圩现此水势难勉不破现是
荒年气象无奈江水仍系涨势若涌
江水往脚过渐退下或保五六分年岁但
我夏布一叶无论破圩不破圩然无后手
拯难望销以筹脱枝落叶之时只好暂
存再看后首下跌夏布而何情景能
售色庄则装过坝贱价亦要售脱清白

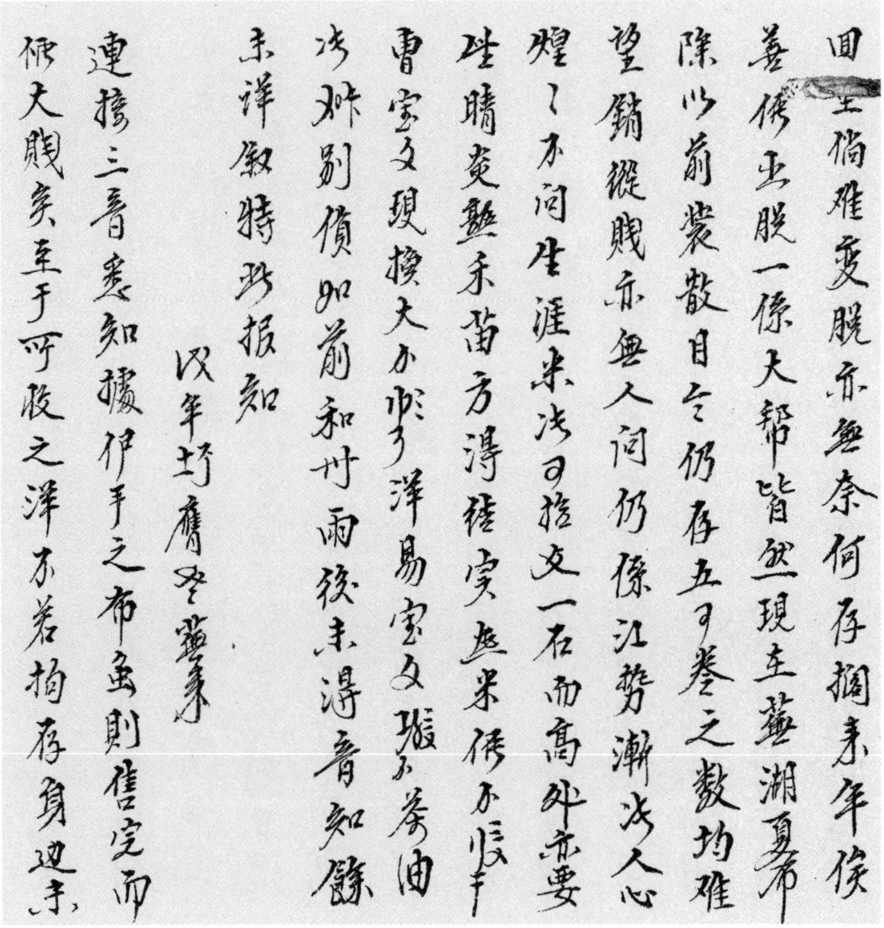

回上倘难变脱亦無奈何存擱来年俟
善價出脱一條大幫皆然現在蕪湖夏布
除少前装散目今仍存五千卷之数均难
望銷縱賤亦無人問仍係江勢漸次人心
惶惶不問生涯米次可指文一石而高外亦要
坐睛変難禾苗方得種实無米候不假手
曹宝文現換大分此少洋易宝文張不養由
次非别債如前和付雨後未得音知餘
未詳叙特此报知
戊年　月　詹　登
連接三音悉知據伊手之布亦則售定而
価大賤矣在于可收之洋不若捎存身边来

已年十一月邓之成兄常州来
日前寄上一音未審到否但到錫以来
霧雨傾盆晝夜不停河水漲汴依外禾苗
業麥尽少水淹傷碍延于十一日始少開晴
同伴到之布做係洋渠天矣收半矣收
貢矣是加潤收價社社和實洋六錢之布
現跌係洋一厘伴又厘不等亦不銷少擬
坐天晴发應退水可能栽種或有銷動
不然今歩夏布不知伊于胡底前後共
到新布弍千廿丈伯叁摸約售出千余千叁
現在河水逐退天氣晴和定有銷市之
日不料但愿之布似應畅動再為調

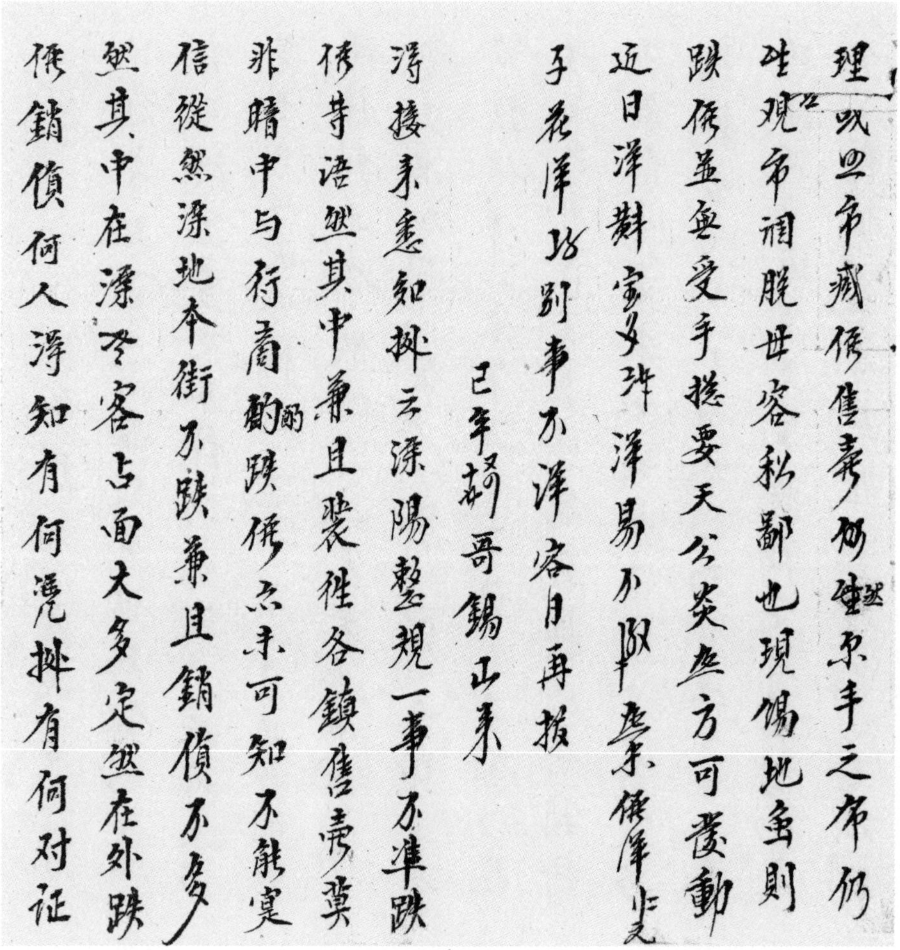
理
或四布藏俟售売勿望束手之布仍
至現布稠脱毋容私鄙也現偏地無則
跌俟並無受手搖要天公炎熱方可發動
近日洋對寔多些洋易不取本棠俟庠少
手花洋路別事亦洋容日再報
巳年嵇哥錫山来
浮接来悉知拟云滦陽整規一事不準跌
俟芋語然其中兼且裝往各鎮售売冀
非賭中与行商斟酌跌俟亦未可知不能寔
信從然滦地本街不跌兼且銷貨不多
然其中在滦各客占面大多定然在外跌
俟銷貨何人浮知有何凭拟有何对証

但尔心中務要明白不可大意還揣想至今之人
万不能同心劃一莫非尔等以為信实與其
中少家裝往別外跌價售賣万不能議
罰之理但尔手之布務与少家商酌调脱
為是但冬間昨晚到錫起布八十卷其余
今早裝往常州矣及錫地夏布仍属清
静價左原局实因天道陰雨連綿尚未開晴
急則天晴或者生色未料從此後稍有銷路
價自定然亂市难以討好但還之布摸约銷
出兩十卷似天晴或藏價售賣總知今多
價多銷路十分呆滞各料皆然观此晴景
後不比旧大不如也近日洋對宝文周不洋易

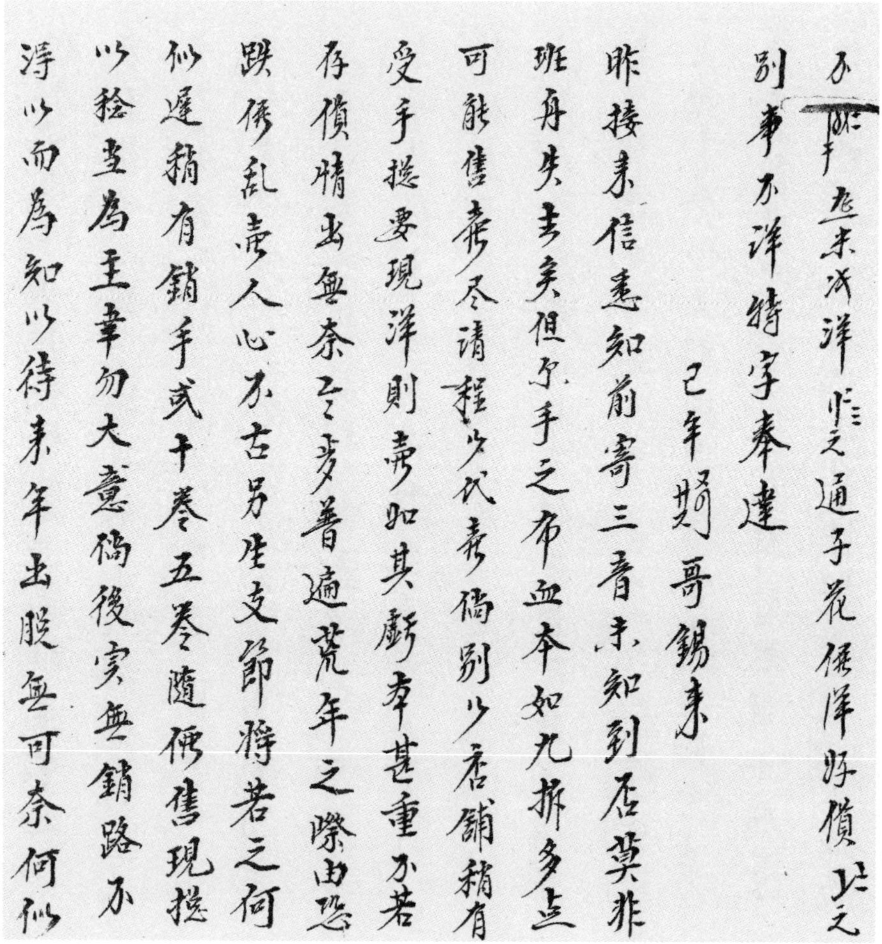
不肯來成洋作之通子花係洋好價止之
別事不詳特字奉達
己年賢哥錫來
昨接來信惠知前寄三膏未知到店莫非
班舟失去矣但尔手之布血本如九折多点
可能售壽尽請程少代壽倘別少店鋪稍有
受手提要現洋則壽如其虧本甚重不若
存價情出無奈之步善適荒年之際由恐
跌價亂壽人心不古另生支節將若之何
似遲稍有銷手式千卷五卷隨便售現提
以稳重為主幸勿大意倘後实無銷路不
得以而為知以待來年出脱無可奈何似

耀

遲再作調理但錫地情形吾等夏布早已至
知度外均未藏倖河水浩大底外田禾房屋
水淹五不分人民悽慘天雨淋漓日夜不停
鄉民報荒者紛紛具呈出示勸捐振濟
平耀耀公未提知蒼天有意非人能扶持也
吾等之業受累非輕但愚手之布早前售
出無幾以後半拳未動竟然未手無策
可謂英雄無用武之地只好暫存來年出
脫未料諸項生意清靜鄉民貧民房屋
盡破水淹無外安身搖言紛紛二三其說
縱然夏布稍有銷路亦外六兩拳正另
便大洋廿元副另以出存布弍千〇五伯拳

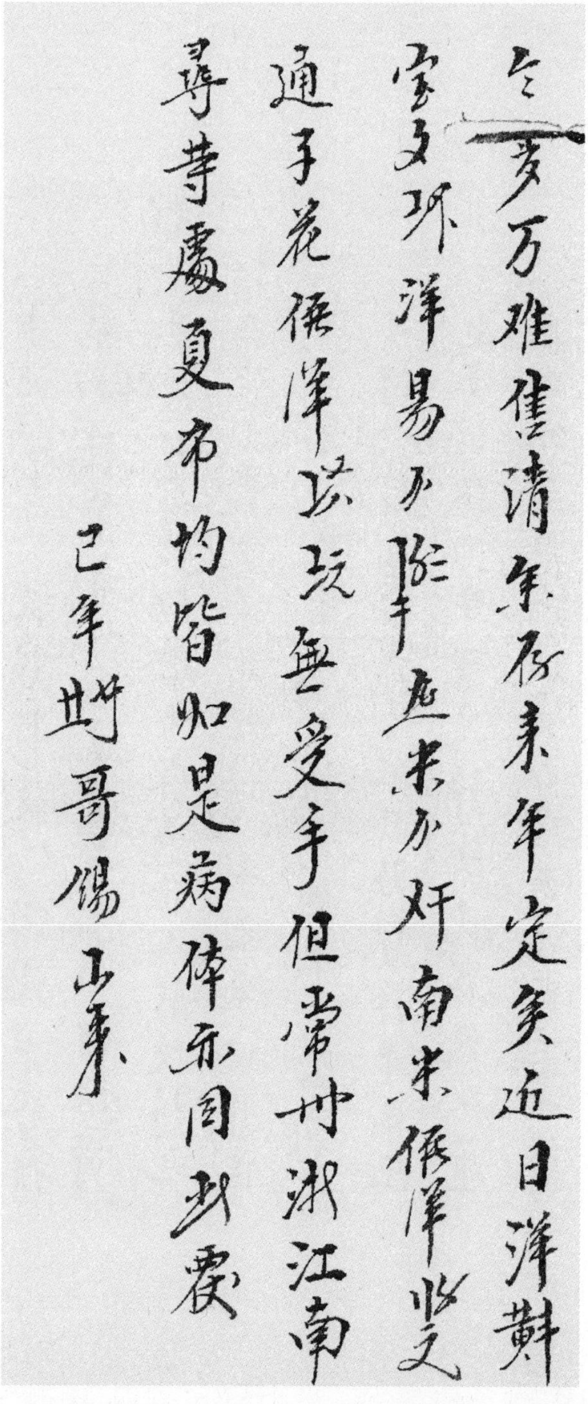

今岁万难售清，余存来年定矣。近日洋麸实交现洋，易及附近米价。奸南米依洋收之通手花，依洋收玩，无受手，但常付[illegible]江南等处，更布均皆如是，病倚亦同此[illegible]。

巳年廿[illegible]哥偈山弟

# 后 记

关于本书的缘起，就要提起2006年我参加的在江西召开的中国经济史学会年会暨学术研讨会。那是个闷热多雨的8月，我也是第一次来到南昌，会议结束后，我独自一人游览了向往已久的滕王阁，在赣江边信步半刻，即进入阁下的古玩市场。在一家店铺里，我遇到了一册信稿，这就是作为本书主体史料的《江西商人经营信范》。当时拙著《中国古代合伙制初探》已修改完毕，我受日本老一辈社会经济史、法制史专家今诚崛二先生等人的影响，已经开始收集一些民间契约文书，购买了一些地契、账本及明清以来的民间尺牍文献。我把信稿简单翻阅一遍，感觉虽然有一些重复，但内容还是很丰富的，对我们了解江西商人（江右商人）应很有价值，我当即很激动地买下了它。

从拥有这册资料到今天，时间已经过去了八年多，为什么拖拖拉拉这么长时间呢？其间都在干什么呢？总的说来，这是我学术生涯中充满激动与意外的时间段，是一个转折的时间段。

带回保定后，因忙于申报"中国古代高利贷资本发展史"国家社科基金课题，我只是把信稿进行了录入、标点，读了几遍之后就搁置起来了。在进行高利贷资本的课题研究中，因要探讨高利贷资本向近代借贷资本的转化问题，我发现明后期至清前期的钱铺、银号等问题，学术界的研究还相当薄弱，而这一问题又关乎转化的宏观问题。我于是接触了一些与这一问题有关的材料和研究成果，也思考了一些问题，以致延滞了高利贷发展史的撰写，也耽误了对江西商人的探讨。

但这三个课题我都有强烈的兴趣，这对理解明清以来商业金融史都是很有意义的。但如何分配精力以完成任务，却是很困难的。正在纠结之时，我又遇到了一个新的课题：我在进行高利贷资本的课题研究时，虽然使用了很多电子图书，收集到了一些以前难以见到的新材料，但还是觉得很薄弱，于是四处寻找。2008 年 12 月，我经中国钱币博物馆高聪明研究员介绍，在北京晋商博物馆筹备处读了三天资料，经负责人薛岩先生慨允，浏览并抄录了一些与晋商有关的借贷契约、合伙合同，还拍了十来张清代当铺、钱票的照片，观看了大量晋商实物。这使我了解到，除了徽商商业文书之外，可能还有更多的晋商商业契约文书。

2011 年左右，还是经高聪明研究员介绍，我结识了著名钱币史专家、收藏家、国务院文物鉴定委员会委员刘建民先生。我本来仅想请老先生帮忙，查找一些典当、借贷方面的原始资料，没想到与老先生谈过两次之后，他竟决定与我全面合作，整理他所拥有的全部一万多件晋商商业、商人文书。这样，我只好又拿出相当一部分精力，在刘先生的指导下，与高聪明研究员合作，把河北大学宋史研究中心暨历史学院的几位年轻教师及我的大部分博士、硕士研究生组成团队，开始了资料的整理，并针对晋商暨明清商业、金融史、社会史方面的一些问题研读资料，互相探讨。有这么多梦寐以求的资料，又有刘先生二十多年资料搜集、整理的经验以为指导与借鉴，我内心的激动是难以言状的。

次年，我又应邀参加了北京晋商博物馆举办的国际晋商大会·晋商文化论坛。2013 年 11 月，河北大学宋史研究中心、中国社会经济史研究所与《中国经济史研究》编辑部、河北大学经济学院联合举办了中国商业金融史国际学术研讨会。北京晋商博物馆馆长孟伟博士前来参会，会后聊起明清商业金融史的研究现状与问题，非常投机。当时他正与山西高平市政府合作，以庙宇碑刻为突破口，研究高平地方历史文化，同时探讨晋商相关的问题。我感到碑刻中也有一个我们了解得还很不够的晋商及明清商业、金融史的世界，于是当即决定，与孟馆长合作，派学生参加他组织的田野调查。2014 年 5 月初，我来到山西，在孟馆长带领下考察了阳泉市及其矿区、郊区的六个村庄，又乘车来到晋东南的高平市。当时高平碑刻的初步调查已经结束，孟馆长选择了寺庄、伯方等村，与我一起做了一番体验式的走马观花的考察，加上与孟馆长多次围绕平阳、泽、潞区域晋商的长谈，我的面前呈现出一个比现有论著所呈现的晋商世界更丰富、更微观的晋商世界。尤其出人意料的是，晋商在我工作的河北省——当时的直隶活动之广泛，对直隶经济发展影响之深，是我以前没有想到的。所以这方面课题的诱惑又耗费了我一部分精力，我觉得我自己已经左右不了我自己，而被自己读到的新史料、感觉到的新课题拖着走。

2014年夏天，《国家社科重大课题指南》中列出了“山西民间契约文书整理研究”这一重大课题。于是在孟伟教授的全力支持下，又有前辈专家刘建民先生以及学术界商业金融货币史专家高聪明研究员，封越健研究员，何平教授，著名山西地方社会史专家殷俊玲，著名清代商业史专家、财政史专家廖声丰的加盟，还有一大批本单位和外单位的年轻学者及河北大学宋史研究中心、历史学院的研究生组成团队，申报了国家社科基金重大招标课题——“山西民间契约文书的搜集、整理与研究”，一举申报成功。虽然建立在以前工作的基础上，但既然是国家级大课题，既有文书整理课题，又有文书研究课题，还有数据库课题，各方面的组织沟通又要付出极大的精力。

就在这样的矛盾、纠结与忙乱中，我尝试了不少课题（以上所述还不包括我让我的研究生所尝试研究、撰写毕业论文的课题），也发表了一些成果。但感到惭愧的是，我将近三十年的科研生涯用力最多、想做总结的中国古代高利贷资本发展史至今未能完成，虽在此前工作的基础上写了近三十万字的初稿，关于钱铺、银号的研究发表了两篇论文，但在整理晋商资料过程中所欲做的课题——账局、放账铺的研究，仅浅尝了一下便停滞不前了，数十万字的初稿只能在电脑中休眠着。

这样，关于江西商人的研究，虽然为了读懂、进入这些信件耗费了不少精力，断断续续地思考了六七年，但无疑还是粗浅的、初步的。如江西商人所必去、常去的安徽地区商品经济、市镇经济发展如何；芜湖粮油市场价格如何；江西商人曾有纸张、菜油的贩出，它们与本地生产关系如何；江西到安徽长江沿线再到江南地区，其中的商路具体是如何行走的；江西商人组织——会馆的详细情况如何，尤其是安徽及江南地区的江西会馆如何等，也未进行研究。实际上，对这些问题还应该进一步深入挖掘，如果我将信范提供的信息与其他类型史料相结合，从经营史角度深入探讨，将呈现出一个更为深入和微观的江西商人世界，而这对认识中国传统地区性商人也是很有学术意义的。

江西商人或曰江右商人的研究，在20世纪90年代方志远先生的研究之后便有些停滞了，因为江西商人不像徽商、晋商那样有大规模的民间商业文献可以发掘，在传统传世文献被大规模深入搜集几遍之后，也难以再出新了。当然，在本地地方史研究和当代民间商人及各级政府的推动下，再加上确实还有一些可做的空间，近年来，新的论著还是出现了不少。如方志远的《明清江右商人与商事诉讼》[①] 《赣南与江西商业文化》[②]，余龙生《简析明代江右商人的行商特色》[③] 《浅析江西商人商业伦理精神的基本内容》[④]，谢力军、张鲁萍《浅析江右商帮的没落》[⑤]，孙莉莉《论明清以来北京江西会馆的发展与管理》[⑥]，杨福林《清代湘省江西商人特点辨析》[⑦] 等也对江西商人若干方面做了有新意的探索。而下功夫最大的可能是章文焕先生，章先生花费近二十年时间，对省内外乃至国外江西商人会馆——万寿宫进行寻访，多方探索，写成《万寿宫》[⑧] 一书，对江西商人精神及其对江西商人的影响、江西商人作为商人群体的运作等做了深入探讨，多有创获。但总的说来，多数成果还是局限于运用传统传世文献材料，对与商人相关的民间契约文书、账册、信件、家谱、碑刻等材料还是罕见运用。

故而本书将这些信件及初步的解读、研究公布出来似乎还是有些意义的，至少可以为江西商人研究提供某些新的材料和新的研究角度。当然我也期待，知识结构优化、研究方法新颖、研究水平越来越高的新一代江西商人研究学者，能够在此基础上进一步发掘新材料，做出新的研究。

在本书的成书过程中，我的硕士研究生张建朋曾帮助录入校对信范资料，博士研究生彭志才帮着校对、考证江西、安徽等省的地名，河北大学强势特色学科经费资助本书出版，河北大学出版社的王红梅女士给我细心审稿，提出修改意见，改正不少文字、规范方面的错误，这些都是我应该表示感谢的。

本书的薄弱乃至错误肯定还有不少，统祈读者批评。

刘秋根

2015 年 2 月 17 日初稿于寓所

---

① 载《南昌大学学报》1999 年增刊。
② 载《江西社会科学》2011 年第 3 期。
③ 载《上饶师范学院学报》2002 年第 4 期。
④ 载《江苏商论》2008 年第 3 期。
⑤ 载《江西社会科学》2002 年第 2 期。
⑥ 江西师范大学 2007 年的硕士学位论文。
⑦ 载《中国经济史研究》2010 年第 1 期。
⑧ 华夏出版社 2006 年出版。